PERFILES
ENSAYOS SOBRE LITERATURA
MEXICANA RECIENTE

PUBLICATIONS OF THE SOCIETY OF SPANISH AND SPANISH-AMERICAN STUDIES

Luis T. González-del-Valle, *Director*

FEDERICO PATÁN, *Editor*

PERFILES
ENSAYOS SOBRE LITERATURA MEXICANA RECIENTE

SOCIETY OF SPANISH AND SPANISH-AMERICAN STUDIES

© *Copyright, Society of Spanish and Spanish-American Studies, 1992.*

The Society of Spanish and Spanish-American Studies promotes bibliographical, critical and pedagogical research in Spanish and Spanish-American studies by publishing works of particular merit in these areas. On occasion, the Society also publishes creative works. SSSAS is a non-profit educational organization sponsored by the University of Colorado at Boulder. It is located in the Department of Spanish and Portuguese, University of Colorado, Campus Box 278, Boulder, Colorado, 80309-0278. U.S.A.

International Standard Book Number (ISBN): 0-89295-066-8

Library of Congress Catalog Card Number: 91-68484

Printed in the United States of America

Impreso en los Estados Unidos de América

This text was prepared by Sandy Adler, Foreign Language Word Processing Specialist for the College of Arts and Sciences, University of Colorado at Boulder.

INDICE

Presentación. Federico Patán vii
Poesía mexicana, 1975-1990: De la abundancia raquítica a la escasez
    saludable o ¿dónde están los poetas? Sandro Cohen 1
De la vanguardia militante a la vanguardia blanca (Los nuevos
    trastornadores del lenguaje en la poesía mexicana de nuestros días:
    David Huerta, Gerardo Deniz, Alberto Blanco y Coral Bracho).
    Evodio Escalante 27
El nuevo cuento mexicano (1950-1990): antecedentes, características y
    tendencias. Russell M. Cluff 47
Cuenta cuántos cuentistas cuentan. Jaime E. Cortés 89
Dos décadas de narrativa mexicana. Ignacio Trejo Fuentes 101
Subjetividad y lectura: Ideología de la técnica en *El luto humano* y el
    cambio narrativo a medio siglo. Danny J. Anderson 113
Aspects of the Supernatural in Recent Mexican Fiction.
    John S. Brushwood 127
Noticias del imperio de Fernando del Paso: la visión omnipotente
    de la historia. Vicente Quirarte 141
Función y modalidad del discurso de la crítica literaria.
    Bertha Aceves T. 147

Indice de nombres 163

PRESENTACIÓN

FEDERICO PATÁN
Universidad Nacional Autónoma de México

Todo libro que dedica sus afanes críticos a la literatura necesariamente trabaja con el pasado. No importa cuán reciente sea el material examinado, llega a manos del crítico cuando muchos autores, en muchos lugares, han hecho avanzar ya esa mancha voraz llamada literatura. Tal imposibilidad de asir el presente absoluto es una marca distintiva de lo que Ignacio Trejo ha calificado de segunda voz, sin duda haciendo eco de aquel «segundo discurso» oído en Roland Barthes. Lo sabemos todos: la crítica necesita que el escritor actúe para luego, a su vez, actuar ella. Es por obligación un ente subordinado. Porque, y es otro ángulo de la misma situación, el crítico se encuentra atado a la literatura visible: aquella que, de alguna manera, fue a manos del editor, lo convenció de arriesgar dinero en imprimirla y pudo, tras meses de espera, asomarse al mundo en las mesas de novedades.

A partir de ese alumbramiento, la literatura logra alcanzar la luz plena o vegetar en la penumbra. Es decir, libros hay que nacen para atraer de inmediato la atención lectora, otros cuyo destino inicial consiste en aguardar su tiempo, y muchos que se opacan, vencidos por la propia inepcia. Estos últimos terminarán convertidos en un dato para catálogos minuciosos, en una ficha complementadora de un cierto panorama histórico o tal vez social de la literatura. Obras sin importancia más allá del hecho mismo de existir impresas. Si volvemos a los primeros, algunas consideraciones parecen oportunas. El vaivén de las modas, el cambio de enfoque estético, la asimilación de nuevas propuestas escriturales por parte del público son factores cuya presencia afecta la situación del libro. Así, uno ayer motivo de exclamaciones admirativas es hoy objeto de aproximación desganada y, por contra, lo visto con desdén o extrañeza en el pasado adquiere un presente de ensalzamiento. Y existen, claro, los libros inamovibles. Los llamamos clásicos y, habiéndolos colocado en un nicho, ocasionalmente los leemos.

A todo esto, y más, debe enfrentarse la crítica. Tiene como tarea explicarnos qué le permite a una obra volverse clásica; es su obligación indagar ese movimiento constante de los libros hacia la luz, hacia la penumbra o hacia el olvido; le corresponde examinar los gustos de una época y la manera diversa en que los lectores reciben y perciben los textos; procura trazar la historia de la literatura. Empeño difícil este último, generalmente cumplido en una triple vertiente: digamos, para comenzar por la más obvia, decirnos qué caminos toman los géneros en el presente habitado por el crítico. Hacer no sólo la reseña del acontecer literario, sino etiquetarlo con cualesquiera consideraciones valorativas parezcan pertinentes. Dejarle al futuro un mapa tentativo, a la vez catálogo y opinión. Mapa que los críticos del mañana alterarán según el dictado de las leyes literarias establecidas para ese momento.

Lo cual nos lleva a la segunda vertiente: es parte de nuestra actividad crítica modificar los mapas recibidos de tiempos anteriores. La modificación viene por la sencilla vía de aplicar los conceptos sociales—y por ende estéticos— que nos rigen. Con ello, damos un nuevo perfil a ciertos autores, obras, movimientos o corrientes; realzamos la presencia de algunos títulos y disminuimos la importancia de otros; acaso rescatemos de la oscuridad un texto incomprendido cuando su aparición. Y en el proceso mismo de inaugurar mapas o transformar los existentes, cumplimos la tercera función: establecemos nuestra posición, que será un capítulo nuevo en la historia de la crítica.

De lo anterior deducimos un punto: literatura y crítica son dos entidades en movimiento continuo. Entran sin cesar en contacto, pero jamás se repiten las condiciones participantes en cada unión, de modo que cada momento crítico es único. Esto, lejos de restarle seriedad, le otorga uno de sus dones más preciados: ser testimonio individualizado de un instante preciso en la historia de la literatura, que los instantes sucesivos—repitamos—sujetarán a cambio.

Así con este libro: propone uno de esos momentos críticos. Reúne una serie de determinaciones que le dan su naturaleza singular. No es la menor de ellas el equipo de colaboradores elegido. En la lista de posibilidades fue la intención nuclear optar por quienes se han distinguido como especialistas en literatura mexicana. Consideración segunda, equilibrarlos de manera que la mayoría de los géneros recibiera una atención adecuada. Puesto en marcha el mecanismo de trabajo, la circunstancia particular de los candidatos trajo su elemento decidedor: los que de inmediato aceptaron, encantados; los que hubieran querido aceptar, pero se vieron impedidos por exceso de trabajo, por compromisos previos; algunos que comentaron con escepticismo la empresa.

La composición del equipo ha dado su tónica al libro. Sin embargo, no se trata de un conjunto de ensayos reunidos por el azar de los gustos particulares, pues una idea rectora sirvió de pauta: examinar la literatura mexicana en sus expresiones más recientes. Así, la intención crítica dirigió sus miras a un punto temporal bastante preciso: lo hecho en los últimos veinte años. Y entonces, claro, viene la obligación de especificar las razones de tal preferencia.

Si nos atenemos al desarrollo de la literatura mexicana en el siglo XX, dos constantes parecen determinarla: un aumento gradual en el número de quienes se dedican a practicarla, y una creciente busca de diversidad en cuestiones de enfoque estético. Si la novela tuvo su período naturalista, dedicó años al movimiento revolucionario, resbaló hacia el indigenismo y poco a poco vino a lo que llamaríamos la modernidad, caminos parecidos fue siguiendo la poesía, desde su despegue modernista hasta el compromiso social, pasando por los experimentos del estridentismo y del surrealismo. La crítica vivía más callada, laborando en relativo silencio al amparo de algunos hombres generosos: Alfonso Reyes, Francisco Monterde, Julio Torri, José Luis Martínez

... Como asentando una premisa por largo tiempo respetada, muchos de ellos pertenecían, en un mismo golpe, al campo de la creación y al del comentario. Fueron momentos de nuestro quehacer literario que no dieron problemas a las clasificaciones. Con aparente docilidad, los libros entraban en las denominaciones inventadas bien por los intelectuales mismos, bien por la crítica: el modernismo, la narrativa de la Revolución, el Ateneo de la Juventud, los Contemporáneos, el grupo de «Taller». Había una nitidez de acomodo que en ocasiones pecaba de excesiva. Afortunadamente, la atención de la crítica al pasado agregó matices, hizo resaltar diferencias y propuso variantes. Aun así, el panorama es de mucha mayor calma al surgido de los cincuenta en adelante, cuando la abundancia de enfoques y de propósitos diversificó tremendamente la naturaleza de la literatura mexicana. Allí, en punto tan lejano, habita una de las razones que sostienen a este libro.

Porque, como se verá, el paso a los cincuenta fue un momento clave. El período alemanista intentó lanzar al país por vías de la industrialización, y de pronto el terreno de sostén comenzó a modificarse. Yáñez y Revueltas percibieron con inteligencia la nueva situación y la convirtieron en cambios estéticos, llevando los dos nuevas dimensiones psicológicas a la novela de provincia y campirana, para luego introducirse en la narrativa urbana y preparar el terreno a *La región más transparente* (1958). En poesía, las propuestas del grupo «Taller», las exploraciones del poeticismo y los compromisos de *La espiga amotinada* fueron maneras de reconocer el asentamiento de una sensibilidad modificada por los cambios históricos. Ese aire de trastorno que Evodio Escalante menciona en su texto.

Desde entonces, la marcha de la literatura mexicana es un constante surgimiento de escrituras disímiles, algunas meras novedades pronto desaparecidas y otras calas en profundidad. Según nos acercamos al presente, el fenómeno se acentúa. La crítica va tropezando con mayores obstáculos para cumplir su labor clasificadora. Los autores se escurren por las fisuras menos anticipadas, y llevan a la obligación de inventar apartados que permitan ceñirlos con un asomo de lógica. Esto queda patente en los ensayos de orden general (Cohen, Escalante, Cluff, Cortés, Trejo, Aceves) y en aquellos otros de temática más centrada (Brushwood, Anderson, Quirarte).

Ese bullicio de la literatura mexicana en las últimas décadas ha traído consigo otra consecuencia. Un vistazo a las opiniones de los escritores nos fuerza a la siguiente conclusión: en nuestro país no ha existido ni existe la crítica literaria. Se dan, nadie lo niega, casos aislados de una devoción individualizada y loable. Pero la crítica crítica en sí, como un cuerpo disciplinado, múltiple y productivo ha sido utopía inalcanzable. Justo por eso, se agrega, los propios autores se han dado tiempo para, con mayor o menor destreza, suplir a quienes no supieron concretar y enriquecer esa tarea. Es un lugar común sacralizado por la pereza. Como todo lugar común, no hay manera de extinguirlo. Aunque parte de un lejano núcleo de verdad, lo fue envolviendo con tantas imprecisiones que a la fecha nadie alcanza a determinar cuánta validez tiene. Sospechamos que ninguna. Muchos intelectuales comparten tal sospecha y han encaminado sus esfuerzos a fijar la situación real. Acumulan pruebas de que la crítica mexicana no sólo existe, sino que se vigoriza y amplía sin cesar. Mas, pese al masivo acumulamiento de pruebas, voces hay empeñadas en negar lo innegable. Tenemos lucha para rato.

El bien concebido ensayo de Bertha Aceves es un episodio de esa lucha. Habíamos confesado ya que, en la primera mitad de este siglo, la crítica marchaba un tanto demasiado a la zaga de la literatura de creación. Sin embargo, el mismo impulso de crecimiento y cambio surgido en la creación operó en su servidora, la literatura crítica. Con ritmo de mayor moderación fue precisando ésta las funciones que le eran propias; volviendo a períodos anteriores, para revalorarlos: atendiendo cada vez con mayor presteza a las nuevas expresiones artísticas, de modo que el plazo de espera entre la aparición de un escritor interesante y su puesta en perspectiva crítica por los especialistas disminuyera al mínimo imprescindible. Por otro lado, las variedades de quehacer crítico también se han modificado con ganancia. Persiste, atenuada, la tendencia al impresionismo, con alguna dosis de improvisación como parte de la fórmula. Pero el fenómeno realmente activo se ha dado en la asimilación de las líneas cientificistas más actuales. La crítica universitaria, cumplida en los institutos de investigación, es la de mayor fidelidad a estas labores, en ocasiones tan sumamente calladas que fortalecen en ciertas personas el lugar común arriba mencionado. Sin embargo, la expresión en libro de lo investigado en cubículo crece todo el tiempo, y es necesario el irle trazando su historia.

Incompleto quedaría el párrafo anterior si no trajéramos a colación revistas y suplementos culturales. En ellos se realiza buena parte de la tarea de desbroce: una primera división de las obras de creación por su bondad técnica y su tendencia artística. En especial ha ganado terreno la reseña, de las cuales hay cerca de un ciento por mes, índice a la vez de lo activo que se muestra el campo de la publicación. Aunque en número menor, el artículo y el ensayo también conforman el primer peldaño de nuestro quehacer crítico, artículos y ensayos que posteriormente suelen transformarse en libros.

Captar los tanteos, los avances y los triunfos, menudos algunos y de consideración otros, de la literatura mexicana es labor, según se ha dicho, inacabable. Los escritores ya consagrados por el criterio general publican con regularidad envidiable; aquellos en camino de la consagración no cejan en dar a conocer su visión del mundo, y es notable la cantidad de obras inaugurales puestas ante los lectores por los autores primerizos. No hace la crítica sino pestañear y encuentra modificado el panorama de nuestra literatura. Que muchos de los jóvenes fenezcan tras un primer libro titubeante no suaviza el trabajo: cada titubeo es un dato por asentar y, mientras no se pruebe lo contrario, una posibilidad de crecimiento.

En razón de lo anterior, todo proceso crítico es una apuesta, si bien con la presencia del azar bastante controlada. Una base sólida de información y de recursos literarios permite al crítico manejarse con una buena cuota de seguridad en el establecimiento de opiniones. Los riesgos disminuyen según se retrocede en la historia de las letras y, en consecuencia, aumentan con cada aproximación al presente. Buscamos que *Perfiles* trabajara en la zona de mayor riesgo: lo contemporáneo. Son terrenos escasamente visitados y, sin embargo, abundantes en sorpresas de todo tipo: escritores que ya insinúan su talento, autores obcecados en la experimentación, géneros que se modifican a impulsos de la tendencia general y un largo etc. Bastan esas sorpresas para hacer del crítico curioso un explorador obsesivo, y *Perfiles* ofrece muestras de lo que tales exploraciones llevan a cabo. Adéntrese el lector en el libro: su lectura lo hará ver la enorme gama de propuestas literarias que hoy ofrecen las letras mexicanas, tanto en cantidad—lo menos importante—como en calidad. Hallará el lector una nómina de creadores que podrá serle conocida en ciertos casos, pero nunca en su totalidad. Y allí, en la parte donde surjan las novedades, que el lector—sea o no crítico—ejerza su propio coqueteo con el riesgo. Es decir, tras el impulso primero venido de los ensayistas elija los autores cuya amistad le atraiga iniciar. O bien que regrese a las viejas querencias, para ver de examinar los libros desde el enfoque propuesto por los críticos.

Desde luego, esta amalgama singular de ensayos prueba asimismo que la crítica se encuentra muy dueña de sus terrenos, y es una refutación adicional del ya antiguo escepticismo de los creadores. Que estos gusten o no de las ideas aquí expresadas es cuestión aparte. *Perfiles* fue una aventura interesante para cada uno de los colaboradores. No queda sino desear que en concluyendo este prólogo para iniciar su camino por los ensayos, el lector inicie por su cuenta una aventura igualmente satisfactoria.

POESÍA MEXICANA, 1975-1990: DE LA ABUNDANCIA RAQUÍTICA A LA ESCASEZ SALUDABLE O ¿DÓNDE ESTÁN LOS POETAS?

SANDRO COHEN
Universidad Autónoma Metropolitana
Azcapotzalco, México

Tientos y apariencias: una aproximación

Han tenido que pasar más de veinte años para empezar a vislumbrar, con cierta objetividad, los derroteros de la poesía mexicana posterior al choque político y cultural que representaron el movimiento de 1968 y su posterior represión. Durante los años que mediaron entre la matanza del 2 de octubre y 1975 —año que he elegido de modo no totalmente arbitrario, como punto de arranque para este ensayo— la actividad poética y artística en general fue tan abundante y contradictoria, en comparación con lo que había ocurrido en años anteriores, que resultaba difícil apreciarla atinadamente.

Aunque el siguiente dictamen no refleja con toda justicia la dinámica de la poesía mexicana desde 1975 hasta la fecha, podría ilustrar las reacciones de un observador casual de otro país si se acercara un poco a la poesía mexicana. No se trata de una cita proveniente de ningún libro o revista literaria. Es, más bien, el resumen de muchas conversaciones espontáneas que he escuchado a lo largo de los últimos años. Podría redactarse así:

> La explosión poética que se dio en México desde mediados de los años 70 se convirtió, a partir del *crack* petrolero de 1982, en una implosión. La estrella de la poesía mexicana hizo supernova y rápidamente se convirtió en un agujero negro: no dejaba escapar ninguna luz. Ya nadie sabe con certeza qué sucede dentro de esa pesada masa que son los mexicanos que aún escriben poesía. Ni los críticos ni los escritores se ponen de acuerdo. Para unos poetas no existen los otros. Para algunos críticos, sólo sus conocidos —sus intereses— son relevantes. Da la impresión de ser un pleito sin importancia ni trascendencia. Nadie puede ni quiere ver más allá de sus narices.

Este escenario, aunque ficticio, guarda una buena dosis de verdad. En aquellos años hubo una plétora de publicaciones periódicas dedicadas a la poesía. Surgieron muchas y variadas editoriales marginales para satisfacer la demanda de edición, ya que sólo en raras ocasiones las empresas comerciales dedicadas a la literatura invertían su dinero en la publicación de obras poéticas, y mucho menos en las de poetas jóvenes.

Por otra parte, los autores consagrados—Jaime Sabines, Octavio Paz, Efraín Huerta, Alí Chumacero—poco agregaban a la fisonomía poética mexicana: sus obras ya eran monumentos que en poco se veían afectados por los poemas *tardíos* que publicaban. En el caso de Alí, su monumento ha permanecido intocado desde 1956, año en que editó *Palabras en reposo*. La mengua en la creatividad de estos poetas realzó todavía más la frenética actividad de los jóvenes.

En el caso de Octavio Paz se vuelve necesaria una aclaración: en 1975 y 1976 aparecen *Pasado en claro* y *Vuelta*, respectivamente. *Pasado en claro*, que Paz publica a los 61 años, es un poema de gran aliento sobre la búsqueda interior que se vuelve reflexión del mundo.

Vuelta, aunque no es una composición única a la manera de *Piedra de sol* o *Pasado en claro*, contiene poemas admirables. Las obras posteriores de Paz, aun con su innegable belleza y claridad de pensamiento—pienso en *Kostas*, por ejemplo—no respiran con la misma fuerza. *Pasado en claro* y *Vuelta* aparecen en el umbral de la explosiva actividad de los poetas nacidos después de la segunda guerra. Son parte de ella, pero su visión se orienta hacia el pasado, como sus títulos lo indican y como lo confirman sus versos. Puede aducirse que Paz abre y cierra una época de la poesía mexicana. Nos abrió—más que ninguno de sus antecesores: más que Tablada, más que Villaurrutia—las puertas del mundo, y nos inició, como mexicanos, en la literatura entendida como una manera de participar en el drama mundial de la creación, discusión y crítica.

Otra excepción notable: Rubén Bonifaz Nuño. Después de haber escrito libros fundamentales como *El demonio y los días*, *El manto y la corona* y *Fuego de pobres*, siguió una trayectoria poética cuya calidad experimental era tan sutil que no fue sino hasta finales de los 70 y principios de los 80 cuando se le empezó a reconocer como uno de los grandes maestros y renovadores del idioma poético. Y fueron los jóvenes quienes lo reclamaron. En 1987, cuando Bonifaz Nuño estaba por cumplir 64 años, escribió otra obra maestra, *Albur de amor*, en que sigue dando el ejemplo de cómo hacer que la poesía «siempre sea nueva», como pedía Ezra Pound. Los coetáneos de Bonifaz Nuño no lo comprendieron ni lo apreciaron cabalmente. Lo respetaron. Le dieron, sin entusiasmo, su callado lugar entre los sabios académicos, siempre a la sombra de Paz, Huerta y Sabines. En general, su poesía se les antojaba una especie de palimpsesto en donde se escribía con palabras modernas encima de bases grecolatinas. En parte tenían razón, pero no se percataron de la manera en que Bonifaz Nuño, como Góngora en su tiempo, utiliza a los clásicos como un fondo para reconquistar y confirmar los valores cultos y coloquiales del español, de tal manera que éstos se renueven y se enriquezcan en lugar de que pierdan su fuerza. Ésta ha sido una de las lecciones principales que Rubén Bonifaz Nuño ha dado a los jóvenes que empezaron a leerlo asidua y gozosamente a partir de la recopilación, en 1979, de la mayoría de sus libros previamente publicados: *De otro modo lo mismo*.

A partir de la época de abundancia en México, el papel y el proceso de impresión se volvieron relativamente baratos. Un muchacho que trabajara en alguna oficina de gobierno o de la iniciativa privada, con poco más de un mes de sueldo podía editar sus poemas decorosamente, cosa que hoy en día es casi imposible.

Se hablaba mucho de poesía. Se tenía la impresión de que en México había más poetas que gente. «Poetas somos todos», rezaba una de las frases más populares de la época. Los poetas, sobre todo los jóvenes, se reunían en cafés para conversar, compartir lecturas y leerse entre sí. Reinaba un ambiente de bohemia y camaradería. Si a uno le encargaban la preparación de una selección de «poesía joven» para alguna revista, se empeñaba en dar a conocer los poemas de sus amigos de café. También se visitaba otros cafés y tertulias para conocer lo que hacían los demás. Se fundaban revistas, en su mayoría efímeras, pero eran leídas y discutidas ávidamente.

Se editaron varias antologías en forma de libro. Fue en estos libros donde empezó a verse con más claridad que nada podía verse con claridad. Carlos Monsiváis, por ejemplo, en 1979 publicó la segunda edición de su *Poesía mexicana, tomo II, 1915-1979*, que originalmente había aparecido en 1966. Al final de esta versión «puesta al día», incluye once poemas de once escritores jóvenes. Algunos de estos poetas, como David Huerta y Alberto Blanco, han seguido escribiendo, y sus obras son ampliamente discutidas y comentadas. Otros, como Jaime Reyes y Ricardo Castillo, poseían arrojo y mucho rencor, pero también una buena dosis de ternura hacia los «desclasados» de la sociedad y la literatura. Tenían en Jaime Sabines y Efraín Huerta un modelo, pero también veían hacia los Estados Unidos, la generación *Beat* y escritores como Charles Bukowski. Su poesía parecía fresca y atrevida, con un gran desparpajo y una enorme falta de solemnidad que permitía al lector respirar de modo que no sintiera como si, en el momento de leerlos, estuviera en una clase de literatura. Con el tiempo, sin embargo, estos dos poetas empezaron a repetirse, y lo que parecía fresco en un principio se volvió una retórica más.

Poetas como Enrique Márquez, José Joaquín Blanco, Ricardo Yáñez, Rogelio Carvajal, Kyra Galván, Rafael Torres Sánchez y Luis Miguel Aguilar deben discutirse aparte. En algunos casos han publicado tan poco que dan la impresión de haber desaparecido del panorama por completo. José Joaquín Blanco publica esporádicamente, pero sus poemas no han merecido la atención que reciben sus crónicas y estudios. Algunos de estos poetas simplemente no tuvieron más que decir—o no tuvieron con qué decirlo—y se callaron.

Toda antología es un albur y un ejercicio de futurismo. Nadie espera que un antólogo atine en todos los casos, pero en este libro, en lo que concierne a los jóvenes, Monsiváis no vio más allá de los *contenidos* de la mayoría de los antologados. Se dejó influir por la ideología: el feminismo, lo *antiestablishment*, el desparpajo como método y mensaje en sí. También se puede ofrecer otro argumento: Monsiváis optó por antologar a sus amigos y a quienes sus amigos recomendaban. Si se tratara de una antología confesadamente parcial o de grupo, esto sería perdonable. Pero dentro de un libro importante como éste, con un gran tiraje y una excelente distribución, se habría esperado un intento más serio por acercarse a lo que escribían los jóvenes de aquel entonces.

Lo que sucedió con Monsiváis también ocurrió en otras selecciones, y esto se convirtió en una de las enfermedades que, aunada a la crisis económica pos-82, terminarían por desenmascarar la mal llamada explosión poética: las mafias que supuestamente habían sido un fenómeno exclusivo de las generaciones anteriores, tendrían nuevos y a veces más feroces exponentes entre los escritores jóvenes. Para ser tomado en cuenta, para poder publicar, parecía necesario afiliarse a uno u otro grupo: el de *Vuelta*, el de *Nexos*, el de nuevo *Plural*, el de *La Semana de Bellas Artes* o de la *Revista de la Universidad*, el de *La Máquina Eléctrica* o de *La Máquina de Escribir*, el de *El Zaguán* o de *Cartapacios*. A veces era una cuestión de grupos u órganos compatibles; otras, se trataba de enemigos mortales: publicar con un grupo significaba dejar de hacerlo con otro. Esto existe hasta la fecha en algunas publicaciones periódicas, pero —afortunadamente— el fenómeno se ha ido erradicando.

Los fenómenos y sus máscaras

Se vivía una verdadera fiebre poética a mediados de los años 70 y principios de los 80. Las universidades, tanto de la capital como de los estados, comenzaron a publicar la poesía que las editoras comerciales rehuían. El Fondo de Cultura Económica, órgano paraestatal, también publicaba libros de poesía muy selectos en su colección de Letras Mexicanas. Empezaron a otorgarse varias becas para escritores. Las dos más conocidas de entonces —y que siguen existiendo— eran las del Centro Mexicano de Escritores y el Instituto Nacional de Bellas Artes. Ya se ha hablado de la actividad marginal, cuyos productos llegaban a tener un aspecto profesional que poco pedía a las editoriales de abolengo. Los talleres literarios, que a principios de los 70 eran más bien pocos, empezaron a florecer en casi todas partes: en casas de la cultura, en recintos universitarios, en delegaciones políticas. Y por si esto fuera poco, los coordinadores no solían ser simples maestros de literatura, sino poetas reconocidos y apreciados por los asistentes.

Pero lo que más debería destacarse de ese periodo es el entusiasmo, el optimismo y la autosuficiencia de los escritores jóvenes. Lo que tal vez parezca insólito hoy, era común entonces: un par de muchachos de 25 años ya podían ser expertos y editar un suplemento de circulación nacional, como *La Semana de Bellas Artes* o la *Gaceta* del Fondo de Cultura Económica. Podían hacer y deshacer en ciertos ámbitos; viajaban por todo el país y al extranjero; se establecían contactos; se hacían traducciones; se tenía acceso a la televisión y a la radio; se celebraban encuentros internacionales de poesía en que siempre se incluía un contingente de jóvenes que se codeaban con los consagrados, algo que sólo ocurría rara vez —y para unos cuantos elegidos— antes de la década de los 70. Los poetas vivían en el país de Jauja, y sólo unos cuantos intuían el derrumbe pos-82.

Otro fenómeno peculiar a los poetas jóvenes de esta época fue su aguda conciencia de ser *poetas jóvenes*. Serlo se había convertido, casi, en una profesión. Bajo este rubro —y prácticamente sin otras consideraciones— uno podía participar en encuentros exclusivos para jóvenes —algunos de los cuales aún existen—publicar libros y figurar en revistas, viajar a los estados de la república y al exterior, etcétera. También se escribían artículos y ensayos sobre *poesía joven*, lo cual podría haber sido positivo si quienes lo hacían hubieran tenido las herramientas críticas para hacerlo decorosamente, en lugar de irse por el camino fácil de la descripción temática (v. nota número 2). A menos que sea yo tan viejo que peque de ceguera para con los más jóvenes, me parece que esta actitud ya no prevalece. No se suele discriminar a los jóvenes con el fin de ayudarlos. Se les lee como se lee a cualquiera. Así, resulta mucho más difícil que publiquen sus primeros libros, pero no es una misión imposible. Por otro lado, todavía es relativamente fácil editar poemas en revistas con el fin de darse a conocer. Si estos elementos se colocan en la balanza, creo que el resultado es positivo.

El libro que mejor ilustra este momento—con sus revistas, talleres, encuentros, cafés, clases universitarias, etcétera— es la *Asamblea de poetas jóvenes de México*, que preparó Gabriel Zaid. Recopila un poema de cada uno de 164 escritores, aunque la sección antológica del libro es lo menos interesante. La hazaña del volumen radica en su prólogo y en sus análisis estadísticos del fenómeno poético en el país.

A diferencia de lo que he afirmado aquí mismo, Zaid sostiene que los poetas jóvenes de aquel entonces no se leían entre sí. En términos generales puede decirse que tiene razón, pero—amén de la salvedad que haré en seguida —debemos tomar en cuenta que esto no es un defecto o una virtud exclusivos de los poetas jóvenes. En otro ensayo, «¿Por qué no se lee poesía?» (4), ofrezco algunas posibles razones por las cuales el público lector se ha rebelado en contra de sus poetas, y dentro de esos lectores también se encuentran personas que escriben poesía, tanto buena como mala.

Mi salvedad: Zaid ve el fenómeno de la no lectura desde una perspectiva geográfica. Los de la capital no solían conocer a los del resto de la república. Él mismo explica este desconocimiento natural que, además, existe en la mayoría de los países de gran extensión territorial. Aun en los Estados Unidos, el centro mismo de la revolución en comunicaciones, los poetas se leen escasamente entre sí. Zaid argumenta que ni los poetas de la capital se leen. Esto es discutible. Si se ve desde un enfoque puramente estadístico, Zaid está en lo cierto. Si hay más de seiscientos poetas jóvenes, sólo se lee una pequeñísima porción de su poesía. Pero no se trata de seiscientos poetas dueños de lo que solemos llamar «obra». Son seiscientos jóvenes que, en un momento dado, han escrito y publicado algún poema. Visto así, nadie tiene la obligación de leerlos. Zaid sabe que se dan unos cuantos poetas verdaderos en cualquier generación —tal vez entre diez y veinticinco—y los poetas lo saben intuitivamente: ellos también están esperando para ver quiénes desaparecen, víctimas de la inercia, la flojera, las intrigas, la falta de talento . . .

Con todo, la visión de Zaid es ambigua. Ve con suspicacia la «explosión» poética, pero no la niega. Reconoce, de la manera más científica posible, que se estaba escribiendo y publicando muchísimo más que en cualquier otra época, pero le faltaba la clarividencia suficiente para intuir el desastre que provocaría, en la cultura mexicana, la caída de los precios del petróleo. De esto no se le puede culpar, desde luego, pero sus cálculos de cuántos poetas nacerían todos los años de aquí al próximo siglo, basados en el aumento de «poetas publicados» durante la década de los 70, resultan por lo menos tragicómicos. ¿Pensaba Zaid realmente que en el año 2017 nacería un millón de poetas que verían sus obras publicadas? (279). Resulta difícil creerlo, pero el antólogo postula que la tasa de crecimiento demográfico-poético podría ser aún mayor gracias al estímulo de los premios y talleres infantiles.

Sea como fuere, insisto en esta discrepancia: en los 70 y principios de los 80, los poetas de una sola área geográfica—y aun de ciudades y estados diferentes—sí se buscaban y se leían, aunque no se llevaran bien personalmente, aunque se atacaran. Era importante entonces saber qué se estaba escribiendo y dónde se publicaba, aunque fuera por razones puramente egocéntricas: los poetas inéditos buscaban cómo darse a conocer, y los que ya habían publicado deseaban promoverse. La mejor manera de llevarlo a cabo era figurando en presentaciones, talleres, tertulias y cafés; es decir, los lugares en donde los poetas se reunían para leer sus poemas.

La mayoría de las editoriales y revistas marginales se iniciaron de esta manera. Al principio de los 70,[1] se trataba de libros y folletos bastante primitivos, si los comparamos con los que se editaban diez años después. Pero, poco a poco, los poetas que se reunían en los cafés y las tertulias empezaron a pensar en la posteridad, en ver sus nombres impresos. Así, surgieron colectivos poéticos que dieron resultados diversos, como Liberta Sumaria, que llegó a publicar varios libros individuales y dos antologías de los miembros del grupo; La Máquina Eléctrica y La Máquina de Escribir (que no tenían nada que ver entre sí); Latitudes; Libros Escogidos; *El Zaguán*; Cuadernos de Estraza; *Péñola*; *Rehilete*; *Papeles*; *Letra*; el Taller Martín Pescador; *As de Corazones Rotos*; Cuarto Menguante; *Tinta*; y *El Tucán de Virginia*, entre otros. En muchos casos, estas publicaciones marginales llegaron a poseer tanta presencia, calidad de diseño e impresión, que establecían pautas editoriales que, más adelante, usarían las universidades, el gobierno y editoras comerciales. No en balde: la mayoría de los editores empleados por estas instancias tuvieron sus inicios en la actividad marginal.

En su mayoría, se trataba de muchachos entusiastas que respiraban, comían y bebían poesía. Durante los primeros años de la supuesta explosión, más o menos de 1974 a 1979, las broncas de mafiosos parecían una cosa lejana y sin importancia a los muchachos que entonces tenían de 20 a 25 años; aún no olían los dineros del presupuesto ni aspiraban a detentar un poder real, más allá de los casos de aquellos que habían logrado colocarse a la cabeza de algunos suplementos y revistas. Pero ésta fue la semilla de la manzana de la discordia, ya que alrededor de estas publicaciones, principalmente universitarias y del gobierno, empezaron a concentrarse grandes cantidades de dinero a partir del 79, aproximadamente. Sus directores y los asistentes de los directores, en muchos casos, disponían de chofer y gastos de representación; comían en restaurantes elegantes; realizaban viajes para promover las publicaciones y otros intereses de la universidad o secretaría, aunque en muchas ocasiones estos viajes se reducían a que los jóvenes funcionarios se promovieran a sí mismos.

Todo esto se hacía con dinero proporcionado por el erario público. Estar adentro significaba subir repentinamente de clase económica y, a veces, social. Estar afuera generaba, para muchos aspirantes a poderosos, rencor y amargura.

Zaid sí tiene razón cuando habla de la burocratización de la cultura previa al 68, y cómo el movimiento estudiantil que culminó trágicamente en ese año, comenzó a romper los esquemas de la cultura fosilizada reinante. Zaid menciona que, en los momentos en que preparaba su *Asamblea*..., existían aproximadamente mil doscientas trece revistas que publicaban poemas de autores menores de treinta años. Esto confirma el entusiasmo del cual habié, aunque, naturalmente, no garantiza que todas estas revistas hayan sido leídas por todos; ni siquiera una décima parte. Pero esto es preferible al sopor en que los escritores, sobre todo los jóvenes, se sofocaban antes del 68.

Cuando se observa el fenómeno poético mexicano de los años 70 en esta luz, se vuelve evidente que la supuesta explosión se debía a varios factores, ninguno de los cuales se relacionaba con criterios literarios o de calidad. Tenía que ver con el auge petrolero que permitía inversiones nunca antes vistas en las universidades y en otros quehaceres culturales; tenía que ver con la explosión demográfica y el natural aumento de estudiantes de preparatoria y universidad; tenía que ver con la actitud de «poetas somos todos», el eterno cultivo de los poetas sin oficio por temor a «sofocar» o «quebrantar» talentos «vulnerables» o «delicados». Todo esto se vino abajo, como ya se ha dicho varias veces, en 1982.

El *crack* petrolero fue un baño de realidad rápido y cruel. El peso mexicano empezó a caer estrepitosamente desde entonces, tardó años en estabilizarse, y lo hizo sólo en términos relativos. La cultura—y los servicios a la población en general—fue lo primero en resentir este declive. La fuente de las publicaciones marginales, que tan lejos habían llegado en términos de calidad (en algunos casos) y presentación, empezó a secarse; los costos se volvieron prohibitivos. Las burocracias universitaria y estatal volvieron a ser todopoderosas, aunque sus presupuestos eran raquíticos en comparación con los dineros que manejaban antes del 82. Los poetas de «poetas somos todos» siguieron escribiendo durante un buen rato—un año o dos—pero, al darse cuenta de las enormes dificultades que enfrentaban para publicar sus libros, poco a poco dejaron de escribir. El 82 fue nuestra *perestroika*. Nos obligó a abandonar el narcótico del dinero fácil y la general escasez de autocrítica. Pero, a la larga, fue una medicina benéfica, porque lejos de matar a nadie, fortaleció a aquellos poetas que realmente poseían oficio, talento y determinación, mientras desanimó a aquellos otros que, a su vez, se volvieron más útiles como editores, promotores, políticos, funcionarios o publicistas.

Si observamos el panorama poético mexicano de los 70 y principios de los 80 a esta luz, nos damos cuenta que no hubo una implosión de creatividad entre quienes escriben poesía; no hubo ni supernova ni agujero negro posterior porque el gigantismo de la poesía durante este periodo había resultado ser ficticio. En el periodo en cuestión, uno corría el riesgo de ser calificado como «reaccionario» si afirmaba que la vasta mayoría de lo que pasaba por poesía era, en realidad, una *imitación* de la poesía. Pero esta valoración de lo que ocurría entonces está mucho más cerca de la verdad que lo fueron quienes sostenían que hubo un gran florecimiento poético en el México de aquel entonces. Hubo dinero. Hubo cantidad. Muchos aprendieron a hacer libros y revistas. Pocos aprendieron a hacer crítica de poesía.[2] Lo positivo perdura; lo demás se ha convertido en una curiosidad.

El abanico de los 80

Una vez que la gravedad de la crisis económica hubo entrado en la conciencia colectiva de los escritores, se enfrió el ritmo de publicación y—como consecuencia—de escritura entre los creadores más jóvenes. Y como editaban muy poco los poetas consagrados—quienes, además, nunca tuvieron problemas para hacerlo—se tenía la sensación de un rápido y violento cese de actividades editoriales, por más que las empresas marginales pretendieran, en un principio, seguir adelante. Los costos del papel y los productos fotográficos se dispararon con la caída brusca del peso, y esto volvía casi imposible continuar con los quehaceres quijotescos de las editoras no comerciales y fuera del presupuesto estatal. Algunas empresas, sin embargo, sobrevivieron sus inicios a principios de los 80 y se convirtieron en instituciones venerables: El Tucán de Virginia y Cuarto Menguante, por ejemplo. Esta última tiene su sede en Guadalajara y se ha aliado con la universidad local.

Realmente resulta difícil imaginar qué podría haber sucedido de no haberse desplomado los precios del petróleo, saber si la fiebre poética se habría calmado por sí sola o si habría seguido hasta llegar a niveles de delirio. Lo más seguro es que la rapiña se hubiera vuelto aún más encarnizada de lo que fue durante la *administración de la abundancia*, hacia finales del sexenio lopez-portillista. Creo, también, que los poetas—engolosinados consigo mismos y con su «importancia»—se habrían distanciado aún más de sus lectores. Esto habría sido un suicidio, porque sin lectores no hay poesía que valga.

El desprecio del poeta hacia el lector sigue siendo un problema en todo el mundo, pero en México se ha iniciado el camino de regreso para abrevar en las fuentes de la función poética. Este camino es de doble sentido; siempre lo ha sido, y si no fuera así, no existiría evolución poética alguna. Es decir: resulta imposible que la poesía siempre se desarrolle en una sola dirección, porque rápidamente se alcanzan todos los extremos: la poesía que es prosa, la poesía que no busca interlocutores, la poesía que es dibujo, la poesía que no significa nada fuera de sus propios signos, la poesía que es sonido puro, la poesía que intenta por todos los medios no parecer poesía, la poesía que sólo habla de sí misma . . . No se puede llegar más allá de estos extremos sin que la poesía se convierta en *otra cosa*. Esto, si se diera realmente, sería positivo y no debería ser motivo de escándalo, pero tampoco hay por qué pensar—como muchos—que la poesía, como género, está muerta. Ha vivido y evolucionado durante más de cinco mil años como para que ahora se dé por vencida y se muera, sobre todo cuando el siglo ha dado, y sigue dando, poemas y libros que conmueven a los lectores que logra encontrar.

El trabajo real que se lleva a cabo detrás del vaivén de las modas, el tortuoso camino que se debe trazar para encontrar la poesía, es lo que la va puliendo. Lo que en un momento dado parece lo más *avant-garde*, dentro de diez o veinte años ha envejecido terriblemente, y lo que parecía tímido en sus innovaciones—como la poesía de Bonifaz Nuño—resulta cada vez más actual y vibrante.

Los poetas que sobrevivieron al *crack* tuvieron que hacer un profundo examen de conciencia, cada quien a su manera. Después del 82 las tendencias poéticas lograron definirse mejor que a finales de los 70.[3]

Entre los poetas que siguieron escribiendo había varias maneras de entender el papel de la poesía y el del poeta, de explorar y recrear el mundo. Sin embargo, las herramientas de los poetas—es decir, su oficio—eran desiguales. La cuestión misma del oficio se había revelado como uno de los puntos más conflictivos y que producía la mayor cantidad de pugnas, ataques y malentendidos. En el fondo, estas pugnas giraban alrededor de los ejes de tradición y ruptura, forma y fondo, desenvoltura y contención.

En 1982 ya había un buen núcleo de poetas de entre 30 y 35 años, aproximadamente, cuyos libros eran leídos y comentados por estudiantes universitarios, maestros, intelectuales diversos y demás poetas no tan afortunados. Entre ellos se cuentan Alberto Blanco y David Huerta—quienes ya fueron mencionados—Raúl Garduño (m. 1980), Elsa Cross, Carlos Montemayor, Francisco Hernández, Marco Antonio Campos, Efraín Bartolomé, Arturo Trejo Villafuerte y Vicente Quirarte.

Tres pasos hacia atrás, y cuatro para adelante

El desplome de las publicaciones coincidió vagamente con el aumento de las pugnas teóricas que se daban alrededor de los ejes citados. Una posible razón: como se había detenido abruptamente la carrera enloquecida por conquistar famas, los protagonistas se dedicaron mucho más a la introspección y, sí, a la lectura. Fue entonces cuando los jóvenes redescubrieron a Gilberto Owen y Bonifaz Nuño, por ejemplo. Salvador Novo y Xavier Villaurrutia ya eran moneda corriente, y no hacía falta que los desenterrasen. Los Contemporáneos en general volvieron a estar en boga, sobre todo con su homenaje nacional en el 82. Empezó a leerse asiduamente *El arte de la poesía* de Ezra Pound,[4] y los ensayos de T.S. Eliot sobre poesía. Hartos de la flaccidez del verso libre que entonces reinaba (Eliot había dicho que no hay verso libre para el poeta que quiera hacer las cosas bien), un grupo de escritores se volcó hacia el pasado para estudiar a Garcilaso, Góngora, Lope de Vega, Quevedo y Darío, por mencionar a sólo algunos. Estos poetas querían apropiarse de los íntimos secretos del verso tradicional para utilizarlos en su propia poesía. Para hacerlo había que pasar un buen tiempo ensayando las formas y los metros, hasta dominar y asimilarlos. En este proceso, sin embargo, quienes lo hicieron —entre ellos: Marco Antonio Campos, Vicente Quirarte, Angel José Fernández, Víctor Manuel Mendiola, Javier Sicilia y yo mismo—fuimos tachados de reaccionarios, retrógrados, faltos de imaginación, repetidores e imitadores.

Roberto Vallarino, uno de nuestros más acérrimos críticos, no se cansaba de ridiculizar a los nuevos «sonsonetistas» desde las páginas del suplemento *Sábado* de *unomásuno*. Sus comentarios sirvieron para polarizar la discusión de tal manera que sus participantes se vieron obligados a examinar a conciencia sus métodos y pretensiones.

En aquellos años, la ortodoxia estaba del lado del verso libre. Aún se creía que esta forma poética era la única que respondía auténticamente al espíritu de la época, al progreso técnico y social. Hasta se llegó a relacionar el verso libre con la Revolución Mundial y la lucha de clases. El verso medido y las formas cerradas, por otra parte, respondían supuestamente a inquietudes anticuadas y actitudes poco liberadoras del hombre. Para decirlo pronto, se trataba de vejestorios que nada podían aportar ni a la poesía actual ni al «hombre nuevo».

En un ensayo de 1985, «El espejo sin la sombra», el poeta y traductor Rafael Vargas intentaba reconocer los diferentes rumbos por donde transitaba la poesía de los jóvenes. He aquí una de sus observaciones:

> la cantidad de personas escribiendo a mediados de los setenta hacía posible pensar en una gran diversidad de caminos. Me parece que la grafomanía, con sus expedientes de facilonería, arruinó a muchos. Al esquivar los problemas se esquiva también la pasión. Los versos rezumaban a flor de piel y no cabeza adentro. Y es que la poesía nunca es «libre». Es un lugar común, pero no está de más recordar la sentencia de Eliot; éste señalaba que convendría aprender a observar las normas antes de transgredirlas—*y no me refiero solamente a las formales, cuya actual veneración linda con el fariseísmo*—apenas se observan, principalmente, porque apenas se lee. [Las itálicas son mías.]

La reflexión de Vargas sobre la «grafomanía»—inspirada en la *Asamblea . . .* de Gabriel Zaid—me parece atinada, y al apoyarse en Eliot y en su insistencia en el aprendizaje de «las normas» poéticas, se encamina hacia una actitud sana para la relación entre los poetas y su oficio. Pero se ve enseguida que el crítico titubea. Cuando aclara—entre guiones—que no se refiere «solamente a las [normas] formales», insinúa que existen otras normas que no especifica. Tal vez se refiera a la gramática, la puntuación o las buenas costumbres, pero no lo creo. Se limita a criticar la falta de lecturas de la cual adolece la mayoría de los poetas jóvenes, y menciona más adelante que esto los condena a repetir a quienes los precedieron. ¿Cuáles son las normas *no formales* que debe conocer el poeta para poder trascenderlas? El autor guarda silencio.

La clave de la posición de Vargas se halla en la palabra «fariseísmo», sinónimo de «hipocresía», y en el término «veneración». Para este crítico, la «veneración» de las «normas formales» resulta hipócrita. ¿Por qué hipócrita? ¿Estudiar y pretender dominar el oficio poético, si uno es poeta, constituye fariseísmo? El oficio poético en nada se asemeja a un dios; no hay que rendirle tributo u honores; no hay que *venerarlo*. Para un poeta, aprender las normas de la versificación, de la retórica y las sutilezas de las formas que se han empleado a lo largo de los siglos—y a veces en diferentes idiomas—equivale a lo que hace el músico cuando aprende teoría musical y las reglas de la sintaxis de la composición, aunque después invente su propia sintaxis. Es lo que hace el pintor cuando aprende la teoría cromática, la perspectiva, el dibujo anatómico, etcétera. ¿Por qué el poeta, entre todos los artistas, habría de ser ignorante? Lo curioso del planteamiento de Vargas radica en que *no quiere que los poetas sean ineptos*, pero les niega el derecho de moverse dentro de las técnicas que les son específicas y absolutamente imprescindibles.

Me parece que Vargas, al desconocer estas normas formales que tanto critica, se siente en desventaja. Me parece que por esto ataca a los poetas que entienden que la poesía es *arte*. Me parece que por este motivo insinúa que el aprendizaje de la teoría de la versificación y de las formas tradicionales implica un formulismo hueco y sin trascendencia. (¿De ahí el *fariseísmo*?) Como el ensayista no esclarece qué quiere decir con la palabra «veneración», ni cuáles son las normas *no formales* que es preciso observar, me es difícil descartar estas hipótesis. Que yo sepa, nadie «venera» ni a las formas ni a la versificación. Sería una estupidez. Y si se trata de un poeta sin talento, que *sólo* sabe versificar o escribir en formas preestablecidas, no habría siquiera por qué tomarlo en cuenta.

Curiosamente, en el mismo número de *Casa del Tiempo* donde aparece el estudio de Rafael Vargas—es más: inmediatamente después de él—aparece un ensayo mío, «El verso no tiene la culpa». En este trabajo me dedico a refutar a quienes razonan como Rafael Vargas. (Para aquellos que se interesen en el tema, pueden consultar ese número de la revista de la Universidad Autónoma Metropolitana.)[5]

Han pasado ya cinco años desde la publicación de estos dos ensayos. En ese lapso se han editado muchos libros de poesía que nos permiten valorar los resultados de las búsquedas poéticas de ambas tendencias. Una de las lecciones que nos ha dado el tiempo se refiere a la inutilidad de aplicar esquemas viejos a lo que realizan autores nuevos. Ahora, en 1990, no podemos confundirnos. Los poetas que con más ahínco se dedicaron a ejercer el verso y las formas que se han usado en diversos momentos de nuestra historia literaria, no han permanecido en la escuela de los repetidores. Al contrario: han encontrado formas propias y una voz personal que sigue enriqueciendo la historia de la poesía castellana.

Habría que observar con cuidado el itinerario poético de Alberto Blanco. Desde su primer libro de poemas, *Giros de faros*, se notaba una voluntad de trasmitir sentido mediante las formas poéticas. En otras palabras, no sólo podía notarse una armonía entre los aspectos formales e ideológicos de los poemas, sino que su *forma* era una parte orgánica de su *fondo*. Ningún verso está escrito gratuitamente. La regularidad o irregularidad del verso; el hecho de que las estrofas contengan dos, tres o cuatro versos; la disposición de las estrofas, etcétera; en la poesía de Alberto Blanco todo esto tiene *sentido*.

En sus libros posteriores Blanco sigue esta búsqueda. *Antes De Nacer*, las iniciales de cuyo título juegan con el ADN genético, lleva esta investigación a consecuencias extremas. La disposición tipográfica del libro obedece e imita la doble hélice del ácido desoxirribonucleico, elemento que fue indispensable para que surgiera la vida en el planeta. De esto trata el libro: las relaciones entre el hombre y el hombre, el hombre y su descendencia, el hombre y su mundo. Las estrofas—seis por página, de versos irregulares, dispuestas en dos columnas de forma fluctuante—se encajan de manera perfecta. Los versos se pueden leer horizontal, vertical o diagonalmente; desde arriba hacia abajo o viceversa. Un ejemplo:

```
vitral en llamas         por este camino o este   viajero  encenizado
o  permutaciones         que ascienden al ritmo   de un humo otoñal
laberintos ardidos       en su  propia duración   y en su belleza

talleres donde los maestros hacen tiempo    al día del  hombre
con chimeneas de cartón y puertas gemelas   en estas ciudades
hay un tendido de máscaras que se prenden   al rostro preciso

por las antorchas        corbatas de humo  que buscan en el espejo
en los  cromóforos       los luchadores incandescentes en la vela
y los  automatismos      acuerdo de los adioses y de los nombres
```

(principio de la sección «O», 53)

La textura de este poema sobre la vida es como el tejido del ADN sin el cual la vida no podría existir. El problema del libro radica en algo tan simple como la resistencia extrema que opone para leer y entenderlo como un todo orgánico y fluido. El aspecto visual pesa más que el rítmico o auditivo. Es un poema para ser visto más que escuchado. Se encamina hacia *lo otro* poético que cobra vida cuando la poesía deja de serlo. *Antes De Nacer* contiene imágenes, ideas y momentos poéticos brillantes, pero no se comporta como el poema que desea ser: es *otra cosa*.

En sus libros posteriores, Blanco no intenta seguir explorando los caminos que había iniciado con su *ADN*, pero tampoco se vuelve más «fácil». Continúa la búsqueda espiritual, la adecuación entre imagen, sonido, idea y forma, y con frecuencia logra escribir poemas de una belleza y sencillez hirientes. A veces se tropieza, sin embargo, y confunde la sencillez con la simpleza, algo que no resulta extraño cuando uno se adentra por senderos poco explorados.

Obsérvese una estrofa en forma de décima de «Se esmera nuestro respetuoso amor disponiendo pensamientos cual flores sobre un altar» de *Cromos*, uno de los libros más sobresalientes de Alberto Blanco:

Un símbolo de pureza
no es al azar una flor,
cuando su suave color
nos envuelve en la certeza
dejándonos donde empieza
la espiral de un caracol:
el milagro de un farol

en el centro de la fiesta
que ya dentro de la cesta
puede ser el mismo sol. (63)

Este poema, obviamente, está concebido sobre una estructura versística y estrófica tradicional, pero Blanco no siempre se ciñe a las formas existentes, ni siquiera las que son relativamente «vanguardistas» en Occidente, como el hai-ku. En esta estrofa, la última del poema «Zenzontle» de *El libro de los pájaros*, el poeta utiliza versos de 5 y 7 sílabas, pero en lugar de una disposición 5-7-5, en esta estrofa metamorfosea la forma para que tenga una estructura 7-7-5, lo cual pone un punto final contundente a la composición:

De todas las cenizas
la que canta mejor
es el zenzontle. (22)

Puede afirmarse que Angel José Fernández es mucho más sutil que Alberto Blanco en su manera de usufructuar los conocimientos que ofrece la tradición. En el poema «Cora», por ejemplo, recurre al endecasílabo—no siempre de manera ortodoxa, desde luego—pero el tono nada tiene que ver ni con el Renacimiento ni los Siglos de Oro ni el siglo XIX ni el Modernismo. Es la voz de Angel José Fernández que resuena, aunque la caja que la contiene se deriva de una construcción que empezó a perfeccionarse hace más de 600 años:

Qué les diré, muchacha, dime algo
que pueda conmoverlos; algo sólido,
como la noche en que nos desvelamos
por encontrarnos solos; algo digno,
dócil y sencillo, bello y amargo,
como un golpe sin su corazonada
o el coraje tridente de lo estéril. (115)

También puede verse en «Hondo es el darse en alegría». Cito la última estrofa:

Y si alguien tiembla en el mar más tranquilo,
muy profundo y contrito, ni lo toques:
este ser no es un mar de tu sonrisa
y ya sabes la envidia que eso da,
como todo en la vida, si tú quieres. (158)

No obstante su asimilación de las posibilidades del endecasílabo, José Angel Fernández es principalmente un autor de versos libres e irregulares. Pero nunca se deja llevar por el camino fácil del prosaísmo en que se precipita la mayoría de los poetas que no se han preocupado por llevar las armas que brinda la preceptiva literaria; su oficio no se lo permite:

> Enterré a Dios en el cielo.
> Me cundió muerto y ya apestaba el alma;
> era mi solo, arrinconado
> con sus novias rotas,
> mis cacharros que eran sus fotos
> antiguas, mis temores
> como hermosos, arruinados fetiches,
> el corazón exacto, máquina
> que siempre nos resulta inútil.
>
> Tenía ojos vivos, asequibles
> como si cavilaran vejez, eternidad
> y decidí cerrárselos
> de no caberme en la memoria. (207)

Con la poesía de Alberto Blanco y Angel José Fernández apenas ofrezco dos ejemplos de lo que han pretendido y logrado estos escritores, cada quien por su lado, que decidieron zambullirse en la tradición para salir *nuevos* a la superficie. Pero no todos los resultados son iguales ni igualmente afortunados. La poesía de Javier Sicilia, por ejemplo, sigue cercanamente a algunas formas típicas de los Siglos de Oro, sobre todo utilizadas por los místicos. Sería un error afirmar que sus liras, silvas y sonetos no constituyen poesía del siglo XX. Es cierto que poseen un barniz arcaico, pero éste forma parte de su propósito. Sicilia establece un diálogo constante con quienes lo precedieron, sobre todo Fray Luis de León. Es parte de su significado. Puede discutirse, no obstante, la eficacia poética de este recurso, la capacidad de sus poemas de tocar al lector como él desea que los toquen.

Por otro lado, la barrera retórica construida por Sicilia es también un muro de contención. El poeta quiere que el lector se esfuerce por reconocerlo, por escalarlo y—después—goce con el paisaje que se encuentra del otro lado. Todo esto está presente en su juego, que es un juego serio.

Otros se han dejado vencer por el peso del aprendizaje. Sus poemas parecen justificar los ataques en contra de los demás. Es injusto. Son, simplemente, malos poetas.

La desaparición del verso

El segundo eje alrededor del cual puede discutirse la dinámica de la poesía mexicana también se resume en un viejo tópico: la pugna entre la tendencia de los poetas de considerarse y mostrarse como partícipes y evolucionadores de una tradición, y su contrario: la tendencia de romper limpiamente con el pasado para presentar una nueva manera de comunicarse.

Se trata, desde luego, de la pugna más antigua de todas, por lo menos en Occidente. Sus modalidades, sin embargo, cambian con el tiempo y la geografía. En el caso del México actual, hay que señalar que *no* se trata del problema de verso libre contra verso medido y las formas establecidas. En todo caso, esto sólo constituiría *un* aspecto del conflicto. Para ilustrar el punto basta recordar el siguiente escenario: antes de los años cuarenta, el verso libre había sido contestatario y representaba una corriente expresiva liberadora. Desde la segunda guerra mundial hasta la fecha, sin embargo, el verso libre se ha convertido en la forma más socorrida en México y en la mayoría de los países de lengua indoeuropea. Forma parte, pues, de la nueva academia.

No era, por supuesto, una forma nueva, pero tampoco era *común*. Lo habían practicado—todo el mundo lo sabe—los escritores bíblicos, Walt Whitman, Edgar Lee Masters y algunos otros. T.S. Eliot, Ezra Pound y William Carlos Williams—éste último, a su manera—le brindaron respetabilidad entre los poetas de habla inglesa antes de—y durante—la primera guerra, y de allí pasó, *cundió*, en el resto de Europa después de concluida la contienda militar.[6]

Para los poetas que nacieron en México después de 1945, sin embargo, el verso libre era como la televisión: un mueble aparentemente inamovible y omnipresente en nuestra cultura. Usarlo no significaba renovación ni liberación de las «formas tradicionales»; como ya se ha visto, la mayoría de estos poetas no conocía ni mucho menos dominaba las llamadas formas tradicionales. En esta luz, resulta disparatado sugerir que los poetas mexicanos nacidos en la época de posguerra utilizan el verso libre como una manera de *romper* con el pasado. Para hacerlo tendrían que *romper* con el verso libre y buscar otros caminos.

México es un país sumamente conservador. Sus poetas también suelen serlo. Las vanguardias en México tuvieron representantes más bien débiles y casi siempre tardíos. Pero es importante destacar que esto no afectó la *calidad* de la poesía mexicana; nuestros poetas simplemente no solían quebrarse la cabeza contra los muros intraspasables de las vanguardias europeas. Una excepción notable: algunas obras de Octavio Paz que exploran los caminos que Mallarmé, por un lado, y André Bréton y Marcel Duchamp, por otro, habían inaugurado años antes. No se trata de los mejores poemas de Paz, pero el experimento resultó benéfico porque nos enseñó algo sobre los límites y posibilidades de la poesía. Si el creador no se atreve a toparse con el muro, no sabe muy bien en dónde está. Además, el muro nunca se halla en el mismo lugar: nuestra sensibilidad lo va alejando y transformando. Nadie puede afirmar que si lo hecho hace veinte años terminó en un heroico fracaso, no tendrá algún epígono futuro que abra la brecha y encuentre la manera de convertir el anterior fracaso en una obra maestra.

En México, la mayoría de los poetas escribe como lo hacían los miembros de las generaciones anteriores. En este caso podemos hablar, otra vez, de los Contemporáneos, Octavio Paz, Jaime Sabines, Efraín Huerta, Rubén Bonifaz Nuño, la Espiga Amotinada, etcétera. Si vemos más allá del asunto de la versificación, se ve que es una cuestión de conservar ciertas líneas estéticas: el poema que narra una historia mínima, el poema que evoca un cuadro o una imagen, el poema que canta el yo de quien escribe, el poema que propone una visión particular del mundo.

Suelen ser composiciones breves, excepto cuando un poema se convierte en un libro, como en el caso de *Piedra de sol* o *Muerte sin fin*. Suelen ser perfectamente comprensibles en términos culturales y de gramática. Con frecuencia incorporan hallazgos de la poesía en otros idiomas o de otras culturas, como en el caso de nuestra adopción del hai-ku, el verso blanco (mucho más común en inglés e italiano que en español), y el mismo verso libre. Suelen ser textos predominantemente *verticales*—con una clara concepción de estructura versística—*tensos*—por su economía—y *evocadores*—por su tendencia a sugerir en lugar de erigirse en exposición lógica, narrativa o discursiva. Son poemas «objeto».

Al otro lado del eje se encuentran aquellos poetas que buscan, contra viento y marea, romper con todo esto. Con frencuencia no desean contar ninguna historia, por mínima que sea, ni cantar el yo ni ofrecer ninguna visión coherente del mundo. Otras veces la historia se vuelve omnipresente, y así se contradice—exagerándola—una de las características de la poesía apegada a la tradición, la de contar una historia *mínimamente*; el vuelo de una mosca, por ejemplo, como en uno de los poemas más conocidos de Rubén Bonifaz Nuño («Qué fácil sería para esta mosca», 132).

En lugar de hacer esto, los poetas no tradicionales contarán muchas historias encimadas que no se identifiquen plenamente, y de ahí su omnipresencia: la historia—o las historias—al no aparecer convencionalmente en el poema, destaca—o destacan—desproporcionadamente en comparación con las «historias mínimas» de la poesía más tradicional. *Incurable*, de David Huerta, sería un ejemplo. Se entreveran y pierden los puntos de vista. Reina la subjetividad absoluta. Se desprecia tanto el verso medido como el verso libre. Es decir, se desprecia el verso. Para los poetas no tradicionales, este artefacto es una antigualla que de ninguna manera debería ser requisito para escribir poesía.

Como toda pugna artística, los de una banda enriquecen a los de la otra. Son partícipes del mismo juego que, en términos de la física, funciona como la fuerza centrípeta y la centrífuga. Sin las dos, el universo no podría existir.

Aunque poetas como Alberto Blanco y Angel José Fernández siempre serán experimentadores, no buscan romper con el concepto del *verso*; dependen de él para lograr su expresividad. Son poetas que—como Elsa Cross, Luis Roberto Vera, Marco Antonio Campos, Carlos Montemayor, Verónica Volkow, Fabio Morábito, Silvia Tomasa Rivera, Efraín Bartolomé, Jorge Esquinca y Nelly Keoseyán—parten de la tradición para hacerla evolucionar. A otros no les interesa tal cosa, como Coral Bracho, el mismo David Huerta, Marcelo Uribe, Jaime Reyes y Orlando Guillén; casi todo el finado movimiento infrarrealista; Gerardo Deniz.[7] En *Isla de raíz amarga, insomne raíz*, por ejemplo, Jaime Reyes escribe desde un torbellino que sólo responde a sus propias reglas. Utiliza versículos aparentes, pero se antojan tan arbitrarios que no son más versículos que verso tradicional o prosa. Esto no niega su fuerza ni su eficacia. Un fragmento:

> si caes, y caes, si caes y hundes te hundes en mí en
>   cuentras estrellas, balidos,
> descargas cerradas, noches abiertas al clásico corte de
>   la traición.

> Salmo de la oscuridad, muesca del rencor,
> salivazos de cobre si buscas encuentras tus manos
>   pulsando en el costado lotes abandonados,
> sangrientas niñas custodiadas por violentos sátiros. (33)

No hay ningún intento en este libro por seguir secuencias lógicas o presentar un poema con alguna estructura reconocible. Está abriendo su propio camino. El riesgo que ha corrido Reyes está en que ese camino no siempre lo ha llevado muy lejos. Es más: ha resultado ser tan breve como fulminante. No hay un más allá en esta poesía. Es su propio más allá.

David Huerta, de manera menos fulminante—y con más tino e inteligencia que intuición—empezó a dirigirse hacia estos desfiladeros a partir de su segundo libro, *Cuaderno de noviembre*, y llegó a lo que parecía ser su límite en *Versión*, que data de 1978. Pero en 1987 apareció *Incurable*, que lleva a extremos nunca antes vistos—por lo menos en México—el deseo de escribir el universo a partir de un maremagnum de voces, imágenes, historias, puntos de vista y tiempos; todo sin lo que pudiera llamarse «organización poética tradicional». *Incurable* es un libro valiente, sea cual fuere el juicio crítico que se le aplique. Lo que interesa señalar aquí es la naturaleza rebelde de Huerta en el sentido de que no quiere parecerse a nada, ni siquiera a Lezama, con quien lo han comparado tantas veces. El poeta, como Reyes, necesita ir más allá. Creo, sin embargo, que Huerta no sabe exactamente qué hay en ese más allá:

> He aquí los viajes, las agujas, los elefantes; he aquí
>   mis aproximaciones a la sustancia que he escuchado
>   deslizarse
> por las comisuras de los amigos, por los labios de los
>   atardeceres, por el adolescente que fui, sus armas
>   humeantes
> —toda esa sustancia cae, instilada, en el frasco del sueño,
>   se aprieta contra las nimias murallas del vidrio,
> asustada en este encierro conservador que la hará otra
>   cosa, le mostrará, domándola, maneras nuevas de
>   fingir: esta sustancia
> ¿es una pregunta, es un oro, es un estilo abriéndose? (220)

Incurable—que posee una escritura tersa y sedosa, cautivadora—no trasmite la violencia anímica de *Isla de raíz amarga* . . .; nos ofrece la posibilidad de seguir varios hilos levemente narrativos que se rompen y se vuelven a atar. Puede afirmarse, sin embargo, que el poema no tiene nada que ver con el concepto poético tradicional, aun cuando aceptemos como «tradicional» el desarrollo de la poesía después de la Segunda Guerra. David Huerta está buscando *otra cosa*, lo cual también ocurre en su libro más reciente, *Historia*. Aunque sus dimensiones son absolutamente manejables, en este libro que no titubeo en calificar como hermosamente doloroso—o dolorosamente hermoso—Huerta sigue explorando los márgenes de lo poético y lo expresivo en general. Lo hace en un afán de abarcar cada vez más e incorporar los terrenos conquistados a su propio universo poético.

La poesía de Orlando Guillén, por otra parte, no se parece a la de Jaime Reyes o David Huerta. Si no fuera por la abundancia de su poesía tan decididamente «contra-todo-lo-que-huele-a-*establishment*», hasta podría entrar en el grupo de quienes volvieron a abrevar en las fuentes de la versificación como manera de renovar el verso.

Guillén, obviamente, sabe lo que hace. Es capaz de escribir como se le pega la gana, y en la forma que sea. Tanto su erotismo como su rencor casi siempre están a flor de piel, y Reyes está dispuesto a insultar a quien se le atraviese. Su poesía resulta desconcertante por su anarquía, su general falta de lo que hemos llamado «organización poética». Pero la tiene cuando quiere, lo cual nos señala que su poesía debe ser leída con mucho cuidado. En su *Poesía inédita, 1970-1978*, por ejemplo, escribe este soneto:

Verso de once, sonata del soneto
relámpago en la tarde que declina
peinada cabellera vaselina
sastre soy del desastre que acometo

Un puñal en el alba del cuarteto
pinar atardecer de trementina
dragar trizar el ser saqueado reto
largar el remo por la mar mezquina

Hacer arder la noche en esta esquina
con la mano de Dios que se abotona
el guante del muñón que se encabrona

en la mano del agua mar en ruina
la violada doncella la madonna
la podrida ciudad mi mandolina (138)

No es un soneto tradicional, pero tampoco puede negarse que se trate de un soneto—explosivo, lúdico, rudo; eso sí, quevediano—el cual responde a los resortes emotivos y lógicos a que el soneto siempre ha respondido.

Guillén está cerca del canto jarocho, el desparpajo y la irreverencia típicos de los veracruzanos. La tradición vive en él sin que tenga que esforzarse mucho. También podemos afirmar que no le importa mayormente. Necesita *romper*, cambiar la faz de la poesía, y emplea todo lo que está a su alcance—incluso la tradición—para irritarnos, sacudir nuestra sensibilidad «pequeñoburguesa».

Ésta, desde luego, no es una actitud nueva; tiene más de un siglo dando sus patadas de *righteous indignation*. Queda por verse, no obstante, si los tiempos aún exigen que se siga escribiendo poesía así, como este fragmento de *Rey de bastos*:

Pedos de la luz del agua y el amanecer como una vulva que mano de
 [puérpera masturba
Párvulos a flor de óvulo
Coño de meretriz entre mujeres de ala sorda

Egregio el vaho bajo el vaho de los hijos de Falo
Egregio el vaho de los nietos de Verga
bajo el vaho
de los hijos de Pene
Amaso con la masa de las mujeres mi masa y otra masa crece
Anacaronte
Abigeo de los corderos de Dios
Cáncer perludo
Veo a las jóvenes gomas para mascar cojones
como gomas para mascar mojones
La jauría de los imbéciles tañe un harpa de escudo
tañe un paño de harapos (125-26)

    Sin ganas de espantar a nadie, sin ganas de tomarse demasiado en serio, Gerardo Deniz revienta nuestros conceptos «tradicionales» de otra manera. Su escritura suele parecer oral. Se halla equidistante del merolico y del actor shakespeariano. Es un vertedero de informaciones que tal vez sólo él sepa de dónde provienen y qué signifiquen. Irrita la literatura de Deniz porque no quiere ser *literaria*, y porque lo es excesivamente. Todo en ella lo es, porque no parece haber nada *vital*. Por otro lado, hay muy poco en ella que pueda parecer *bella*, y nuestra sociedad casi siempre incluye la belleza entre los requisitos para el arte: no belleza en el sentido de lo «agradable», sino en el más amplio de lo *conmovedor*. La «belleza» en cuanto se relaciona con «verdad». Un fragmento del libro más reciente de Deniz:

    REDUNDANDO
La antítesis muerte y vida carece de misterio (si bien
    no de patrón-oro y tradición, oral),
como un festín de jícamas. La antítesis dura está
entre muerteivida y —¿qué?
No tiene nombre, sólo adjetivos manidos, despilfarrados
    sin pudor
—pero existe. Demasiado. Acompaña a la muerte, por
    cierto, entre otros actos cívicos.
Abarca tortura (de la una y la otra, y la otra),
    terapia intensiva, trámites.

Contención y desenvoltura

    El tercer eje, el de contención y desenvoltura, coincide en algunos aspectos con los primeros dos, pero no de manera estricta ni mucho menos. Podría pensarse, por ejemplo, que la poesía tradicional—sea o no de *versos* tradicionale—se entiende como una escritura de contención, y que la no tradicional—la que busca romper con los conceptos de la poesía que regían antes del siglo veinte—se entiende como una expresión relajada y que evita las construcciones verticales. Esto ocurre en muchos casos, pero no en todos. Hay poesía de corte más bien tradicional que, a su vez, busca la desenvoltura y la no verticalidad. Existe, por otra parte, poesía de mucha tensión y contención, que poco tiene que ver con los sistemas tradicionales de escribir verso: la poesía concreta, por ejemplo, que no es común en México. Entre los poetas que buscan romper con la cualidad de la contención poética sin oponerse a la dinámica de la tradición (porque la tradición no es inmovilidad, sino movimiento), se hallan—entre otros—Francisco Hernández, Jorge Esquinca, José Luis Rivas y Raúl Garduño.

La poesía de Francisco Hernández, por ejemplo, no pretende enterrar a la tradición poética mexicana, pero algunos de sus poemas más hondamente sentidos y decantados eluden casi totalmente el sentido vertical de la poesía. Poseen un desarrollo generalmente versicular, lo cual diluye enormemente la sensación de «verso», y suelen contar una historia, aunque sea caprichosamente o de modo—en apariencia—anárquico. En *Mar de fondo* se evidencia esta tendencia de Hernández:

> Cierro los ojos. Me arrastra el sopor hacia los territorios de la fiebre y, mecánicamente, limpio mis dedos pegajosos de semen en la trama del mosquitero. Oigo a lo lejos el mundo de mi madre, su andar entre las brasas, su diálogo con el rencor que le acompaña: hablan de mi padre, de la mujer que tiene, de su risa, que suena como tromba de flores pisoteadas.
>
> Con el silencio fijo en el vacío pienso en los tigres de Mompracem, en las redondeces de Paura, en un jonrón con tres hombres en base. (64)

A pesar de la estructura más bien narrativa del poema, y de su negativa a organizarse según parámetros versísticos verticales, «Mar de fondo» no busca alienarse de la «tradición». Más bien parte de ella y la lleva a otro nivel aún reconocible como perteneciente al desarrollo poético de México desde los Contemporáneos hasta la fecha. Se trata, desde luego, de una poesía que tiene mucho que ver con el poema en prosa o la prosa poética, según la enfoque el lector.[8] Me parece que Hernández no cae entre los poetas de la «ruptura» simplemente porque no pretende *escribir en contra* de la sensibilidad del lector «promedio» de poesía. Ésta no es su manera de estimularlo. No le interesa ser contestario sino comprensible, aunque nunca fácil.

En *De cómo Robert Schumann fue vencido por los demonios*, Hernández vuelve a una estructura vertical, pero aprovecha la libre asociación de ideas—a veces francamente surrealistas—de modo que la poesía parece estar escapándose siempre de la contención tradicional. Tipográficamente parece una poesía contenida, pero al leerla—escucharla—da la impresión de que está a punto de desbocarse, aunque el poeta nunca pierde el control ni de sus imágenes ni de sus cadencias:

> Hoy converso contigo, Robert Schumann,
> te cuento de tu sombra en la pared rugosa
> y hago que mis hijos te oigan en sus sueños
> como quien escucha pasar un trineo
> tirado por caballos enfermos.
> Estoy harto de todo, Robert Schumann,
> de esta urbe pesarosa de torrentes plomizos,

de este bello país de pordioseros y ladrones
donde el amor es mierda de perros policías
y la piedad un tiro en parietal de niño.
Pero tu música, que se desprende
de los socavones de la demencia,
impulsa por mis venas sus alcoholes benéficos
y lleva hasta mis ligamentos y mis huesos
la quietud de los puertos cuando el ciclón se acerca,
la faz del otro que en mí se desespera
y el poderoso canto de un guerrero vencido. (5)

    Algo parecido ocurre con la poesía de Jorge Esquinca. En gran parte de ella se percibe la necesidad de *contenerse* y de seguir un desarrollo poético más o menos tradicional en lo que escribe. Pero algunos de sus poemas más brillantes se disparan, se desplayan en versículos y tienden a rechazar el concepto de la verticalidad, aunque no del todo. Sus versos son largos, pero parece que no dejan de ser *versos*, como en «Parvadas» de *Alianza de los reinos*:

> Oscuras pasan las aves que emigran más allá de la mirada, seguras en su rumbo, flechas vivas para el corazón austero del hombre
> Sueño de los llanos se alzan gloriosos contra el cielo dispuesto, donde estrena sus claridades la mañana.
>
> Hijas de una voluntad solar, dividen al día con el amplio cuchillo de su vuelo
> Y la mirada se rinde ante la fuerza de su abrazo inalcanzable.
>
> Señoras del aire, domadoras de súbitos ventarrones, hacen de la intuición una certidumbre:
> Su vuelo es siempre un oráculo que se cumple
> Y el poderío de su reino se cifra como la palabra que el deseo sopla hacia los quietos desiertos del cielo. (99)

Coda

    La poesía mexicana no posee un solo rumbo, pero tampoco navega entre las tormentas de la vanguardia. Por un lado avanza y evoluciona a partir de una base sólidamente establecida: la tradición. Por otro, desea liberarse de la tradición para llegar a decir verdades inéditas, y como nunca se habían articulado anteriormente. Cuando la poesía se finca con demasiada pesadez en la tradición, encalla. Tiende a repetirla y a repetirse de manera cansina e irritante. Cuando la reacción resulta extremadamente violenta, puede producir chispas de gran poesía, pero siempre se relacionará con la tradición, *porque constituye una respuesta producida por ella*, causa y efecto. La mejor poesía mexicana está entre estos dos extremos: parte de una tradición y se lanza, a veces de manera muy sutil, hacia otras formas y otros tonos, timbres y tonalidades; rechaza las formas tradicionales de estructura poética, pero se contiene y busca ciertos puntos de contacto—sean retóricos o de elaboración imaginativa—con la tradición de modo que puedan establecerse puentes entre el poema y sus lectores.

Hay que tener cuidado, no obstante, porque la actual poesía mexicana ya no puede reducirse mecánicamente al fenómeno de «tradición» y «ruptura»—o de la «tradición de la ruptura»—como se ha planteado repetidamente en las últimas tres o cuatro décadas. Mediante las generaciones poéticas que empezaron a escribir después de 1968, el fenómeno de la evolución de la poesía se ha revelado como algo mucho más difícil de apresar conceptual o categóricamente, lo cual he intentado demostrar a lo largo de este ensayo.

Existe tradición, existe ruptura. Pero parte de la ruptura poética actual consiste en una vuelta a la tradición, ya que la obra escrita por los poetas nacidos después de la Segunda Guerra Mundial llegó a convertir la ruptura en otra retórica más: una búsqueda frenética por una novedad sólo aparente, en el mejor de los casos, y absolutamente hueca, en los peores. Pero al utilizar elementos tradicionales, al mezclarlos con otros más novedosos—y de tradiciones e idiomas diferentes, incluso de otros géneros—la tradición ha sufrido una metamorfosis importante; es reconocible, pero como parte de *otra cosa*. Esta *otra cosa* es lo que ahora nos parece extraño porque contiene elementos de lo anterior y—asimismo—elementos desconocidos o extraños. Aquí he intentado trazar la sutileza de las superposiciones y polarizaciones de las actuales técnicas y actitudes a través de tres ejes que, a su vez, no se excluyen.

En años recientes las acostumbradas definiciones de «escuelas literarias» han perdido toda validez. Las nociones de realismo, surrealismo, orientalismo, lirismo, imaginismo, coloquialismo, formalismo, antiformalismo, etcétera, ya no tienen sentido. En un buen poema de 1990 puede convivir una forma renacentista con un tono coloquial que aproveche imágenes surrealistas con dejos orientales, y nadie se escandaliza.

Esto no podía verse con nitidez en 1975. Los trabajos de los años 80, sin embargo, volvieron la situación un poco más comprensible. No hubo tanto «ruido», resultado de tanta «explosión». Ahora queda por verse cómo los poetas de los 90 reaccionarán a un mundo que—en lo político y lo cultural—muy pocas personas esperaban.

Preveo una mayor soltura formal de parte de las generaciones que he discutido aquí y de la próxima, que consiste en aquellos escritores que empezaron a publicar a mediados de los 80. Pero creo que la diferencia principal entre la poesía que se escribía en los 70 y la que se escribirá en la década de los 90, radica en que la soltura saldrá naturalmente de un mayor dominio del oficio poético, y no en la ignorancia de la misma. Habrá menos verso libre, pero más estructura versicular, y una tendencia cada vez mayor de que la poesía, como género, rebase los límites que actualmente le reconocemos, sin que deje de ser poesía.

Un peligro: algunos de los exponentes más conspicuos de la generación que empezó a dar a conocer su trabajo a partir de 1985 todavía adolecen de una indigestión culterana que no se oculta en su poesía. Esta necesidad de ostentar una erudición mal asimilada no tiene parangón entre las generaciones inmediatamente anteriores; sospecho que no tiene parangón alguno. Tiene que ver, en parte, con el celo con que estos creadores e intelectuales han asediado la burocracia cultural. Varios de ellos ocupan cargos importantes en la política y la vida editorial, acontecimiento que parece imitar a lo ocurrido a mediados de los 70. Pero a diferencia de quienes nacieron literariamente en aquella década, estos poetas no se arriesgan ni profesional ni poéticamente. Otra diferencia, no necesariamente negativa: reniegan del tono más bien populachero de quienes ocupaban los puestos de importancia en las revistas, suplementos y—en unos cuantos casos—editoriales de entonces: otra imagen volteada en el espejo, otra reacción. Es de suponerse que estos poetas se den cuenta, más temprano que tarde, que lo mejor de la literatura *no parece literatura*; que es necesario vivir y que la poesía también esté viva; un libro de poemas no debe entenderse como una colección de piezas de museo.

México está pasando por una de sus etapas literarias más fértiles. A estas alturas, nadie tiene por qué preguntarse dónde están los nuevos poetas. Ya están aquí.

NOTAS

1. Las fechas que doy son, por fuerza, aproximadas. Las doy según recuerdo cómo se desarrollaban las publicaciones dentro y fuera de las instituciones públicas. También me baso en las publicaciones mismas, tanto institucionales como marginales. Antes del 75 eran relativamente escasas las publicaciones de folletos poéticos. A partir de esa fecha empezaron a crecer desmedidamente. En lo personal, tengo una caja grande llena de ediciones marginales: folletos, papeles sueltos, revistas, plaquetas. Puede observarse allí que la actividad editorial más tupida se da entre 1979 y 1982. Después de este año se baja el ritmo de producción sensiblemente. Algunas cosas aún aparecen en 1983, pero después reina el silencio casi total (con la excepción de unas cuantas editoriales marginales que en este trabajo tomo en cuenta, algunas revistas y editoriales institucionales fuertes—principalmente universitarias—y los suplementos subvencionados por los periódicos en que aparecen).

2. Una observación: durante este periodo maduró mucho más la crítica de la narrativa que la poética. Ha surgido una generación de críticos de narrativa que ya ocupan un lugar importante entre los mejores del siglo veinte. Entre los más jóvenes se encuentran Ignacio Trejo Fuentes, Marco Antonio Campos, Evodio Escalante, Guillermo Sheridan, Alberto Ruy Sánchez, Juan José Reyes, Enrique Serna, Christopher Domínguez, Alberto Paredes, Víctor Díaz Arciniega, Fabienne Bradu, Enrique López Aguilar, José Joaquín Blanco y Sara Sefchovich.

La crítica de poesía, por otro lado, parece haberse estancado en un impresionismo ramplón: pocos críticos son capaces de analizar obras poéticas en cuanto a su *poesía*. Se limitan, más bien, a hablar de los temas y los puntos de vista de los poetas, como si se tratara de reseñar un libro de ensayos. O se van con la finta de *la novedad* como si ésta realmente existiera en la poesía (no hay nada nuevo bajo el sol), y como si ésta fuera necesariamente una virtud. Otros, los más, creen que al escribir una prosa oscura —llena de citas, circunloquios y de sí mismos—están cumpliendo con la función crítica, cuando en realidad están despreciando al lector, a quien confunden y aburren.

De todas maneras, se han destacado algunos jóvenes críticos de entonces: Vicente Quirarte, Carlos Montemayor, Roberto Vallarino y los mismos Marco Antonio Campos, Evodio Escalante y Guillermo Sheridan.

3. Durante 1979 preparé y entregué a la editorial Premiá una antología que incluía a poetas mexicanos nacidos después de 1940. Se titula *Palabra nueva: dos décadas de*

poesía en México (número 20 de la colección «Libros del Bicho», 370 pp.) Apareció apenas en 1981, poco después de la *Asamblea* . . . de Gabriel Zaid. Ya en el prólogo de esa antología—el cual suprimiría gustoso, si pudiera, para escribir otro en su lugar—detectaba una serie de corrientes, de *actitudes* y *métodos* de escribir poesía, que en aquel entonces no me parecían muy claros pero que ahora pueden verse con más nitidez.

4. En edición de Joaquín Mortiz dentro de su colección «Serie del Volador». La traducción se debe a José Vázquez Amaral.

5. Se trata de un número especial dedicado a «Nuestra hora literaria: crítica y ensayo sobre las letras mexicanas contemporáneas». En esa época dirigía la revista Evodio Escalante, apoyado por Christopher Domínguez.

6. Ezra Pound, en «A Retrospect», incluye piezas que datan desde 1911 ('A Few Don'ts', por ejemplo, había aparecido en *Poetry* en marzo de 1913). Pound fecha el subcapítulo 'Re Vers Libre' como del «20 Aug. 1917». La primera guerra mundial se desató el 28 de junio de 1914, y concluyó en 1919. Puede decirse entonces que Pound, el teórico más importante del verso libre, escribió ensayos fundamentales sobre el asunto desde antes que la guerra estallara, y siguió teorizando durante el conflicto.

7. Incluyo a Gerardo Deniz, seudónimo de Juan Almela, porque es un caso prácticamente singular en la poesía mexicana. Ignoro su fecha de nacimiento, pero no se trata de un poeta joven. La obra de Deniz, en los últimos años, ha ganado cierta popularidad entre los poetas más apegados al grupo *Vuelta* de Octavio Paz. La obligación del crítico es, ante todo, leer con cuidado y tratar de entender lo que ocurre dentro y alrededor de la poesía. En el caso de Deniz, resulta difícil por el sabor a jerigonza que suele tener su poesía. Evodio Escalante es uno de los críticos que ha cuestionado inteligentemente la repentina fama de Deniz.

8. He intentado diferenciar el poema en prosa de la prosa poética de esta manera: el poema en prosa sigue de cerca todos los elementos retóricos de la poesía en verso, excepto que no se organiza verticalmente, es decir, según una estructura versística tradicional; emplea—de modo concentrado—la metáfora, el símil, el oxímoron, la sinestesia, la hipérboles, la metonimia, etcétera, como suele hacerlo la poesía y no la prosa. La prosa poética, por otra parte, suele seguir todos los cánones de la prosa —discurso expositivo, organizado «lógicamente»—sólo que lo hace con un especial esmero en los aspectos eufónicos que son más propios de la poesía. Así, algunos ensayos de Octavio Paz, por ejemplo, pueden calificarse de «prosa poética», aunque no de «poemas en prosa». Éste último es un género que Paz ha practicado aparte, como en *¿Aguila o sol?*.

OBRAS CONSULTADAS

Blanco, Alberto. *Antes de nacer*. México: Libros del Salmón, 1983.
———. *Cromos*. México: Fondo de Cultura Económica, 1987.
———. *El libro de los pájaros*. México: Ediciones Toledo, 1990.
———. *Giros de faros*. México: Fondo de Cultura Económica, 1979.
Bonifaz Nuño, Rubén. *Los demonios y los días* (1956). En *De otro modo lo mismo*. México: Fondo de Cultural Económica, 1979.
Cohen, Sandro. «¿Por qué no se lee poesía?» *Sábado*, supl. cult. de *Unomásuno* (28 jul. 1990): 4.
Deniz, Gerardo. *Grosso modo*. México: Fondo de Cultura Económica, 1988.
Esquinca, Jorge. *Alianza de los reinos*. México: Fondo de Cultura Económica, 1988.
Fernández, Angel José. *De un momento a otro (1972-1984)*. Tuxtla Gutiérrez: Universidad Autónoma de Chiapas, 1985.

Guillén, Orlando. *Poesía inédita, 1970-1978*. Veracruz: Gobierno del Estado de Veracruz, 1979.
——. *Rey de bastos*. Chapingo, estado de México: Universidad de Chapingo, 1985.
Hernández, Francisco. *Mar de fondo*. México: Joaquín Mortiz, 1983.
——. *De cómo Robert Schumann fue vencido por los demonios*. México: Ediciones del Equilibrista, 1988.
Huerta, David. *Incurable*. México: Era, 1987.
Monsiváis, Carlos. *Poesía mexicana. 1915-1979*. Tomo II. México: Promexa, 1979.
Reyes, Jaime. *Isla de raíz amarga, insomne raíz*. México: Era, 1976.
Vargas, Rafael. «El espejo sin la sombra». *Casa del Tiempo* [México, DF] 5.49-50 (feb.-mar. 1985): 4-10.
Zaid, Gabriel. *Asamblea de poetas jóvenes de México*. México: Siglo XXI, 1980.

DE LA VANGUARDIA MILITANTE A LA VANGUARDIA BLANCA (LOS NUEVOS TRASTORNADORES DEL LENGUAJE EN LA POESÍA MEXICANA DE NUESTROS DÍAS: DAVID HUERTA, GERARDO DENIZ, ALBERTO BLANCO Y CORAL BRACHO)

EVODIO ESCALANTE
Universidad Autónoma Metropolitana, México

Me parece que un dato clave para entender lo que sucede con la poesía mexicana de las últimas dos décadas está dado por lo que podríamos llamar el *agotamiento* de las vanguardias. Las vanguardias artísticas, poderosos dispositivos cuya función real era la de inventar nuevos lenguajes o, cuando menos, la de trastornar los existentes, parecen haber consumido ya todas sus reservas de vitalidad. Después de un viaje que se prolonga por más de medio siglo y que comprende, en el terreno de la literatura, desde la enérgica irrupción del *estridentismo*, en los años veinte, continúa con el trabajo de la generación de *Contemporáneos*, y culmina con las aportaciones de la generación de *Taller* (Octavio Paz y Efraín Huerta principalmente, sin olvidar que Paz, por sí solo, representa la encarnación de cuando menos tres grandes períodos de la vanguardia: socialista en los años treinta, surrealista en los cincuenta, y semiótico-estructuralista en los sesenta), el tiempo de las vanguardias parece haber llegado a su fin. Este agotamiento, me permito sugerir, no indica de modo obligado que la lógica interna de las vanguardias haya recorrido sus últimos eslabones, pero sí sugiere, de alguna forma, que el tono de la época ya no permite su exaltación.

Después de la generosa eclosión de radicalismo de los años sesenta, que son los años de los movimientos estudiantiles (París, México, Berkeley), de la Revolución Cultural en la China de Mao Zedong, del radicalismo negro en los Estados Unidos, así como de la confusa rebelión contra la sociedad de consumo encarnada por el movimiento *hippie*, se abre un período de conservadurismo caracterizado por un auge mundial de las tesis neoliberales. El tono de la época, como se ve, se ha ido al otro extremo del diapasón. Como componentes de este tono habría que incluir, por supuesto, el impresionante declive del mesianismo revolucionario, la bancarrota general de las ideologías salvíficas y, de otro modo, un sentimiento generalizado de desencanto, los cuales colocan al nuevo sujeto histórico en una especie de planicie, de aburrida meseta sin perspectivas, en la que ya no hay más quiebres de tipo radical. De tal suerte, la vanguardia, entendida no sólo como la consciente transformación de los lenguajes artísticos, emprendida por una *élite* cultural, sino también como una *exigencia de totalidad*, que intenta de algún modo contagiar esta transformación a las estructuras sociales, superada por la vivencia de los tiempos, abandona la escena.[1]

Desde un punto de vista histórico, y limitándonos al caso de México, podría decirse que las vanguardias han conocido dos grandes etapas formadoras. En la primera, la vanguardia se encuentra vinculada de tal forma a las transformaciones políticas experimentadas por el país, que no es posible pensarla si se prescinde de este marco. En la segunda, que empieza a producirse alrededor de los años cincuenta, justo en el momento en que se hace evidente el «cansancio histórico» de la llamada Revolución Mexicana, las vanguardias se vuelven más cosmopolitas, y se desligan para siempre del clima «revolucionario» impuesto por los distintos gobiernos emanados de la Revolución Mexicana. Así, los poemas de Maples Arce se vinculan, en su momento más alto, al régimen «obrerista» del presidente Alvaro Obregón.[2] Las posiciones del grupo *Contemporáneos*, no tan «apolíticas» como enseña a pensar el lugar común, muestran—por aceptación o por rechazo—más de una resonancia revolucionaria. Gorostiza y Torres Bodet, para no mencionar sino a dos de los integrantes del grupo, se vinculan desde sus años de juventud con una de las figuras más eminentes del nuevo régimen: el Secretario de Educación José Vasconcelos. Se les ve, desde sus inicios, participar en los proyectos culturales de la Revolución Mexicana, a cuyos gobiernos continuaron sirviendo durante toda su vida activa.[3]

En cuanto a *Taller*, es evidente que sin la atmósfera propiciada por el régimen izquierdista de Lázaro Cárdenas, ni siquiera el nombre de la revista hubiera sido posible. No es una exageración sostener que la identificación obrerista de los escritores agrupados en torno a la revista *Taller* es una consecuencia de la política de Cárdenas, quien impulsó la ideologización de las centrales obreras, el surgimiento de un amplio movimiento de maestros, y la creación de agrupaciones de artistas e intelectuales que abrazaron de modo abierto y hasta militante los ideales del socialismo, como lo ejemplifica el caso de la LEAR (Liga de Escritores y Artistas Revolucionarios). Aunque es cierto que Paz no perteneció a esta organización, sí formó parte de la delegación de artistas mexicanos que representaron a su país en el Segundo Congreso Internacional de Escritores (celebrado en Valencia, España), en el que figuró al lado de prominentes miembros de la LEAR como José Mancisidor, Silvestre Revueltas, Fernando Gamboa y Juan de la Cabada. Como también es cierto, y este es otro dato notable, que Paz participó en las misiones educativas que auspició el régimen de Lázaro Cárdenas, trasladándose con este fin al estado de Yucatán, en el que permaneció durante cuatro meses. Esta experiencia le permitirá escribir uno de sus mejores textos de esa época, *Entre la piedra y la flor*, poema en el que se advierte, como señala Enrico Mario Santí, «su indignación ante la explotación económica del indio y el prejuicio que lo asuela».

Paz supera pronto, sin embargo, este izquierdismo de juventud. Su distancia cada vez más crítica ante el marxismo lo conduce a lo que podría ser el siguiente escalón lógico de su evolución como vanguardista. Abraza entonces un movimiento que antes había despreciado: el surrealismo.[4] Atrás ha quedado la etapa nacionalista de la Revolución Mexicana, con sus intentos populistas de difundir una cultura revolucionaria. México entra en el llamado «desarrollo estabilizador». Octavio Paz, entonces funcionario mexicano en París, conoce a los surrealistas y se adhiere al movimiento fundado por André Bréton. Es una adhesión tardía (nos encontramos en los años cincuenta) y que por lo mismo exhibe ciertas peculiaridades dignas de atención. Mejor que una vanguardia histórica, o sea, antes que un acontecimiento fechable en el tiempo, el surrealismo es para Paz una actitud del espíritu humano, que ha existido desde épocas remotas y seguirá existiendo mientras aliente en el hombre la semilla de la rebelión. Dicho en otras palabras: Paz despoja al surrealismo de su concreción histórica. En un excelente libro, *Octavio Paz. Un estudio de su poesía*, Jason Wilson detecta el fenómeno: «Paz ha abstraído al surrealismo del tiempo y del contexto social, elevándolo a actitud mental. Pudo hacerlo porque llegó tarde. Al separar la teoría de la práctica, Paz pudo visualizar al surrealismo como una constante eterna y universal, indiferente al tiempo y al cambio» (35).

Comienza aquí, podría decirse, la etapa cosmopolita de nuestras vanguardias artísticas. Con esto quiero decir, como señalé antes, que los movimientos de vanguardia adquieren en nuestro país una *autonomía* respecto a las políticas culturales del estado. La Revolución Mexicana deja de ser el foco irradiador que todo lo polariza, que todo lo subsume. De hecho, se genera en esta época una ola de disidencia intelectual frente a los gobiernos que «institucionalizaron» la Revolución. En este contexto, y como una respuesta a la adhesión surrealista de Paz, ya entonces, sin duda, el poeta mexicano más influyente, y también el más discutido, surge un movimiento de vanguardia que hasta ahora casi no ha sido estudiado: el *poeticismo*.

El *poeticismo*, movimiento en el que participaron Eduardo Lizalde, Enrique González Rojo (hijo), Marco Antonio Montes de Oca, Rosa María Phillips, Arturo González Cosío y otros escritores, pretendía introducir un nivel de hiperracionalidad hasta entonces desconocido en el uso del lenguaje poético. A la «irracionalidad» de las prácticas surrealistas, que recomendaban el uso de la «escritura automática» como técnica para hacer aflorar el inconsciente descubierto por Freud, los poeticistas oponen un método de escritura donde el rigor y la vigilancia de la razón pretenden gobernar cada paso de la sintaxis. Se llega así, como lo ha dicho Eduardo Lizalde en el libro en el que relata sus experiencias de esta época, a «una hermenéutica de las preposiciones». El poeticismo quería ser, ni más ni menos, que un «método de análisis, suscitación y producción de imágenes inéditas».[6] O sea: un *dolby* de la significación que conduciría, por sí solo, a la exactitud en el uso del lenguaje lo mismo que a la originalidad poética. El arte de matar dos pájaros de una sola pedrada, adquiere aquí una atractiva formulación: por un lado, se beneficia la gramática; por el otro, la *poiesis* adquiere una nueva potencia. Todo esto, además, dentro de una clara imantación revolucionaria, en la acepción política del término. Los poeticistas pretendían, como lo ha reconocido el propio Lizalde, lograr una síntesis de Góngora con Marx (!).

Si la cuna del poeticismo son los años cincuenta, una última vanguardia habrá de surgir todavía a principios de los sesenta. Me refiero a la *Espiga amotinada*, formada por un grupo de jóvenes izquierdistas que empiezan a escribir bajo el influjo (entonces salvífico) de la Revolución Cubana. Al volver, con nuevos bríos y sin las complicaciones gongorinas de los poeticistas, a la poesía social, los integrantes de la *Espiga* inscriben su propio trabajo dentro de una canónica de procedencia marxista. Acentos del lenguaje de Marx (y de sus continuadores, como Lukács) pueden detectarse en esta declaración con la que se abre la sección de Juan Bañuelos en el volumen colectivo que dio su nombre al grupo *La espiga amotinada*. Ahí sostiene Bañuelos: «La poesía de hoy debe estar orientada como una 'violencia organizada' en contra del lenguaje poético y el cotidiano, que están al servicio de una clase en decadencia, lo que hace que esos lenguajes sean retóricos y conservadores».[7]

¿Pero puede decirse, en realidad, que los integrantes de la *Espiga* encarnan la «última» expresión de la vanguardia en México? Si se habla de vanguardia en el sentido de una bandera que cobijaría la actividad de un grupo militante, un grupo que suscribe manifiestos y que se propone una acción político-literaria con objetivos determinados, no hay duda de que los «espigos», como también se les llama, representan en nuestro país la versión final de las vanguardias. En otro sentido, sin embargo, la afirmación es inexacta.

Los últimos aletazos de la vanguardia los da, no un grupo, sino una figura literaria de primera importancia. Me refiero a Octavio Paz, quien después de su peculiar asunción surrealista de los años cincuenta, publica en los años sesenta y principios de los setenta algunos de sus libros más audaces y sorprendentes. Se trata de esa exploración en los terrenos de la poesía concreta, muy en la línea que trabajaron con éxito los poetas brasileños, que se llama *Discos visuales*; se trata de *Ladera este*, libro que recoge, entre otros, su famoso poema *Blanco*, y se trata del texto que escribiera en colaboración con Roubaud, Tomlinson y Sanguineti, titulado *Renga*. Con estos textos, Paz alcanza el punto más tenso de su arco. Retomando a Mallarmé, haciendo énfasis en el aspecto *dialógico* de la poesía (diálogo con otras culturas y otras lenguas) y estimulado, en fin, por sus lecturas de estructuralismo y semiótica, la poesía de Paz se despliega sobre la página en blanco como un tejido de signos en libertad, que rotan sobre un eje invisible al tiempo en que logran, de algún modo, que el universo también gire con él.

Esto es válido, sobre todo, para *Blanco*, sin duda el texto más radical de esta época. El poema, espacio de imantaciones, pierde su centro. Se vuelve múltiple sin dejar de ser unitario. Las distintas partes de que consta se distribuyen en él como si fueran las figuras de un mandala. Arriba y abajo, adentro y afuera, son nociones que dejan de tener significación. La soberanía de la letra, incluso, está en predicamento. No es que la escritura ocupe un lugar en el espacio; se diría más bien, al revés, que es el espacio, convertido en principio activo, el que *ocupa* a la escritura, el que la engendra en el momento mismo de desplegarse. Como lo dice el propio Octavio Paz en la nota preliminar que acompaña al poema en la edición de *Ladera este*: «El espacio fluye, engendra un texto, lo disipa—transcurre como si fuese tiempo» (145).

El efecto de esta intervención de Paz en el ámbito mexicano fue tan poderoso, y se diría incluso, tan irremontable, que, salvo los malogrados intentos de Carlos Isla y de Alberto Blanco, ninguno de los poetas jóvenes intentó transitar por los caminos abiertos (o más bien se diría, cerrados) por Paz. Todavía más: el fracaso tanto de Isla como de Blanco demostraría con harta claridad el dilema ante el que se encuentran los escritores de las nuevas generaciones: o continuar a Paz (lo que implica la necesidad de *repetirlo*), o arriesgar su escritura en un espacio y una concepción diferentes.[8]

Dicho de otro modo: en los años setenta se vuelve evidente la existencia de una aporía que no parece tener solución. Después de los experimentos de Paz, los caminos de la vanguardia están cerrados para siempre. Quien quiera transitar por ellos habrá de condenarse al pastiche o a la parodia involuntaria, a la reiteración que anula o a la anulación que repite. El problema, entonces, es este: ¿cómo ser vanguardista sin abrazar una vanguardia? ¿Cómo trastornar, cómo cambiar el lenguaje poético en una época que ya no admite la existencia de las vanguardias?

Es en el horizonte de esta imposibilidad (de tipo histórico) que surgen en México los representantes de lo que me gustaría llamar una *vanguardia blanca*, esto es, los emisarios de una actitud que quiere conservar un aspecto que se consideraría esencial a toda vanguardia: la subversión del lenguaje, pero que se desentiende al mismo tiempo de sus pretensiones totalizantes e incluso de sus gestos publicitarios. La vanguardia blanca, si se me permite, sería entonces una vanguardia introvertida, ensimismada, que se vierte hacia adentro, hacia la soledad modélica del lenguaje (quiero decir, esa soledad que postulan los formalismos). Sus oficiantes, sin desconocer la tradición que les sirve como plataforma de apoyo, aíslan sus materiales lingüísticos y se construyen con ellos una fortaleza de cristal, inmune a los cambios sociales y refractaria a las convocatorias del escándalo.

Si la vanguardia ha sido, en otro momento, un dispositivo político, esto es, un *uso político* del lenguaje (como llegó a suceder con Octavio Paz y con Efraín Huerta en los años cuarenta, o todavía con los *poeticistas* y los «espigos» en los cincuenta y los sesenta), los nuevos radicales, desvinculados de lo social, entenderán la política como una mera contingencia, como una formación de la alienidad con la que alguna vez, acaso, habrán de encontrarse; pero este encuentro, si se da, habrá de ser oblicuo. Del mismo modo, su introversión los vuelve refractarios a la publicidad, y aludo con ello, al sentido publicitario tan al uso en los movimientos de vanguardia. Nada de manifiestos ni otras expresiones de la gestualidad radical. El único escándalo pertinente (por ahora) es el lenguaje.

Cuatro escritores aparecen en la cresta más alta de esta vanguardia blanca. Ellos son David Huerta (1949), Gerardo Deniz (1934), Alberto Blanco (1951) y Coral Bracho (1951). Si se deja de lado el caso especial de Deniz, pseudónimo del traductor Juan Almela, quien se inicia tardíamente en la poesía y que empieza a publicar en la década de los setenta, se advertirá que estamos en presencia de un fenómeno generacional. Después de Marco Antonio Montes de Oca y de José Emilio Pacheco, poetas fundamentales a pesar de que trabajan en registros opuestos del diapasón poético, surge una generación que no se distingue por su afán de ruptura, aunque deba reconocerse que algunos entre ellos han logrado afinar de modo envidiable su instrumento. Me refiero a la generación de los nacidos en los años cuarenta, entre los que podríamos mencionar a Antonio Deltoro, a Mariano Flores Castro, a Elsa Cross, a Francisco Hernández, a Marco Antonio Campos, a Elva Macías, a Miguel Angel Flores, a Carlos Montemayor, a Orlando Guillén y al fallecido Carlos Isla. Es una generación que ha sabido continuar, pero no trastornar; que ha afinado su instrumento lírico, o que ha insistido en sus asperezas, pero que no ha intentado ninguna subversión en los dominios de la sintaxis poética.[9]

La generación de los años cincuenta, en la que incluyo por razones obvias a David Huerta, se distingue por ser una generación trastornadora. David Huerta es, para mí, el iniciador de una manera de versificar que en otro lado he llamado *discursivista*.[10] ¿En qué consiste? Primero, en una liberación métrica. Segundo, en una ampliación heterogénea del vocabulario. A fin de evitar la previsibilidad de los ritmos, y siguiendo en esto el ejemplo de otro poeta de la generación de Montes de Oca y de Pacheco, José Carlos Becerra (1937-1970), el discursivismo busca la respiración versicular, el aliento dilatado del verso que se prolonga a lo largo de la página, y que se acerca a veces peligrosamente a la prosa, por más que conserve una matizada entonación lírica que le permite salvar la confusión. En cuanto a la ampliación del vocabulario, el discursivismo introduce un bagaje léxico de alguna forma «ajeno» (heterogéneo) a la creación lírica, tomado de los dominios de los discursos argumentativos, trátese de la ciencia (la química, la genética, la física, la biología) o de la filosofía ensayística de nuestro tiempo (Foucault, Derrida, Deleuze, Lyotard).

El discursivismo, así entendido, implica una obvia estrategia de *distanciamiento*, si puedo emplear un término caro a la estética de Brecht. Entre la emoción lírica y su expresión, se interpone una peculiar malla lingüística. El lenguaje ajeno produce—no podía ser de otro modo—una suerte de frialdad escritural. Gracias a este efecto de «distanciamiento», a esta modalidad de la «alienación controlada», el texto poético tiende a moverse hacia los cero grados en la escala de Kelvin. Correlativamente, la noción de autor, la noción de sujeto como sujeto *expresivo*, esto es, como aquel ser que no haría sino exteriorizar la compleja nuez de sus emociones bajo la forma de texto poético, pasa a un segundo plano si no es que desaparece. Ya no hay sujeto sufriente en esta literatura. El patetismo queda así conjurado, a la vez que el lenguaje se libera de la condena expresiva y puede desplegarse en un nuevo espacio de libertad, de contingencia absoluta.

Si se deja de lado un libro primerizo, en el que el autor afilaba sus armas en el buril diamantino del gran Jorge Guillén, *El jardín de la luz*, y una interesante (e inencontrable) plaquette titulada *Huellas del civilizado*, lo fundamental de la obra de David Huerta comprende hasta hoy cuatro títulos: *Cuaderno de noviembre*, *Versión*, *Incurable* e *Historia*. En mi opinión, David Huerta es el más sólido y también el más arriesgado de los poetas discursivistas. Es el que ha dado la tónica, el que ha abierto los claros en el camino y, también, me parece, el que mejor se ha despeñado. Animado acaso por las lecturas francesas de su amigo Jorge Aguilar Mora, quien publicaría por esos años su influyente trabajo *La divina pareja. Historia y mito en Octavio Paz*,[11] David Huerta realiza un esfuerzo admirable de incorporación de un léxico tomado en préstamo a algunos de los pensadores franceses más prominentes, al mismo tiempo que impone a su escritura el aura de una tonalidad ensayística.

Acudo a *Versión* y cito un fragmento de su poema «Teorías», con el afán de mostrar la presencia de esta *aura* ensayística que se sostiene, en gran parte, gracias a la utilización de ciertas palabras-clave que identifican los discursos de Foucault y de Derrida. Adelanto mi intento de hermenéutica. La palabra «pliegue», como se sabe, aparece en un pasaje estratégico del libro de Foucault, *Las palabras y las cosas*, justo cuando el pensador francés postula la transitoriedad del hombre en el cambiante campo del saber; el término «repetición», que acaso puede remontarse a Heidegger, es utilizado por Derrida como título de uno de sus libros: *Diferencia y repetición*. En cuanto a la palabra «Sujeto», puesta aquí con mayúscula, creo que puede derivarse sin mucha dificultad de una lectura de Lacan. He aquí el texto de Huerta:

Son dos lenguajes: tú estás en ellos e igualmente «lo demás»:
   pliegue opaco para las decisiones,
para las repeticiones de tu voluntad sobre el objeto elegido,
   para tu escena entintada que prepara el disfraz del Sujeto.

Los textos de Huerta están salpicados de esta terminología. Un rápido recorrido por *Versión*, permite entresacar estas muestras: «el discurso del otro» (Lacan), «los bordes borrados» y «la noche diseminada» (asociables a la *borradura* y a la *diseminación* vueltas famosas por Jacques Derrida), «me disemino en ti» (igual que el anterior), «la cascada enceguecedora de lo Mismo» (recuérdense las disquisiciones sobre lo Mismo en *Las palabras y las cosas* de Foucault), «en otro pliegue del calendario» (también Foucault, *vid. supra*). Hay más, por supuesto. Los ejemplos pueden multiplicarse (están *diseminados* en la superficie de su escritura). Pero no intento, desde luego, cerrar un inventario. Ni recorrer, con estos anteojos, los otros libros de Huerta. La comprobación, al fin, sería la misma.

Con todo, lo anterior no significa que debamos cifrar nuestra lectura en la potencia de la ola francesa. A pesar de que ella parece fundamental, no creo que debería desdeñarse lo mucho que David Huerta le debe a la lectura de su admirado José Lezama Lima, ni que deba perderse de vista que Huerta es un meticuloso lector de algunas de las crestas más notables de nuestra propia tradición poética. *Cuaderno de noviembre*, en este sentido, es un homenaje y un reconocimiento al que podría considerarse como el más logrado de los libros del poeticismo. Me refiero a *Cada cosa es Babel* de Eduardo Lizalde. De hecho, sin un conocimiento previo de este poema de Lizalde, muchas cosas de *Cuaderno de noviembre* correrían el peligro de quedar en la sombra. La relación intertextual, aquí, se torna inexcusable.

Podría decirse de otra forma: es una relación genética. Una relación productiva. Al sumergirse en el texto más notable de la vanguardia poeticista, al abrevar en sus humedades, David Huerta retoma, a su modo, el proyecto trunco del poeticismo, y lo hace suyo. Reinicia, así, una investigación entre el lenguaje y las cosas designadas por éste. Todavía más: convencido de que nombrar la cosa es participar en su formación, intenta que esta indagación se convierta también en una transformación. Esto puede parecer la esoteria (el lado alquímico-subversivo) del poeticismo, y de hecho lo es, pero me gustaría sugerir que sobre este telón de fondo hay que dibujar el perfil de la deuda que une los textos de Huerta con el trabajo, hasta ahora poco reconocido, de la vanguardia poeticista. *Cada cosa es Babel*, de Eduardo Lizalde, sería pues, en esta perspectiva, el «eslabón perdido» que permite restablecer los vínculos existentes entre poeticismo y discursivismo. Entre la vanguardia militante de los años cincuenta y la vanguardia blanca de los setenta y los ochenta.

En el crepúsculo de esta última década, Huerta publica dos libros que merecen un amplio comentario. Me refiero al controvertido *Incurable* y a un pequeño tomo de poesía amorosa titulado *Historias*. El primero, un proyecto delirante y desmesurado, que intenta sumergir al lector en el titanismo de lo corpuscular, de los acontecimientos milimétricos, parece un intento de aclimatar la épica de los cantares poundianos a una realidad subjetiva cuyos intersticios podrían medirse en micras. Por su extensión (cerca de cuatrocientas páginas), y también por la confusión de su estro, *Incurable* es un libro que apuesta en favor de la ilegibilidad como técnica de prestigio poético. A la postre, y fuera de la apuesta prolija, no encuentra uno en este libro sino una nueva versión (o una amplificación) de los procedimientos que ya estaban presentes en sus libros anteriores. Traigo a colación un pasaje de *Incurable*, para que sea evidente hasta qué punto Huerta sigue dependiendo del uso del lenguaje ensayístico (tomado lo mismo de Aristóteles, vía Barthes, que de Derrida) para vehicular la consistencia de su lirismo:

> Sudores infinitos bajo las vendas que atardecen, tribus
>   que vagan insensibles
> a mi llamado, a mis exhortaciones mudas, a mi sorda
>   tranquilidad.
> El muro hirviente toca mis uñas, mis cabellos de
>   especimen,
> y me sitúa en el vértice, me pone en las junturas, me
>   toma por los románticos sobacos
> y va desconstruyéndome en la confluencia de continuidad
>   y verosimilitud, arduo comienzo.
> Sudo, continúo. Sigo, tropiezo. Caigo hasta el ínfimo
>   jirón de eternidad que por mí hablaba en medio de la tarde.
> Rompo los muñones y salgo a ninguna parte, soporífero.

Es cierto: el lenguaje ensayístico empieza a subjetivizarse. Se vuelve un instrumento de la aventura personal. Los delirios del yo, las arduas derivas de la subjetividad, encuentran aquí una materia prima novedosa y a veces efectiva. Aunque, me parece, a fin de cuentas lo que vence es el fárrago, la acumulación del material discursivo. No por nada, David Huerta acude en este pasaje a un uso peculiar de nociones caras a la crítica literaria de todos los tiempos, trátese de Aristóteles o de Derrida, responsables de la divulgación de términos como *verosimilitud* y *deconstrucción*. No por nada: porque sólo este rodeo (y regodeo) metalingüístico puede garantizar la efectividad de la malla.[12]

En *Historia*, en cambio, Huerta trata de recuperar la inmediatez de las intuiciones sensibles. Sin renunciar a los hallazgos de su verso, dijérase, a los procedimientos sofisticados de su acumulación originaria, Huerta retoma aquí una presencia que su poesía se había prohibido, acaso porque su figura padece los estragos de la saturación, acaso porque era, ya de por sí, una irradiación demasiado notoria en la poesía de su padre, Efraín Huerta. Me refiero a Pablo Neruda. Este retorno a la poética nerudiana, con las aclimataciones del caso, por supuesto, indica que David Huerta ha sometido su propio trabajo a un proceso de revisión y revaloración. Retomar a Neruda, así lo entiendo, es un acto de valor. Significa remontar las oleadas de antinerudismo que circulan hoy por hoy en nuestro continente, y postular que, dígase lo que se diga, las lecciones de su verso pueden aportar mucho a las nuevas generaciones.[13]

Gerardo Deniz, pseudónimo del traductor Juan Almela, recibió desde sus inicios el respaldo de Octavio Paz y del grupo que lo rodea. Su primer libro, *Adrede*, mereció una entusiasta reseña del autor de *Libertad bajo palabra*, y todavía hace poco, Gabriel Zaíd, otro prominente crítico de la revista *Vuelta*, ha dicho que su poesía es la «más radicalmente nueva que se ha escrito en México» en los últimos años.[14] Imposible negar que en torno a Deniz se ha creado un pequeño *boom* que incluye entrevistas, numerosas reseñas, alguna tesis universitaria y hasta incipientes imitadores de su manera de versificar. En un artículo que pretendió ser polémico, me permití poner en duda la supuesta naturaleza poética de los textos de este autor.

No es este el momento, me parece, de discutir acerca de *la esencia* de la poesía. ¿Hasta que punto las extrañas construcciones de Deniz pertenecen al orbe de lo poético? Aunque la respuesta pudiera ser negativa, me gustaría decir que este resultado, en dado caso, no carecería de interés en un estudio de la poesía mexicana reciente. Al confirmarse, muy en la línea de Roland Barthes, como textos y sólo como textos, los productos de Gerardo Deniz estarían operando, me parece, un *efecto de desplazamiento* que no dejaría de tener consecuencias.

Al desalojar a la poesía del texto, ¿qué lograría Deniz? Una capacidad de burla. O sería mejor decir: una posición de ventaja que guarda una relación íntima con la ironía. La poesía y lo poético, en general, de esencia o de epifanía perseguibles, se convierten en motivo de escarnio. Deniz consigue un distanciamiento frente a la categoría de lo sublime (*remember* Longino), y monta una impresionante máquina paródica. Se burla de la poesía porque ella está infestada de afectación, de gestos solemnes que nada significan, porque las termitas retóricas le sorbieron el alma. En *Picos pardos* se inventa un príncipe azul que de verdad es azul (que lo es *avant la lettre*), y así se burla de las convenciones de una cierta mistificación al uso. Un príncipe azul, digamos, la versión *en concreto* de ese ente que ha imaginado la literatura maravillosa, no sería algo bello, ni agradable, ni mucho menos deseable: sería un ser espantoso que nos dejaría a todos patidifusos. Deniz literaliza la imagen para mostrar, por una especie de reducción al absurdo, lo risible de la idealización poética, y con esto define una de sus características que lo acercan a toda una corriente hoy vigente en la literatura mexicana: el mecanismo irónico de los textos.

Como Salvador Novo, como Efraín Huerta, como José Emilio Pacheco y muchos otros, Deniz es tributario de una visión irónica, burlesca, corrosiva de la realidad. Podría decir algo más. A diferencia de los poetas mencionados, en quienes predomina lo que podríamos llamar una *ironía centrada en el sujeto* (ciertos textos de Huerta, por ejemplo, son un modelo de autoescarnio), los de Deniz exhiben la presencia de una *ironía reticular*, diseminada en todo el texto, distribuida libremente como si se tratara de una sustancia coloidal.

Esta ironía reticular, coloidalmente distribuida, constituye uno de los mejores atractivos de los textos de Gerardo Deniz. El escritor la emprenderá contra toda manifestación de lo que él cree es una *idealidad*, o sea, un sofisma para preservar el funcionamiento de las buenas conciencias. El más reciente de sus libros, *Grosso modo* puede verse como el ferviente alegato crítico de un conformista radical. La conformidad del aristócrata marginal se exhibe en la virulencia de su ataque contra todo lo que parezca estar vinculado con la vulgata izquierdizante. Por eso, en este libro Deniz la emprende contra medio mundo. Contra las feministas (esas *latiniparlas*, o sea, que además les reprocha que sean cultas), contra el perverso numen de Federico Nietzsche, contra los *rojetes* (los intelectuales de izquierda), contra las (ahora desaparecidas) democracias populares, contra los sentimientos antimperialistas, contra las obras completas del venerable Marx, contra el movimiento ecologista, contra José Vasconcelos, contra el endiablado Jacques Derrida, y hasta contra el más que inocente (incluso, etimológicamente hablando) psicoanálisis de Fromm.

Este furor *anti* (ya se vio que este *anti* también incluye a la poesía) desaloja en Deniz lo que podría ser emoción lírica, vivencia, intuición del instante, y coloca en su lugar un extraño procedimiento narrativo; quiero decir, un anecdotario extravagante (que se acompaña, a veces, del vituperio franco). Remito al siguiente texto de *Enroque*, inusitada expresión de violencia en contra de alguien que cometió el delito de permanecer fiel a sus convicciones de juventud. Que yo sepa, esto no tiene por qué molestar a nadie. Pero, en fin, a Deniz le molesta. De cualquier modo, no creo que ni el personaje ni el texto escrito por Deniz se merecían ese final. Transcribo:

VETERANO

Al cumplirse treinta o cuarenta años
de que las callosidades isquiáticas le acabaron de
    empedrar la cara
(mosaico, ya refractario a todo, de ridículos,
    abyecciones, vueltas de camisa, retractaciones,
    cabronadas),
es la hora en punto
para hacerle un homenaje al viejecito,

pues nunca se apartó un ápice de sus convicciones
   juveniles.
(Se ve tan frágil;
pero tan vivaz como siempre.
Qué memoria. Qué gracejo.)
Que se vaya a chingar a su madre.

En *Picos pardos* y en *Grosso modo* la tentación narrativa, apenas esbozada en el ejemplo anterior (sería mejor decir: *ejemplum*), se exacerba y adquiere matices particulares. Se vuelve narrativa estrambótica. Realización estravagante de deseos. Anécdota delirante no siempre libre de moralina. Las ganas de ser ingenioso dominan en unos versos que confían demasiado en que es bueno que esto pueda notarse. Así, en el texto con que concluye *Grosso modo*, se nos permite asistir a la consumación de una carnalidad edípica, pero edípica en serio: el nieto, por fin, logra fornicarse a la querida abuela. La historia es tremebunda y hasta deliciosa, si algo puede decirse. Pero no lleva a nada y no se quiere que lleve a nada. Un fondo de soberbio nihilismo impide que en los versos pueda haber ninguna elevación. He aquí un fragmento del texto:

   EDIPO AL CUBO (Fragmento)

   La empujé al box-spring y temí por su esqueletamen;
   fue arduo lograr que subiera las piernas
   pero era excitante aquella risa cascada al intentarlo.
   Advertí asimismo que los pies edematosos eran suyos, no míos:
   inconsecuencias del mundo sublunar.
   Nunca se tienen ochenta años en balde,
   warte nur, balde—
                  mas tampoco anticipemos.

   Besé la boca de tanino arcaico,
   avanzando la lengua por una brecha de dientes faltantes y adyacentes;
   compilé un seno con ambas garras,
   lo plegué sobre sí mismo dos veces a lo largo antes de estatuirlo,
   y entre un acceso de tos (productiva) de doña Violante
   tres dedos míos le exploraron el pabellón de un oboe sumerso,
   forrado interiormente de papel de china.
   Descendí entre aquellas rodillas arrugadas como codos:
   luego de haber hipotecado mi tolemaico existir
   (si bien no en este orden)
   por el olor amazónico de alguna criatura trecena (...)

   Mientras yo la embestía sin cuartel,
   ella, con el pulgar y el índice,
   se meneaba un colmillo flojo, color ocre,
   y crujía toda de dolor agridulce, retorciéndose,
   cuchicheando frases truncas entre carrasperas
   hasta que, al aproximarse a la cima,
   consiguió arrancárselo,

se relamió una raya de sangre, lo tiró sobre mi hombro
—y me detuve en seco,
pues sonó que se rompía algo de cristal fino, tal vez una ilusión.
Corrí a encender la luz del techo, busqué a gatas, pero nada hallé.

Es probable que la hermenéutica de este texto dependa del significado de la palabra *colmillo*. En el *slang* del español, este término alude a la sabiduría que otorga la experiencia, a la sabiduría que otorga el estar *muy vivido* el sujeto. La anciana de ochenta años, como su edad lo indica, es una anciana *colmilluda*, que sabe mucho, acaso demasiado. Pero también, estropicios del tiempo, es un personaje al que ya se le aflojaron los colmillos. ¿Quiere decir esto que su experiencia, encima del *box-spring*, no le sirve gran cosa? El narrador o protagonista del texto, en contraste, y a pesar de la enorme diferencia en lo que respecta a la edad, parece ser mucho más *colmilludo* que la abuela, puesto que logra poseerla. ¿Así es? Seamos más precisos: la está poseyendo. La posesión arcaica está a punto de consumarse, cuando un suceso, inesperado, termina por frustrarla («Al aproximarse a la cima, / consiguió arrancárselo...»). Se diría que lo *colmilludo* de ambos personajes se traduce en un empate doloroso. En lugar del revoloteo del orgasmo, en lugar del delirio compartido, lo que deviene es el anticlímax: un buscar a gatas, en el suelo, el querido colmillo de la abuela, el colmillo *literalizado*, vuelto triste perdigón de la derrota. Símbolo de la imposibilidad de un acto, de su rampante incompletud. Símbolo, también, de que el *colmillo* metafórico puede menos que el breve y acaso sanguinolento colmillo de (la) verdad. El cual, por cierto, desaparece como si se rompiese «algo de cristal fino, tal vez una ilusión», hasta adquirir la forma de la Nada.

Este nihilismo estrambótico y narrativo, no exento de moraleja (y acaso hasta de moralina), coincide, en Deniz, con una *ampliación heterogénea* del lenguaje. Sé muy bien que el lenguaje médico fue incorporado desde hace mucho a la poesía en lengua española (Cesar Vallejo es excelente ejemplo); esto no obsta para señalar que Deniz lo utiliza con novedad y frescura. Las «callosidades isquiáticas» de su texto arriba citado, «Veterano», hacen buen juego con el «esqueletamen» y los «pies edematosos» de su «Edipo al cubo». El registro deniciano, por supuesto, no se agota en el pozo médico. El anglicismo «box-spring» (superior a «colchón» en este caso) sugiere la idea de lucha, de combate (ya vimos que los que se enfrentan son ambos *colmilludos*, o sea, un par de *fieras*, como se confirma en un fragmento no citado del texto: «Le salté súbito encima, loco puma»). El uso del verbo «compilar» en el sentido de apretar un seno («con ambas garras», precisa el texto), es cuando menos sugerente. La exploración en el «pabellón» del oboe sumerso, metáfora del sexo de la abuela, el cual está «forrado interiormente de papel de china», revela un exacto conocimiento de los instrumentos musicales y de los nombres de sus partes. Por otro lado, la alusión al «*pabellón* de un oboe sumerso», tiene también, en el contexto, una resonancia médica, por más que, repito, sea el nombre técnico de una pieza de instrumentos de viento.

El título del texto, por otro lado, como señala Fernando Fernández, juega con una doble significación: «no sólo quiere decir que en el poema se *eleva al cubo* el supuesto sicológico del 'edipo,' imaginando el acto sexual con la propia abuela, sino también que es hora de lanzarlo de una buena vez *a la basura*» (79).[16]

Hay muchas otras gracias del lenguaje en Deniz, desde aliteraciones y paronomasias («papales pupilas», «poetas pastosos», «filigrana florentina», «montículos de cráneos calvos»: aliteraciones; «sus vagidos aún envaginados», «amoneda tu rostro y has de amanecer tirano»: paronomasias) hasta formas creativas de yuxtaposición léxica (como decir «pantorrimas» en lugar de pantorrillas, o «mamarrancias» para referirse a historias contadas por una abuela *rancia*). Los jugueteos sexuales, como consta, intervienen bastante a menudo, y a ellos hay que atribuir una buena dosis de los hallazgos de Deniz. Termino con esto: la expresión *pasar la noche en vela*, levemente alterada, da lugar a una incitación (un poco) pornográfica: «En serio, Rúnika, qué voluta espiritual describiríamos / con sólo que aceptaras pasar la noche en fela».[17]

Aunque la bibliografía de Alberto Blanco es muy nutrida, el libro por el que obtiene el derecho a ser considerado como uno de los trastornadores del lenguaje, es el ya mencionado *Antes de nacer* (21). Si Paz, en *Blanco*, había optado por el mandala como modelo de organización del texto, en *Antes de nacer* (iniciales del DNA), Blanco opta por los hexagramas del *I Ching*, la ciencia contemporánea y el saber místico más antiguo, que puede remontarse al *Génesis* y a la *Cábala*. Este es el trenzado en el que fundamenta Alberto Blanco la respiración de sus versos. Hay, pues, en él, un subsuelo místico en el que pululan las imágenes del visionario, y una atenta mirada hacia la realidad de lo cotidiano, lo que incluye un conocimiento de algunos aspectos esenciales de la ciencia del siglo XX. He hablando antes del modelo que representan los hexagramas del *I Ching*. Hay que agregar ahora que este modelo no es refractario al proceso por medio del cual se logra la duplicación del DNA. El ácido desoxirribonucleico, como se sabe, tiene cuatro aminoácidos o «letras» de un código a partir de las cuales construye todas las oraciones habidas y por haber. Azar y necesidad. Como en el texto de Blanco: los grupos de versos pueden ensamblarse a criterio del lector. El lector se convierte, así, de cierto modo, en la hélice faltante, la que va completando el sentido.

El conocimiento de la literatura oriental, de la que se ha ocupado en ocasiones en calidad de traductor, le confiere a algunas de las imágenes de Blanco una delicadeza realmente impresionante. Como cuando dice: «Del mundo soñador / sale a lucir su nueva piel la estrella». O como cuando nos habla de «Los fuertes muros / del hombre que se despierta en el camino / velando el espejismo de su naturaleza». En otro pasaje, leemos:

>	la imagen se vuelve y ve
>	algo tiene que ver con la verdad
>	como un árbol que raya el cielo

No podía faltar en este megaproyecto literario la sombra de Ezra Pound. Blanco dedica varios pasajes de su libro al tema de la usura. Hay en él, podría decirse, una condena a la corrupción del mundo contemporáneo, en el que priva la ecuación: *poder igual belleza*. La avidez monetaria, el deseo (infinito) de la posesión de los bienes, son puestos en la picota por una visión que debe mucho al misticismo *hippie* de los años setenta. Sostiene Blanco: «Porque nada necesita / quien todo recibe a su libre arbitrio». Aunque en seguida reconoce: «Casi no sabe la sopa en la casa del amo». ¿Una requisitoria en contra de los poderosos, en contra de los casatenientes y demás capitalistas? Sí, sin duda. Por eso se lee:

> Los amos viven
> a ras de tierra tal y como fue proyectado
> echan su sombra
> siembran su planta y su parte de interés
> con muchas ganas
> pero no saben cuál es el fruto final.

Es cierto: Blanco no escapa a cierto didactismo. Está tan convencido de su visión que a menudo catequiza con ella. Todavía más: no se toma el trabajo de volverla inteligible a sus lectores. *Antes de nacer*, al lado de versos deslumbrantes, ofrece también su galimatías particular. A menudo, antes que un libro en el sentido orgánico del término, lo que Blanco ofrece es una acumulación de cascajo. El pedacerío, la oscuridad excesiva, la fragmentaridad, hacen estragos en el libro; lastran, y dejan a medias, de algún modo, su proyecto poético.

Por si esto fuera poco, advierto en dos libros recientes de Blanco una tendencia regresiva, que implica una peligrosa involución que, estimo, no podría justificarse. De la imagen visionaria—que funcionaba en algunos pasajes de *Antes de nacer*—se pasa, a menudo, a imágenes tomadas del movimiento modernista. *Canto a la sombra de los animales* y *El libro de los pájaros*, hasta donde alcanzo a verlo, son testigos de esta regresión. También en los modernistas había misticismo, y creo que este dato, de algún modo, favoreció esta extraña confluencia. Cuando digo modernismo, para que no haya confusión, aludo a los modos poéticos de un Amado Nervo o de un González Martínez.

Entresaco dos ejemplos de este retorno (acrítico) a la época del modernismo, tomados del libro *Canto a la sombra de los animales*. El primero se llama «La ley del sapo», y dice así en su parte final:

> Al menos parece
> que cuando anochece
> se impone mi ley
> y aunque no son bellas
> canto mis querellas
> ¡Bajo las estrellas
> sigo siendo el rey!

De «Mandala primordial» reproduzco la segunda y última estrofa. Dice así:

> Despliega la tortuga
> su sombra lentamente
> la cabeza y la cola
> ¡Oriente y Occidente!

¿Superará Alberto Blanco esta tendencia a la regresión? No lo sé. Creo que sólo el tiempo nos dirá si se trata, como yo pienso, de un verdadero paso atrás, de un anacronismo imperdonable, o, por el contrario, de la preparación de lo que habrá de ser un nuevo salto hacia adelante.

Una plaquette y un libro de poemas le han bastado a Coral Bracho para cimentar su prestigio de vanguardista. *Peces de piel fugaz*, un folleto de apenas treinta páginas, y un libro, con el que ganó el Premio Nacional de Poesía de Aguascalientes, *El ser que va a morir*, son hasta hoy las cartas que la representan en este juego. Julia Kristeva se refería, en alguna parte, a tres épocas en la historia: la del símbolo, que imperó en el pasado; la del signo, que domina el presente; y la del significante, que corresponde al porvenir. En lo que respecta a la poesía de Coral Bracho, creo que este porvenir se ha vuelto realidad. Su poesía es, más que ninguna otra en nuestro medio, una poesía del significante. Avanza por glomérulos, por golpes rítmicos, inventa espirales hacia lo pequeño, encuentra las irradiaciones de las fibrillas y los vastos espacios de lo molecular. Trizadura de la letra, decantación silábica que se vuelve autónoma, autosuficiente. En Coral Bracho la denuncia del *logocentrismo*, realizada por Derrida, encuentra una continuación sensible, en el nivel del sensorio. Sí, hay un infinito en Coral, pero es el infinito de las sensaciones. Esta virtualidad, como por arte de encantamiento, desaloja todo concepto. No hay ideas, no hay dominio de los conceptos en los textos de esta escritora. Hay multiplicación y rizoma. Diferencias microscópicas, ritmos moleculares. Derivas atómicas no recuperables por un sujeto trascendental o por un *logos* en el nivel de las estructuras.

La aliteración, fenómeno consonántico, tendría que estar presente en este dominio del significante. Lo está. Cito algunos ejemplos de aliteración: «Desde la suavidad sedosa»; «La palidez del ópalo»; «Abusiva belleza»; «Las luminarias en los umbrales»; «En sus jaulas de alambre, en sus redes de alcándaras»; «El aliento húmedo del musgo»; «En sus sombras de acanto, en las piedras que tocan y reblandecen»; «De sus labios de hielo»; «El alga, el hálito de su cima»; «El roce opaco de la piedra en su piel»; «El pedernal y sus pulimentos»; «El frío levísimo de tu lengua»; «Olisqueante y espesa limpidez animal»; «Alumbrada suculencia».

Inutilidad del inventario: más que la música (o la frecuencia) de las aliteraciones, lo que aquí importa son las extrañas derivas del significante. La inusitada contingencia del campo asociativo, y, a la vez, habría que decirlo, la pasmosa exactitud de una imagen que no rehúye los más delicados detalles del erotismo. Doy un ejemplo de lo anterior:

> Vuelto estrechez, contorno, vuelto grito ceñido al tacto, mi sexo:
> llama lapidada en la cóncava, ungida; intenso vacío suscinto, intersticial;
> vuelto a su cadencia compacta, a su yermo adicto;

> De tu boca, de tus sombras colmadas, bebo, de tus ingles, tus palmas.
> Entre mis muslos arde, se condensa —fiebre crispada y lenta—
> tu imantación; entre mis labios. Hiedra silenciosa, resina, agua
> encendida, sílice . . .

¿Cómo describir este erotismo sin traicionarlo? O mejor: ¿cómo recortar conceptualmente este ritmo, esta imantación ejercida en las palabras por las palabras? Coral Bracho recupera el versículo pero su aliento no tiene nada que ver con él. No es la mesura del verso largo la que da textura a su voz, sino una aglomeración de pequeñas células rítmicas trabajadas a menudo de forma aliterativa. De aquí la extraña disposición de sus enunciados: «De tu boca, de tus sombras colmadas, bebo, de tus ingles, tus palmas». De aquí lo inesperado de sus repeticiones, como si creara a cada momento la dirección de la cadencia, y nada permitiera hacer un pronóstico de la siguiente:

> Y ese andar cadencioso que desciende, se pliega entre los manglares,
> se desliza al incendio, al temblor capilar del agua,
> por el osario de serpientes;
> —reaparece.
> Y ese fruto desbordado en los grises de su sombra ovoidal . . .

El vasto imperio de lo microscópico parece invadir el mundo de la experiencia amorosa. Coral Bracho tiene el instrumento adecuado para traducir esta experiencia en extrañas imágenes que doblegan las reglas de lo verosímil:

> (En mi cuerpo tu piel yergue una selva dúctil que fecunda sus bordes;
> una pregunta, viña que se interna, que envuelve los pasillos rastreados.
> —De sus tramas, de sus cimas: la afluencia incontenible.
> Un cristal que penetra, resinoso, candente, en las vastas pupilas ocres
> del deseo, las transparenta; un lenguaje minucioso.)

Urdida bajo la ley del significante (que es, en términos de Lacan, la ley del falo), esta escritura no ha segregado todavía su planicie. Su lugar de reposo. Es como un erizo de mar o un cacto del desierto: nadie puede tocarlos sin salir rasguñado. Un coral espinoso, punzante; un caprichoso coral que crece a su manera, y que desafía, acaso sin saberlo, perdida en su interioridad, en su tezón molecular, la presencia de toda mirada normativa. La poesía de Coral Bracho, me parece, es el punto más alto, o quizá sería mejor decir, el punto más ciego, el más oscuro, y el más irreplegable, también, de lo que párrafos atrás llamé una *vanguardia blanca*. En las fulguraciones de esta escritura ensimismada, que se vierte hacia sus propios desiertos interiores, y que se pasma en esos páramos de la letra, encomiendo el espíritu de lo que ha de venir. Con esto no hago, creo, sino ceñirme, como se ha dicho, a la ley del significante. Ley implacable y al mismo tiempo dúctil. Pues no es, como todos saben, sino la de un deseo segregado por la escritura.

NOTAS

1. Abandonar la escena no significa, aquí, poner una borradura. En la perspectiva de la *Aufhebung* hegeliana, podría decirse que *sus efectos* son inescapables. Permanecen, así sea de forma más o menos velada, en los productos que pretenden negarlos. Y es que las vanguardias trastornan de tal modo los usos y posibilidades del fenómeno sígnico, que después de ellas ya nada podrá ser como antes. La representación continúa, pero sobre un suelo diferente: un suelo «trabajado» por la acción de dichos movimientos. Así, las huellas de lo negado se conservan y reaparecen en los sucesivos estratos que intentan sepultar—o bien: trascender—su existencia.

2. El texto más radical de Maples Arce, *Urbe. Super-poema bolchevique en 5 cantos* (1924), aunque dedicado «a los obreros de México», puede leerse también como un elogio al obregonismo en el poder, que se hacía pasar como un régimen obrerista, esto es, como uno que apoyaba o que protegía, cuando menos verbalmente, según los cánones del discurso, las acciones radicales de los trabajadores. La posición del poeta estridentista, en dado caso, no resulta del todo inexplicable si se recuerda que la izquierda de la época, incluído el partido comunista, simpatizaban con el régimen del presidente Obregón.

3. José Gorostiza, en un artículo polémico que ha sido casi siempre ignorado o minimizado por los estudiosos, asumió en los años treinta una actitud sumamente crítica frente a sus compañeros de generación. Al reprocharles su bizquera intelectual, los insta a construir una literatura *mediocre*, una literatura descolonizada, capaz de recoger las preocupaciones y los temas que la nación reclama. Se inscribe Gorostiza, pues, en este artículo, dentro de una posición inspirada por el nacionalismo cultural que propiciaban los gobiernos de la Revolución. Cf. mis artículos «Enrique González Rojo o la resurrección de los fantasmas», así como «José Gorostiza y su relación con Vasconcelos».

4. Durante su periodo de juventud, en efecto, Paz escribió algunas líneas que denotan un franco desdén hacia el surrealismo. Se refirió, entonces, al «pobre balbuceo del inconsciente», y relató el «asco» que le producían «las revueltas aguas negras del inconsciente» (*Primeras letras* 301). Consúltese también mi artículo «De la vanguardia a la transvanguardia. Octavio Paz y el surrealismo».

6. Véanse Eduardo Lizalde, *Autobiografía de un fracaso. El poeticismo* y también mis artículos «El poeticismo o la instauración de la vanguardia» y «Eduardo Lizalde o la poética de la heterogeneidad».

7. Ahí mismo, Bañuelos aporta otros elementos para documentar sus deudas con el marxismo: «El arma del poeta debe ser la dialéctica, y las aguas en donde debe sumergirse la lucha de clases y las relaciones de producción» (20).

8. Acerca de *Gramática del fuego* de Carlos Isla, el crítico Miguel Angel Flores ha dicho: «Isla se adhiere a una forma específica de concebir el fenómeno poético pero no logra incorporar los procedimientos de Paz a una forma personal de expresión. El libro queda así lastrado por una actitud de escribir a la manera de su modelo» (84). Alberto Blanco, por su parte, también intentó acercarse a los procedimientos de *Blanco* de Octavio Paz en su libro *Antes de nacer*. Para una recensión de este texto, remito al lector a mi libro *La intervención literaria* (125-28).

9. Miguel Angel Flores llega más lejos. Sostiene: «Una lectura cuidadosa de los poetas nacidos entre 1940 y 1946 salvo algunos nombres, arroja un saldo negativo: esos poetas carecen de peso específico en el relevo generacional de la poesía mexicana» (100).

10. Véase Evodio Escalante, «La tradición radical en la poesía mexicana (1952-1984)».

11. Este trabajo fue originalmente presentado como tesis de doctorado en El Colegio de México en 1976, y no es remoto que Huerta hubiera conocido las primeras versiones de dicho manuscrito dos o tres años antes de la fecha indicada.

12. En su momento, y con el título de «Narciso melancólico atrapado en la civilidad», escribí una nota acerca de *Incurable*. Reproduzco esta resención en mi libro *La intervención literaria* (122-25).

13. Acerca de *Historia*, de David Huerta, véase Evodio Escalante, «Diagnóstico de la poesía mexicana joven (1988-1990)». No se me escapa que, cuando menos en México, las oleadas de antinerudismo provienen de la revista *Vuelta* y de las declaraciones del ahora también premio Nobel Octavio Paz.

14. Véase Octavio Paz, «Adrede: composiciones y descomposiciones», así como Gabriel Zaíd, «Noticias de la selva». La afirmación de Zaíd va como sigue: «En los años recientes, la poesía más radicalmente nueva que se ha escrito en México está en *Picos pardos* (1986), un libro escrito por Gerardo Deniz a los 52 años». (Una precisión para un ensayista tan exacto como Zaíd: *Picos pardos* no es del 86, sino del 87. Consultar pie de imprenta). También Eduardo Milán en *Una cierta mirada. Crónica de poesía* habla de la escritura de Deniz. El libro de Milán, de hecho, no hace sino recoger artículos publicados antes en la revista *Vuelta*. La tesis que se menciona, presentada en la Facultad de Filosofía y Letras de la UNAM, es de Fernando Fernández, *La poesía de Gerardo Deniz*. Este trabajo permanece inédito, aunque varios de sus capítulos han aparecido de manera independiente en distintas revistas, entre ellas el (así llamado) *Periódico de poesía* (UAM-UNAM, México, No. 14, 1990: 24-28).

15. «La textualidad estrambótica y narrativa de Gerardo Deniz».

16. Los subrayados son míos. Por metonimia, en efecto, «Edipo al cubo» puede leerse como «Edipo al cubo (de basura)». Esta liberación o anulación del edipo, sin embargo, tiene todavía que ser demostrada.

17. Todos estos ejemplos están tomados de *Picos pardos*.

OBRAS CONSULTADAS

Aguilar Mora, Jorge, *La divina pareja. Historia y mito en Octavio Paz*. México: Ediciones Era, 1978.
Bañuelos, Juan. «Puertas del mundo». *La espiga amotinada*. Ed. Juan Buñuelos, Oscar Oliva, Jaime Augusto Shelley, Eraclio Zepeda y Jaime Labastida. México: Fondo de Cultura Económica, 1960.
Blanco, Alberto. *Antes de nacer*. México: Editorial Penélope, 1983.
———. *Canto a la sombra de los animales*. En colaboración con Francisco Toledo. México: Galería López Quiroga, 1988.
———. *Cromos*. México: Fondo de Cultura Económica, 1987.
———. *Giros de faros*. México: Fondo de Cultura Económica, 1979.
———. *El libro de los pájaros*. México: Ediciones Toledo, 1990.
———. *Pequeñas historias de misterio ilustradas*. México: La Máquina de escribir, 1978.
———. *Tras el rayo*. México: Cuarto Menguante Editores, 1985.
Bracho, Coral. *El ser que va a morir*. México: Joaquín Mortiz, 1982.
———. *Peces de piel fugaz*. México: La Máquina de escribir, 1977.
Deniz, Gerardo. *Enroque*. México: Fondo de Cultura Económica, 1986.
———. *Grosso modo*. México: Fondo de Cultura Económica, 1988.
———. *Picos pardos*. México: Editorial Vuelta, 1987.

Escalante, Evodio. «De la vanguardia a la transvanguardia. Octavio Paz y el surrealismo». *Signos. Anuario de Humanidades*. Tomo I. México: Universidad Autónoma Metropolitana-Iztapalapa, 1990. 173-88.
———. «Diagnóstico de la poesía mexicana joven (1988-1990)». *Sábado* [México, D.F.] (23 junio 1990): 1-3.
———. «Eduardo Lizalde o la poética de la heterogeneidad». *Literatura mexicana*. Vol. I, 1. México D.F.: Centro de estudios literarios de la UNAM, 1990. 65-95.
———. «El poeticismo o la instauración de la vanguardia». *Sábado* [México, D.F.] (19 marzo 1988): 4-5.
———. «Enrique González Rojo o la resurrección de los fantasmas». *La intervención literaria*. Alebrije: Universidades de Sinaloa y Zacatecas, 1988.
———. «José Gorostiza y su relación con Vasconcelos». *La cultura en México*, supl. de *Siempre!* (8 marzo 1989): 40-41.
———. «La textualidad estrambótica y narrativa de Gerardo Deniz». *Sábado* [México D.F.] (30 junio 1990): 4.
———. «La tradición radical en la poesía mexicana (1952-1984)». *Casa del tiempo* 5.49-50 (marzo 1985): 15-31.
———. «Narciso melancólico atrapado en la civilidad». *La invención literaria*. Alebrije: Universidades de Sinaloa y Zacatecas, 1988. 122-25.
Fernández, Fernando. «La poesía de Gerardo Deniz». Diss. UNAM. Facultad de Filosofía y Letras, 1990.
Flores, Miguel Angel. *Horas de recreo*. México: Universidad Autónoma Metropolitana-Azcapozalco, 1987.
Huerta, David. *Cuaderno de noviembre*. México: Ediciones Era, 1976.
———. *El jardín de la luz*. México: UNAM, 1972.
———. *Historia*. México: Ediciones Toledo, 1990.
———. *Incurable*. México: Ediciones Era, 1987.
———. *Huellas del civilizado*. México: La Máquina de escribir, 1977.
———. *Versión*. México: Fondo de Cultural Económica, 1978.
Isla, Carlos. *Gramática del fuego*. México: Federación Editorial Mexicana, 1972.
Lizalde, Eduardo. *Autobiografía de un fracaso. El poeticismo*. México: INBA-Martín Casillas, 1981.
———. *Cada cosa es Babel*. México: UNAM, 1966.
Maples Arce, Manuel. *Las semillas del tiempo. Obra poética 1919-1980*. México: Fondo de Cultura Económica, 1981.
Milán, Eduardo. *Una cierta mirada. Crónica de poesía*. México: UAM-Juan Pablos, 1989.
Paz, Octavio. «Adrede: composiciones y descomposiciones». *El signo y el garabato*. México: Joaquín Mortiz, 1973.
———. *Discos visuales*. México: Editorial Era, 1968.
———. *Ladera este, 1962-1968*. México: Joaquín Mortiz, 1969.
———. *Primeras letras (1931-1943)*. Ed. Enrico Mario Santí. México: Editorial Vuelta, 1988.
———. *Renga*. En Colaboración con Edoardo Sanguineti, Jacques Roubaud y Charles Tomeson. México: Joaquín Mortiz, 1972.
Santí, Enrico Mario. Introducción. *Primeras letras (1931-1943)*. De Octavio Paz. México: Editorial Vuelta, 1988.
Wilson, Jason. *Octavio Paz. Un estudio de su poesía*. Editorial Pluma: Colombia, 1980.
Zaíd, Gabriel. «Noticias de la selva». *Siempre!* [México, D.F.] (8 julio 1990): 28-29.

EL NUEVO CUENTO MEXICANO (1950-1990): ANTECEDENTES, CARACTERÍSTICAS Y TENDENCIAS

RUSSELL M. CLUFF
Brigham Young University

Desde hace algunos años vengo diciendo que durante las últimas tres décadas ha habido una verdadera «explosión» en la producción de cuentos mexicanos. Pero no imaginaba cuán impresionante había sido ese incremento hasta que realicé algunas de las investigaciones que hacen posible el presente estudio.[1] La década de los '50 rindió un total de 67 libros de cuentos; la de los '60, 87; la de los '70, 165; la de los '80, 366. Esto representa un ascenso en la publicación de libros del 23% entre los años '50 y '60; del 47% entre los años '60 y '70; y del 55% entre los '70 y '80. Los años 1955 y 1959 fueron muy importantes para el desarrollo del cuento nacional, pues se publicaron 12 y 16 libros respectivamente. Esta última cifra no se superaría hasta 1973, cuando se publicaron 18 títulos, y durante esa década el año de más producción fue el '79 con 28 tomos de cuentos. El año más productivo durante las cuatro décadas fue 1984 con la aparición de 57 libros. He de advertir, sin embargo, que los 12 tomos que tengo registrados para 1989 no deben ser los únicos que aparecieron; mis búsquedas e investigaciones sólo llegan hasta el mes de agosto. De 1990 han venido a mi conocimiento 19 libros de cuentos. En los '50, 17 libros de cuentos fueron publicados por mujeres; en los '60, 12; en los '70, 35; y en los '80, 82. Por estas cifras se confirma que el cuento en México se encuentra en un estado de gran proliferación. (Consúltese el «Apéndice» al final de este estudio.)

El cuento mexicano contemporáneo tiene su herencia en todos los grandes cuentistas del mundo occidental (y algunos del mundo oriental). Se atiene mayormente a los preceptos y prácticas de Edgar Allan Poe (a través de la obra de Horacio Quiroga), pero también ha adoptado las innovaciones realizadas por cuentistas tales como Jorge Luis Borges, William Faulkner, James Joyce y Anton Chéjov, entre otros. Es decir, que el cuento mexicano no sigue el dictamen cervantino de que «el cuento es aquello que se cuenta», haciendo referencia a la tradición oral (que con el tiempo se traspuso al ámbito de la escritura), cuya característica principal era un hilo narrativo por demás deambulante.

El cuento mexicano es preciso, bien labrado y está exento de adiposidades discursivas (salvo cuando se propone parodiar el estilo barroco, como en algunos escritos de Hugo Hiriart). Se ciñe a los principios de la economía y la concisión, a saber, la búsqueda del efecto único, el predominio de la situación sobre el personaje, como dijera Borges (Leal, *El cuento hispanoamericano* 11), el uso máximo de elementos—más que descriptivos—sugerentes, el cuidado en el empleo del punto de vista, la focalización y la postergación de informaciones, todo lo cual hace resaltar el efecto dramático-estético. Aparte de este empeño en la precisión, sin embargo, el cuentista mexicano está consciente del hecho de que cada cuento tiene su propia misión. Si el contenido temático-estructural de determinado cuento requiere el antilaconismo de un Chéjov—sobre el dramatismo intenso de un Poe—el autor está dispuesto a aplicarlo, y lo que se pierde en acción o suspenso externo se recupera en el *pathos* de las emociones internas humanas. En general, los cuentistas mexicanos son conocedores de todos los registros y modalidades de su género; en sus escritos la gama va desde el neoindigenismo más realista-social hasta la metaficción más autoconsciente.[2]

Obviamente, enfrentar una tarea tan amplia como ésta de reseñar cuatro décadas de cuentistas con sus 685 obras (que, a su vez, implican más de 5000 cuentos individuales) puede resultar algo más que agobiante. Por ende, me veo en la necesidad de recurrir a uno de los muchos posibles esquemas organizadores artificiales, que nunca resultan del todo satisfactorios, pues tienden a simplificar una propuesta de dimensiones incalculablemente complejas. En teoría se podría escribir un ensayo sobre un cuento, un libro sobre una colección de cuentos, una serie de libros sobre las obras de algún grupo o generación de cuentistas, y así sucesivamente. Con todo, me parece útil hacer el intento, a sabiendas de que muchos de estos escritores y obras no recibirán la atención que merecen. Por lo mismo, he decidido establecer sólo tres grupos de escritores para abarcar lo que considero el terreno del «nuevo cuento mexicano», designados como: «Primera promoción»: los que comienzan a publicar durante los años '40 y '50; «Segunda promoción»: los que comienzan a publicar a fines de los '50 y durante los '60; «Tercera promoción»: los que comienzan a publicar durante los '70 y '80. Dentro de estos marcos generales, trazaré las características y tendencias de los distintos escritores, tomando en cuenta los múltiples asuntos preponderantes, temas recurrentes, modalidades predilectas, etc. Después dedicaré uno que otro párrafo a algunos escritores nuevos, cuya obra inicial demuestra cierto grado de madurez y promesa. Mención aparte se hará de practicantes importantes de otros géneros que han publicado por lo menos un libro de cuentos.

Primera promoción (años '40 y '50)

Los integrantes principales de este grupo son: José Revueltas, Juan José Arreola, Juan Rulfo, Edmundo Valadés y Carlos Fuentes. Otros a los que se podría considerar aquí son: Jorge López Páez, Ricardo Garibay (uno de los pocos que han cultivado el cuento «orientalista»), María Elvira Bermúdez (la campeona del cuento detectivesco mexicano) y Sergio Galindo (a quien, en efecto, se estudiará más adelante). Gracias a los logros de Luis Leal—el «patriarca» de la crítica del cuento mexicano—podemos hablar de un «nuevo cuento mexicano».[3] El año 1955 es un hito en el desarrollo de este género por dos razones: en primer lugar, fue ese año cuando la *Breve historia del cuento mexicano* de Leal entró en prensa (apareció en 1956); en segundo lugar, es el primer año en que se publica una docena de colecciones de cuentos (número que no se superaría hasta 1959, cuando aparecieron 16 tomos). Sin embargo, sólo cuatro de esos doce tomos salieron a tiempo para que se registraran en este primer libro. Leal no volvería a publicar sobre el cuento mexicano hasta la aparición de su *Historia del cuento hispanoamericano* en 1966 (cuya segunda edición revisada y ampliada es de 1971). En la segunda edición de este estudio se incluyen unos 62 mexicanos, muchos de los cuales eran demasiado jóvenes para figurar en la *Breve historia* . . . Pero no fue sino hasta 1971 que Leal publicó su artículo «The New Mexican Short Story» en *Studies in Short Fiction*, donde afirmó y defendió la idea de que ya podíamos hablar de un «nuevo cuento mexicano». (En 1973 publicó una versión ampliada en español: «El nuevo cuento mexicano».) El crítico señala aquí que es en las obras de Rulfo y Arreola donde se encuentran verdaderos cambios que rompen con el pasado; es decir, ya se ven diferencias patentes entre ellos y los vanguardistas y promotores del cuento de la Revolución («El nuevo cuento . . .» 280). Insiste, sin embargo, en que las influencias de los progenitores de estos dos cuentistas habrían de sentirse no sólo por ellos, sino también en los de las generaciones venideras.

Según Leal, los precursores más importantes del nuevo cuento son: Alfonso Reyes, Silva y Aceves y Julio Torri (del «Ateneo de la Juventud»); Bernardo Ortiz de Montellano y Jaime Torres Bodet (de los «Contemporáneos»); y José Martínez Sotomayor y Efrén Hernández (de tendencias parecidas a las de los vanguardistas). Las características principales de estos escritores—que nunca han dejado de tener fruto—incluyen el cosmopolitismo, lo fantástico, un estilo refinado y en muchos casos el uso de temas «intrascendentes» (especialmente en la obra de Hernández). Reyes y Hernández comparten una tendencia que tendría continuación en algunos escritores de todas las generaciones posteriores a Rulfo y Arreola: el toque autorreferencial, lo que hoy se conoce como «metaficción». Hernández, además, anticipa con mucho la modalidad de lo absurdo (Brushwood, «Efrén Hernández . . .» 87-88). Vale mencionar también que los indigenistas y escritores de la Revolución tendrían herederos entre los cuentistas que se estudiarán más adelante.

José Revueltas tiene la distinción de ser el primer representante del nuevo cuento mexicano. Su libro *Dios en la tierra* (1944), a pesar de usar materiales semejantes a los de los narradores de la Revolución, ya registra tanto las técnicas de sus precursores vanguardistas como las del norteamericano William Faulkner. Dice Leal: «El resultado fue una obra de contenido social de gran intensidad dramática que ofrece . . . una estructura y un punto de vista novedosos . . .» («El nuevo cuento . . .» 285). El crítico considera que la obra de Revueltas tuvo una influencia directa sobre los dos «fenómenos» del nuevo cuento mexicano: Rulfo y Arreola. Dos ejemplos inmediatos serían los cuentos «Corrido» de éste y «Nos han dado la tierra» de aquél. Ambos reflejan una preocupación por la situación socio-cultural de México, al mismo tiempo que se valen de técnicas nuevas como la imagen poética, la estructuración cuidadosa y lo económico en el discurso. Más allá de esto, sin embargo, cada uno presenta características muy singulares y divergentes, por las cuales se los conocen en todo el mundo literario.

Arreola está endeudado también con Alfonso Reyes y Julio Torri por los siguientes recursos que permean su obra: la concisión en la escritura (ya que a Torri se le puede considerar como el padre del «microrrelato» en México), el humor, la ironía, un tono satírico, lo fantástico, lo sicológico y los motivos cosmopolitas. De Reyes, en lo específico, se influyó por su llamado «cuento-ensayo»; ejemplos serían su «Baby H.P.» y «Anuncio», exentos ambos de cualquier valor anecdótico pero rebosantes de ironías, sátiras, parodias y humor. Existe, además, el elemento cosmopolita, pues satirizan el lenguaje comercial occidental (en específico, el de los Estados Unidos). De Efrén Hernández ha de haber adquirido el sentido de lo absurdo, tan expertamente explotado en su obra maestra: «El guardagujas». Con todo, no hemos de hacer caso omiso de las posibles influencias extranjeras que pudieran haber operado en Arreola, pues algunos de sus primeros intentos artísticos tuvieron que ver con el teatro y por una temporada vivió y estudió en París. Un último punto de interés es que Arreola se estableció como uno de los más grandes promotores del cuento y de los nuevos cuentistas a través de sus dos series: «Los Presentes» y «Cuadernos del Unicornio». En la primera se publicaron catorce colecciones de cuentos y se dieron a conocer escritores tan insignes como Carlos Fuentes, Ricardo Garibay, Elena Poniatowska, José de la Colina y Jorge López Páez, entre otros. En la segunda hubo siete libros de cuentos; los cuentistas más importantes que se estrenaron aquí fueron José Emilio Pacheco, Sergio Pitol y Beatriz Espejo.

El discurso rulfiano también es de una cuidada concisión, pero—a diferencia de Arreola—sus cuentos nunca prescinden de algún núcleo anecdótico de alto valor dramático (Leal, «El nuevo cuento . . .» 284). Quizás el logro más importante de Rulfo haya sido la manera en que ha elevado el papel del narrador a alturas nunca antes alcanzadas en el cuento nacional. «El hombre», por ejemplo, tiene cinco focalizadores y voces narradoras distintos (el narrador de tercera persona, el perseguido, el perseguidor, el borreguero y el licenciado —cuya voz sólo se manifiesta como eco en la del borreguero). Hay narradores no dignos de confianza, como los de «La cuesta de las comadres» y «Macario». Además, y como complemento del narrador, hay varias obras que contienen algún receptor u oyente anónimo (por ejemplo, «Acuérdate»). Lo cierto es que en Rulfo se tiene que conceder al narrador (y a sus supuestos receptores) la misma importancia que a cualquier otro personaje o protagonista. Casi siempre adquiere una personalidad propia, de interés humano y estético para el lector. El tiempo también tiene una función capital en Rulfo. A veces está totalmente trastrocado («El hombre») y, por ende, impone al lector la ardua tarea de establecer la verdadera cronología, junto con las causas y efectos de los sucesos. Y esto de exigirle al lector la participación activa es una de las señales más certeras de la «modernidad» de su obra. Es, además, un recurso que sería explotado al máximo por los futuros creadores de cuentos de metaficción. Una última característica rulfiana de indiscutible importancia es la del realismo mágico. El hecho es que, por accidentada que haya sido la historia de esta modalidad latinoamericana, el realismo mágico tiene en Rulfo uno de sus más exitosos ejecutantes, y en el ámbito literario mexicano también se escuchan sus resonancias en cuentistas posteriores (como los chiapanecos, Rosario Castellanos y Eraclio Zepeda).

Al referirse a las dos grandes figuras de esta promoción como el Rulfo «sombrío» y el Arreola «irónico» («The New Mexican Short Story» 18), Leal subraya los respectivos tonos particulares que caracterizan sus narrativas. Luego designa a Carlos Fuentes como el yugo coalescente entre estos dos maestros y sus herederos (los que hemos llamado la «Segunda Promoción»), que tomarían después las riendas de la cuentística mexicana para conducirla hacia el cosmopolitismo.

Además de practicante artístico del cuento, a Edmundo Valadés se lo considera como uno de los promotores más importantes del género a través de su revista *El cuento* y su asesoramiento altruista de los jóvenes que lo venían a buscar. «Con qué paciencia—dice José Emilio Pacheco—con qué atenta generosidad Valadés escuchará los primeros borradores de nuestro aprendizaje interminable» (7). Federico Patán amplía esta noción al decir que «Valadés se ha mostrado mucho más constante en su tarea de difusor del género cuento, si primero mediante la revista *El cuento*, después publicando antologías temáticas» (137). Sus antologías son *El libro de la imaginación* (1976), *Los mejores cuentos del siglo veinte* (1979), *Los cuentos de El cuento* (1981) y *El cuento es lo que cuenta* (1987).

A pesar de su devoción por el género, Valadés no ha sido muy prolífico, habiendo publicado sólo cuatro colecciones: *La muerte tiene permiso* (1955), *Antípoda* (según el autor una edición privada, 1961), *Las dualidades funestas* (1966), *Sólo los sueños y los deseos son inmortales, palomita* (1987)—una totalidad de 34 cuentos. Patán ha llamado la atención sobre el fenómeno de su «relativa mudez en el campo de la escritura» (137), pero afirma la excelencia de su obra, especialmente de los cuentos «Como un animal, como un hombre», «Los dos», «El compa», «La incrédula» y «Palomita». Pacheco establece «El compa» (que se publicó por primera vez en 1961) como la primera obra—entre el fracaso de Salazar Mallén en 1932 y el éxito de José Agustín en 1964—que «emplea con toda libertad las llamadas *malas palabras* y se refiere explícitamente a la sexualidad» (9). Interesa también ver que Valadés, como muchos de sus predecesores y la mayoría de sus contemporáneos, cultiva el relato de iniciación («No como al soñar», «La 'grosería'» y «La infancia prohibida»). En estos cuentos el motivo más constante es el de la desmitificación de aquella engañosa noción de que la infancia sea un paraíso (Patán 143).

En cuanto a las características y técnicas narrativas de la obra de Valadés, Patán especifica como más importantes las siguientes: sus ambientes pasan del campo a la gran ciudad; aunque en un principio existe algún sentimiento de triunfo en los desenlaces, este rasgo va desvaneciéndose hasta por fin desaparecer; sus protagonistas se caracterizan como «seres pequeños» que siempre habitan un mundo hostigante; los móviles de sus conductas son la crueldad y la injusticia; y está la constante de la muerte como resolución de los conflictos (133-35). La conclusión que se debe trazar de todo esto es que estamos ante un protagonista de la cuentística mexicana de primera categoría, no sólo por sus constantes esfuerzos de promoción, sino también por la vigencia de su obra, pues su libro *La muerte tiene permiso* ha pasado por doce reediciones (Pacheco 9) y sus otras dos colecciones importantes todavía se mantienen a la venta.

En cierto momento—según Leal—se consideraba a Carlos Fuentes como el mejor cuentista después de Rulfo y Arreola, por haber combinado elementos de ambos, sin tirar hacia lo fantástico o satírico (a la Arreola) ni lo neorrealista o mágicorrealista (a la Rulfo); el resultado fue una obra que desdibuja las fronteras entre lo regional y lo cosmopolita («El nuevo cuento . . .» 292). Esta declaración tiene mérito hasta el punto en que niega los elementos de la fantasía y la sátira en los cuentos de Fuentes.[4] El crítico afirma, además, que Fuentes había agregado el ahora bien conocido descontento con los resultados de la Revolución. Para entonces el escritor sólo había publicado dos libros de cuentos (*Los días enmascarados,* 1954, y *Cantar de ciegos,* 1964), a los que agregó otra colección en 1981: *Agua quemada.* En los dos primeros libros se preocupa por definir el carácter nacional al sacar a colación no sólo la mezcla de lo europeo y lo indígena, especialmente en su cuento más famoso, «Chac Mool», sino también la tensión un tanto más moderna entre los llamados «nacionalistas» y «europeizantes», en «Tlactocatzine, del jardín de Flandes», ambos del primer tomo de cuentos. En su segundo libro, Fuentes sigue tratando de definir el carácter del mexicano durante una época de grandes cambios. Por ejemplo, en «Las dos Elenas» la Elena más joven del título está tratando de liberarse de los papeles tradicionales que le ha impuesto el también tradicional «machismo» mexicano. Incluso afirma que necesita tener dos hombres para poder realizarse. La ironía del desenlace está en que su marido, paradigma del macho mexicano, acaba por burlarse de ella al llegar a ser amante de la otra Elena, la madre de su esposa. Mientras la joven se está portando como *hippie* norteamericana (con su filosofía de *free love*), el marido reafirma su machismo mexicano cuando—para colmo—establece la casa chica dentro de la misma familia; es decir, practica una especie de *free love* que ha operado entre los hombres mexicanos desde siempre (con el giro sorprendente de que lo hace con su suegra).

Sería de esperar un gran cambio en la cuentística de Fuentes después de un lapso de 17 años, pero cuando aparece *Agua quemada* nos enfrentamos con muchos de los mismos temas y características de los cuentos anteriores. En «El día de las madres» se vuelve a encontrar «recalentado» el tema de la Revolución, junto con la decepción por parte de los que la libraron. Se ve a un tal general Vergara quejándose de que ya «nadie sabía hacerle su café de olla, sabor de barro y piloncillo», pues ya todos bebían Nescafé que se inventó en Suiza (11). Pero también como el Fuentes (y Rulfo) de antes, se vale de la múltiple focalización[5]: este nuevo mundo también le pertenece a (y es examinado por) su nieto, quien sufre el tono imperante de la pos-Revolución, esto es, un sentimiento de culpabilidad por ser heredero de los que ganaron—por gozar de sus frutos: su Thunderbird, etc.—sin haber pagado personalmente

52

ningún precio por estos lujos. Y aunque tales posturas resultaban novedosas e interesantes en los años '50 y '60, cuando Fuentes escribía sus dos grandes novelas revolucionarias (*La región más transparente,* 1958, y *La muerte de Artemio Cruz,* 1962), los jóvenes de las siguientes generaciones se fastidian con la propuesta. Dice Brushwood: «los críticos mexicanos más jóvenes parecen haberse cansado de las insistentes definiciones de parte de Fuentes del ser mexicano. Christopher Domínguez, uno de los mejores de entre los más jóvenes, ha escrito que tales consideraciones ya están fuera de moda, son innecesarias» («Tradition . . .» 1; la traducción es mía). Y sin embargo, los críticos todavía afirman que la obra de los tres grandes cuentistas de esta primera promoción—Rulfo, Arreola y Fuentes—sigue siendo la más estudiada en la historia literaria mexicana y que su influencia, aunque ahora de manera más indirecta, es todavía fundamental (Lauro Zavala, «El nuevo cuento . . .» 772).

Segunda promoción (fines de los años '50 y los '60)

Sueltamente agrupados de acuerdo con ciertas características que tienen en común, los principales integrantes de este grupo son los siguientes: (1) Augusto Monterroso, Jorge Ibargüengoitia, Hugo Hiriart; (2) Rosario Castellanos, Eraclio Zepeda, Elena Garro; (3) Juan García Ponce, Juan Vicente Melo, Inés Arredondo, Amparo Dávila, Guadalupe Dueñas, Beatriz Espejo; (4) José Emilio Pacheco, Sergio Pitol, Salvador Elizondo, Sergio Galindo, Juan Tovar, José de la Colina; (5) José Agustín, René Avilés Fabila, Héctor Manjarrez, Parménides García Saldaña. Otros: Xorge del Campo, Margo Glantz, Angelina Muñiz, Dámaso Murúa, Gerardo de la Torre.

Augusto Monterroso (1921) es una figura de suma importancia para el cuento mexicano, pese a las anomalías que han puesto en duda su lugar en el ámbito literario mexicano. (¿Será como Demetrio Aguilera Malta, quien pasó muchos años en México sin dejar de ser escritor ecuatoriano?) Lo innegable es que nació en Guatemala, pero radica en México desde 1944 y toda su labor literaria—tanto en su calidad de catedrático como en la de narrador—se ha realizado y publicado en este país. De hecho, el mundo literario mexicano sería otro (diferente) si no fuera por la figura de Augusto Monterroso. (El que los guatemaltecos lo reclamen también como suyo es un derecho que no se les puede negar; sería, asimismo, testimonio de su buen gusto.) Prueba aparte de su aporte al mundo literario mexicano es el alto prestigio en que lo mantienen los jóvenes, especialmente aquéllos que participaron «formalmente» en sus talleres para escritores principiantes (dos buenos ejemplos serían Guillermo Samperio—quien con el tiempo parodiaría cariñosamente las moscas de su libro *Movimiento perpetuo,* con su cuento «Ellas no tienen la culpa» de 1981 —y Juan Villoro). Una manifestación menos formal es que otros «discípulos» lo entrevistan insistentemente: Marco Antonio Campos, René Avilés Fabila, Ignacio Solares, entre varios narradores y críticos más. El que yo lo ubique en esta llamada segunda promoción (otra posible anomalía) tiene que ver con lo tardío de la aparición de sus libros: aunque cuatro de sus cuentos se habían publicado en las series Los Epígrafes y Los Presentes (en 1947 y 1952), su primera colección completa—*Obras completas (y otros cuentos)*—no se publicó hasta 1959, y no gozó de una amplia difusión sino en su edición de 1971 con Joaquín Mortiz.

Aunque la fama principal de Monterroso descansa en su ejecución de la obra brevísima,[6] me apresuro a afirmar que también es maestro del cuento más extenso, dramático y «redondeado». Su cuento «Diógenes también», de *Obras completas*. . ., es prueba de la temprana habilidad de Monterroso para manejar el cuento que, más allá de contener los rasgos del género tradicional, también se vale de técnicas modernísimas como el perspectivismo complejo (hay cuatro voces narradoras junto con sus respectivos ojos, que focalizan los sucesos de acuerdo con su propia manera de pensar: un narrador de tercera persona, un hijo, su padre y su madre) y un narrador (el padre) no digno de confianza, debido a ciertas incongruencias entre sus distintas declaraciones. Con todo, es una obra conmovedora—al nivel mimético—en lo que respecta a los sentimientos e interrelaciones humanas dentro de lo que debiera ser una familia normal.

En este libro hay otros ejemplos de cuentos «largos», pero es también en esta primera colección donde el autor establece su fama de maestro del microrrelato. Aquí aparece su famoso cuento de un solo renglón, «El dinosaurio», que dice textualmente: «Cuando despertó, el dinosaurio todavía estaba allí» (77). Figura también su cuento «Vaca» que, como el otro, contiene el elemento «animalístico» pero que también conduce hacia sus famosas fábulas de tono irónico/satírico/paródico, pues nos sorprende la confusión entre (¿fusión de?) las perspectivas del animal y del ser humano—recurso que impera en la mayoría de sus fábulas subsiguientes. También se podría hablar detenidamente de sus acerbas sátiras sociales (como su muy estudiado y antologado «Míster Taylor», que se burla del extremo comercialismo norteamericano que tanto degrada a la dignidad humana). Hay también en Monterroso un sorprendente gusto por el humor en sí: «Primera dama» y «Sinfonía concluida» tienen la simple virtud—y madurez—del divertimiento mediante la autocrítica irónica. Esto es prueba de que el hispanoamericano moderno—a diferencia de sus antecesores—ya tiene la capacidad de burlarse de sus propias flaquezas y de las de su propia sociedad o cultura.

Esta última virtud de Monterroso la comparte el gran satírico Jorge Ibargüengoitia (1928-1983). Aunque a su muerte sólo había producido un libro de cuentos (*La ley de Herodes y otros cuentos,* 1967), éstos le han de asegurar un lugar firme en la historia de la cuentística nacional, debido precisamente a la naturaleza singular de su humorismo. Ejemplo perfecto de la «autocrítica» es el primer cuento, «El episodio cinematográfico», en el que el protagonista-narrador recuenta uno tras otro sus propios tropiezos que tanto dinero le cuestan y que tantas humillaciones (así como imperdonables frustraciones sexuales) le causan. Se trata de una «comedia de errores» de alta verosimilitud, relacionada con las «sinvergüencerías» en los procederes del cine nacional. El cuento «What became of Pampa Hash» es una parodia de uno de los motivos más desgastados en la cuentística mexicana: la conquista—por parte de algún joven mexicano—de una señorita norteamericana becada para estudiar algún aspecto socio-cultural mexicano de dudoso valor. El cuento cobra su valor humorístico tanto por la frustración sexual del pretendiente, cuyo «machismo» está siempre en peligro de defraudarse, como por los malentendidos motivados por las diferencias entre las dos culturas. Por otra parte, se vuelve a ver aquella autocrítica tan denigrante. Dice el protagonista: «Habíamos nacido el uno para el otro: entre los dos pesábamos ciento sesenta kilos. En los meses que siguieron, durante nuestra tumultuosa y apasionada relación, me llamó búfalo, orangután, rinoceronte... en fin, todo lo que se puede llamar a un hombre sin ofenderlo. Yo estaba en la inopia y ella parecía sufrir de una constante diarrea durante sus viajes por estas tierras bárbaras» (37). Otro cuento inolvidable—con respecto al humor que procede de la humillación del «macho» mexicano—es el cuento titular, «La ley de Herodes». Aquí, fiel a la alusión bíblica del título, quien está en control de la situación no es el hombre sino la mujer.

Hugo Hiriart es otro narrador de sólo un libro de cuentos—si es que, en verdad, sus textos se pueden sujetar a los límites de este género. Sin embargo, *Disertación sobre las telarañas* (1980) contiene textos afines a lo que la tradición mexicana viene llamando el «microrrelato». A diferencia del «microcuento», carecen en su mayoría de una trama bien lograda, pero captan la atención del lector mediante aquel tono irónico-satírico propio de las obras breves de Torri, Arreola y Monterroso. Lo novedoso en Hiriart, no obstante, está en su postura neoclásica en cuanto a la escritura y el asunto. En «Breve discurso sobre el ibis» el interés y el humorismo provienen de la disparidad entre el lenguaje (de registro altisonante-anacrónico) y el asunto (la sucesiva deificación y degradación de un ave) y el rápido desplazamiento temporal-espacial entre los ejemplos que respaldan dicho «discurso»: saltar del Egipto clásico al Israel del Nuevo Testamento; recurrir a los conocimientos de Plinio, Frazer y Kant. Otra tendencia en Hiriart consiste en enaltecer algún objeto común y corriente, otra vez mediante un lenguaje muy por encima de aquello que se alaba, como en «El matamoscas».

Los dos grandes cuentistas «chiapanecos», Eraclio Zepeda y Rosario Castellanos (1924-1974; nacida en la ciudad de México pero criada en Chiapas), comparten varios códigos socio-culturales que no pueden menos que influir en su obra literaria. Por esto no ha de sorprender que sus carreras como escritores hayan mantenido cierto paralelismo. En un principio ambos se preocupan por el deplorable estado vital del indígena, por lo que resultan ser neoindigenistas que, a su vez, y debido a los fenómenos «maravillosos» que permean la vida de esta gente, se valen también de aquella modalidad tan hispanoamericana conocida como el realismo mágico. Y en el lenguaje se ven ciertas palabras indígenas y el «voseo» propio de Chiapas y de Guatemala. En el caso de Zepeda—al igual que Rulfo—a veces entrega por completo la narración al protagonista, que lo cuenta todo a un oyente desconocido en su propio dialecto (y el autor implícito nos lo presenta con gran fidelidad fonética).

Después, Zepeda y Castellanos amplían su cosmovisión al enfocar otras preocupaciones sociales y otras regiones geográficas. Ambos escriben cuentos que tienen lugar en la ciudad de México, y algunos de los de Zepeda se desplazan a otros países de tendencias socialistas. Por su parte, Castellanos retoma un segundo tema que también le había inquietado en Chiapas: la situación de la mujer en la sociedad. Ahora lo estudia dentro del ámbito urbano con todos los nuevos parámetros que esto significa.[7] Y mientras Castellanos cultiva un tono severamente satírico en casi todo lo que escribe, Zepeda continúa otra vertiente, la del más puro humorismo que se desprende de la tradición campestre del «cuentero», una práctica oral que, al convertirse en un género escrito, conserva mucho de su antiguo sabor.

La obra de Elena Garro (1920) tiene relación con la de Zepeda y Castellanos. En primer lugar dada la preocupación por la mísera condición de los indígenas (en «El zapaterito de Guanajuato», «El anillo» y «La culpa es de los tlaxcaltecas» de su primera colección, *Semana de colores,* 1964), y en segundo lugar por su preocupación general por las condiciones socio-económicas de su país. Comparte sentimientos afines con Castellanos en lo que atañe a la situación de la mujer.[8] «La culpa es de los tlaxcaltecas» es singular en que no sólo examina asuntos indigenistas y femeninos, sino que mantiene también un vínculo con Carlos Fuentes por la confusión entre (fusión de) el México actual de los mestizos y el del pueblo indígena del pasado.

Su segundo libro, *Andamos huyendo Lola* (1980), es un obra híbrida que navega entre los géneros novela y (colección de) cuentos. Varios de los cuentos («El niño perdido», «Andamos huyendo Lola», «Debo olvidar» y «Cuatro moscas») tienen en común algunos de los mismos personajes, pero otros nuevos entran de cuento en cuento y entre los principales se modulan las relaciones de manera dinámica. Los ambientes también varían: la ciudad de México, Nueva York y dos lugares de España. El tono imperante del conjunto de estas obras es la paranoia y, tal como lo sugiere el título, la actividad principal es la huida. Este tipo de libro es reminiscente de otros en la historia del cuento mexicano que se podrían denominar «cuentario-novela». Esta obra de Garro, sin embargo, no es de tal índole en el sentido más estricto de la palabra, pues varios de los cuentos no tienen correspondencia directa con los cuatro cuentos del caso.[9] Más adelante tendremos que volver a abordar el tema con relación a otras obras de la actualidad.

La segunda época de la *Revista Mexicana de Literatura* (principios de los '60), dirigida por Juan García Ponce y Tomás Segovia, produjo un grupo que llegó a conocerse como una «generación», a pesar de las muchas diferencias entre sus integrantes. Los principales entre ellos fueron el mismo García Ponce, Juan Vicente Melo, Inés Arredondo, José Emilio Pacheco.[10] También hubo otros coetáneos que, debido a su edad y tendencias literarias, pertenecían a la generación. Lo que distinguió a este grupo de otros escritores fue su predilección por lo que García Ponce llegó a llamar lo «intimista».[11] Ya no les importaba la acción física ni los asuntos socio-culturales a nivel nacional, sino el sicologismo y las relaciones íntimas entre los personajes.

Y a partir de su primer libro de cuentos, *Imagen primera* (1963), la carrera literaria de García Ponce se ha dedicado a los fines de esta «modalidad/temática», que en la vida literaria mexicana llegaría a ser tan avasalladora. En el futuro escribiría otras tres colecciones de cuentos, pero ya en la primera se establece su propia marca de «intimismo»: las relaciones de índole insólita. El cuento titular de ese primer tomo representa un buen ejemplo de esto. Un hermano y una hermana, por la temprana muerte de su padre, son separados para asistir a sendos internados. El resultado final es que la «primera imagen» de ambos es la intimidad que compartían de pequeños, y cuando de jóvenes vuelven a habitar la casa familiar—a fin de continuar sus estudios a un nivel más avanzado—ya no pueden mantener una relación amorosa con otras personas. La consecuente situación incestuosa, sin embargo, no se dramatiza de cerca, sólo se insinúa. En «Tajimara» (de *La noche,* también de 1963) se ve de nuevo una relación incestuosa entre dos hermanos, pero el verdadero cuento sucede entre el narrador y una tal Cecilia, cuyas relaciones sexuales se describen directamente y sin timidez alguna. Lo inusitado, sin embargo, se encuentra en la personalidad idiosincrática de Cecilia y la manera en que se aprovecha del narrador a fin de lograr sus oscuros designios amorosos con otro joven. Por último, un distintivo más de los cuentos de García Ponce es que tienden a ser un poco largos, rayanos en la novela corta.

En Juan Vicente Melo—la mayor parte de cuya obra cuentística ya estaba hecha cuando García Ponce publicó su primer libro—se ve también la preponderancia del «intimismo», sólo que con un cariz mucho más psicosomático, pues el erotismo es sólo un infierno más entre las múltiples inquietudes sufridas por sus personajes «existencialistas». Aquí reina la soledad, el ser que se sabe atrapado dentro de lo absurdo y de lo circular del rito, así como del reducido espacio infernal de la psiquis. A partir de su segundo libro, *Los muros enemigos* (1962), otro espacio que agobia a los personajes es la gran ciudad. Y para nosotros los lectores, que también nos sofocamos dentro de estos límites tan estrechos, en «La hora inmóvil», de *Fin de semana* (1964), nos sorprendemos ante las amplias proporciones de una saga familiar en la que dos medio hermanos—a causa de circunstancias por demás escabrosas—se sienten en la necesidad de vengarse el uno del otro, lo cual desencadena una venganza eterna (Ramos 58-59). No por esto, sin embargo, deja de ser una experiencia de «interioridades».

Inés Arredondo, quien parecía haber terminado su obra cuentística con sus dos primeros libros (*La señal* de 1965 y *Río subterráneo* de 1979), nos sorprendió en 1988 con un nuevo libro de altísima calidad (*Los espejos*). E interesa ver que, en cuanto a espacios, su nuevo libro comienza donde se había iniciado el primero: en provincia, en el campo. Interesa también ver que a pesar del tiempo que ha transcurrido y los avances históricos, políticos y tecnológicos que ha habido, la naturaleza esencial del ser humano sigue igual, en todas sus posturas. Aquí todavía se da la gama entera de las vicisitudes—tanto positivas como negativas—de la vida, pero casi siempre la de seres profundamente decepcionados frente a las «realidades» que les acosan. En cuanto el primer libro recorre la distancia entre lo sagrado (en el cuento titular) y la cruel «iniciación sexual» (en «La Sunamita»), el último también registra todos los sentimientos y motivos habidos y por haber: de nuevo los percances de la trayectoria hacia la madurez; la madre que carece de sentimientos maternos;

el incesto; la homosexualidad, etc. De igual manera que García Ponce y Juan Vicente Melo, no hay temas vedados para Arredondo. Pero las diferencias más patentes entre ella y sus contemporáneos masculinos se encuentran en las tres siguientes regiones: la focalización desde una perspectiva femenina; el estilo, su esmero escritural inigualable; y esa insistencia (aunque no exclusiva) en los ambientes provincianos.

Aunque Sergio Galindo no pertenece directamente al llamado «Grupo de la *Revista*...», merece mención aquí porque su preocupación principal son precisamente la de las relaciones humanas. Pero es de señalar, sin embargo, que cuanto estos escritores más jóvenes se fijan casi exclusivamente en las relaciones insólitas, él se empeña por estudiar de cerca los pormenores de las relaciones «normales»—generalmente las que se dan dentro del seno familiar. El único lugar donde Galindo quiebra un poco este molde («un poco», porque nunca dejan de importarle las interrelaciones íntimas) es en sus cuentos fantásticos (ejemplos: «Cena en Dorrius» y «Querido Jim» de *¡Oh, hermoso mundo!,* 1975), en los que las relaciones se rarifican mediante el desplazamiento cultural, el alcohol o el cansancio. Otras figuras de importancia relacionadas con el fenómeno «intimista» son José de la Colina, Amparo Dávila, Guadalupe Dueñas y Beatriz Espejo.

Al siguiente grupo que nos ocupa se lo asocia a veces con el término «escritura». No estoy convencido de que la rúbrica sea del todo útil porque, como con cualquier generalización, el tratar de restringir a un espacio muy reducido a grandes escritores como José Emilio Pacheco, Salvador Elizondo y Sergio Pitol (entre otros) casi siempre resulta poco satisfactorio. Lo cierto es, sin embargo, que todos estos escritores tienen ciertas características importantes en común y todos practican la «creación verbal», en el sentido establecido por Octavio Paz (Glantz 108). Se trata de un extremo cuidado en el uso de todas las herramientas de la escritura y, en la práctica, esto puede conducir a lo que últimamente se conoce como «metaficción», o sea el arte autorreferencial. Y a pesar de que cada uno de estos autores cuenta con textos de esa índole, su obra en total contiene mucho más de lo que pueden significar estos términos. Si tomamos como ejemplo a José Emilio Pacheco, entre sus cuentos se puede hablar de «pequeñas obras maestras» de la fantasía («El viento distante», entre varios), del terror («La cautiva»), del absurdo («Parque de diversiones» y «Algo en la oscuridad»), de la iniciación a la vida (que son siete obras si incluimos las novelas cortas *El principio del placer* y *Las batallas en el desierto*), de la prosa poética («Jericó»), de la crítica social («Civilización y barbarie»), de la metaficción («La fiesta brava»), etc. Usemos, como punto de partida, este último para luego hablar de obras afines de los otros dos escritores. «La fiesta brava» (de *El principio del placer,* 1972), es una metaficción singular en el sentido de que, a diferencia de muchas obras autorreferenciales, no sólo cuenta con uno o dos referentes literarios—el llamar la atención sobre el aspecto «lingüístico» de la obra (hacer mención del uso del lenguaje), o sobre el aspecto «diegético» (poner de manifiesto el proceso narrativo), dentro de la obra misma—sino que se basa también en otros dos o tres referentes temáticos más tradicionales. Es decir, en el cuento hay varios niveles que entre sí constituyen lo que se llama en francés la *mise en abyme* y que, últimamente, se ha denominado en español la «construcción en abismo»; esto es, el principio estructural de las «cajas chinas» (Cluff, «Proceso. . .» 128-29). En la obra están: (1) la historia de un escritor que escribe un cuento; (2) la historia que escribe el escritor (que se basa en dos temas fundamentales y otro que se menciona de paso: la Guerra de Vietnam, la contemporaneidad del mundo mestizo y del mundo indígena antiguo (como se vio en «Chac Mool» de Fuentes), y la masacre del '68; (3) la historia del intento de vender el cuento que se ha escrito; y (4) la historia de la enigmática desaparición del mismo escritor. Sergio Pitol también es maestro en el arte de la metaficción; evidencia de ello son sus cuentos «Del encuentro nupcial» y «Mephisto-Waltzer», entre otros. Salvador Elizondo, a su vez, desarrolla lo autorreferencial, especialmente el cuento que tiene mucho parecido con las metaficciones de Borges—donde se ven los laberintos y los espejos («La historia según Pao Cheng» de *Narda o el verano*, de 1966, y «El escriba» de *Antología personal* de 1974). En uno de sus cuentos más conocidos, «En la playa» (también de *Narda . . .*), se presenta un caso especial, pues lo único que llama la atención sobre la obra como objeto de arte es la omisión de un elemento narrativo tradicional, consagrado: la motivación detrás de la acción. Al mismo tiempo, el cuento participa de la tradición del absurdo, ya que tal omisión constituye un *non sequitur* (al defraudar nuestra humana insistencia en que los efectos tengan sus causas).

Otra tradición de mucha trascendencia en la narrativa mexicana es el cuento de iniciación—su importancia radica no sólo en la naturaleza universal del fenómeno, sino también en el gran número de cuentos de este tipo que se han escrito en el país.[12] Galindo publica *La máquina vacía* en 1951 y lo singular de este libro es que contiene todos los registros de las iniciaciones (las de los niños, «Sirila»; los adolescentes, «El cielo sabe»; y los adultos, «Treinta y dos escalones»). Sergio Pitol, en un principio, creó una serie de cuentos iniciáticos que enfatizan el infierno del niño cuando todo se le impone desde arriba, desde el punto de vista de los «iniciados», los adultos («La casa del abuelo», «La pantera», «Vía Milán», entre otros). Al hablar de Pacheco, sus siete obras de iniciación también constituyen una red intratextual, pues entre todas se conforma un cosmos por el cual transitan los distintos personajes de los distintos relatos (a la Faulkner en su ciclo del condado Yoknapatawpha). Ultimamente, los mejores cuentos de esta modalidad son de Hernán Lara Zavala («A la caza de iguanas» de *De Zitilchen*, 1981; «Crucifixión» y varios más de *El mismo cielo*, 1987) y Silvia Molina («La casa nueva», «Ya no te voy a leer» y «Lucrecia», entre varios otros). De Lara Zavala el cuento «Crucifixión» se destaca por las dos siguientes razones: primero, porque se trata de ritos formales (se hacen en grupo); segundo, porque resultan ser «ritos primitivos». Raras veces se ven ambos fenómenos en la narrativa de occidente. Otros que han cultivado este tipo de cuento son: Elena Poniatowska, Juan Tovar, Marco Antonio Campos, Guillermo Samperio, Ethel Krauze, Juan Villoro, etc.

A decir verdad, lo que llamamos la «Onda» es una especie de iniciación en masa, toda una generación que se esfuerza por independizarse de los valores de la generación de sus padres. En palabras de Elena Poniatowska, ser de la Onda significa lo siguiente:

> Ser muy chavo. / Hablar cierto lenguaje. / Utilizar cierto tipo de ropa. / Compartir una sensación horrible de alienación y de aislamiento en esta sociedad. / Hermanarse a través de las bandas, el rock, los hoyos fonquis. / Leer las revistas del rock: *Conecte, Simón Simonazo, Rockola*». (196)

De nuevo, me apresto a afirmar que los integrantes de este «movimiento» nunca hicieron ningún manifiesto que los uniera, ni tenían conciencia de formar parte de grupo alguno, ni siquiera de manera informal. Algunos, hasta la fecha, protestan de que se los haya tachado con semejante etiqueta. Sin embargo, los cuentistas que, consciente o inconscientemente, seguían las pautas arriba expuestas fueron José Agustín, René Avilés Fabila, Héctor Manjarrez y Parménides García Saldaña. Conocer ciertas obras clave de este cuarteto es tener una idea más o menos fija de lo que era la llamada rebelión/manifestación ondera. La mayoría de los críticos de este fenómeno señalan como obra seminal el cuento de José Agustín «¿Cuál es la onda?» (de *Inventando que sueño*, 1968). Y hay fundamento para ello: allí se establece el «culto a la juventud», el «culto al rockanrol», una mofa del *establishment,* y—antes que nada—un nuevo lenguaje que servirá de cemento entre los llamados onderos, pues de otra manera se tendrían que considerar totalmente desligados. Y en cuanto al lenguaje, no es un simple caló compuesto de albures y anglicismos (un casamiento entre lo «pachuco» y lo «caifán»); no, especialmente en este cuento el asunto es mucho más complejo. Margo Glantz ha dicho acertadamente que «lo narrado se supedita al ritmo rockanrolero que sedimenta la anécdota casi inexistente» (100). Por cierto que la música rock será para los jóvenes el nuevo estandarte «espiritual». Pero la crítica se esquiva un poco del camino cuando agrega el calificativo «casi inexistente». La verdad es que sí hay anécdota. A despecho de todas las normas sociales preestablecidas, los jóvenes toman la iniciativa de arreglarse la situación a su propia manera, primero al intentar casarse sin credenciales y luego al conseguir un departamento donde convivir en aras del *free love* de los '60. Pero, volviendo al asunto del lenguaje, los componentes de esta nueva creación lingüística proceden de todos los registros del habla: hay alusiones a la alta literatura (*Tres tristes tigres, Rayuela,* Bertolt Brecht), a la historia (Jacqueline Kennedy) y a las culturas internacionales (Secuencia de Film Sueco) que demuestran un conocimiento muy amplio del mundo en todos los niveles—no sólo los más bajos urdidos por los *beatniks, hippies* y concurrentes de los bares de Tijuana (Monsiváis, citado en Glantz 97-100). Cierto es que la gran mezcla de idiomas constituye lo que tradicionalmente se conoce como *soriasmus* (el colmo de la pedantería), pero en este cuento casi siempre se le da un giro paródico que, en efecto, logra satirizar aquello que los jóvenes repudian. Un buen ejemplo es cuando, al hablar de bañarse, el protagonista tuerce el latinazo: «mens marrana in corpore sano». A lo largo de la cuentística de Agustín, así como también la de sus coetáneos, el lenguaje sigue siendo de gran importancia. En «Yautepec», que se considera un cuento aunque forma parte también de su novela *Cerca del fuego* (1986), se ven todavía las palabras soeces y el albur usados con aquellos mismos fines humorísticos. Pero se vislumbran también las alusiones a los grandes literatos universales y, en el nivel estratégico escritural, se usa un fino estilo indirecto libre, que ayuda a aligerar el fluir de la narración, función que en el cuento previo la ejercía el ritmo musical. En los últimos cuentos de Agustín, *No hay censura* (1988), ya hay cambios en el «uso» del lenguaje, pero en principio el autor sigue fiel a su principio de «la libertad de la palabra». El primer cuento, «Transportarán un cadáver por exprés», es patentemente pornográfico (necrofílico), pero se usa un lenguaje casi clásico a pesar de que la obra en su totalidad hace pensar en una verdadera pesadilla (acaso debido al «hambre» del hombre y las «drogas» de la mujer). Y en cuanto al lenguaje, el cuento titular da una vuelta de 180 grados. Mediante sus palabrotas netamente mexicanas controvierte por completo, y en forma de círculos concéntricos, la proposición de que «no hay censura». La hay en todos lados, y el protagonista se encuentra atrapado en el centro de todos esos círculos: es censurado por su hermano, por su primo (quien le contrató para que censurara las películas que se pasarán por la televisión), por los directores, por los de la seguridad, y en fin . . . Pero en la mayoría de los cuentos de este libro, estamos ante la sátira más realista del Agustín de algunas de sus novelas (como *Ciudades desiertas*, de 1982), y ya están ausentes aquel tono y lenguaje por demás juguetones e irreverentes.

Si bien en la obra de René Avilés Fabila se mengua el lenguaje radical de Agustín, todavía hay dejos muy especiales, y algunos de sus cuentos resultan verdaderas crónicas del movimiento ondero. Uno de los mejores ejemplos es su cuento «El viento de la ciudad» de *La lluvia no mata las flores* (1970). Todos los elementos están: «Qué onda maravillosa: hippies aborígenes y católicos modernizando los ritos eclesiásticos, tocando Beatles» (69). Y el ambiente es un *night club* «ondero» cuyo nombre sigue metamorfoseando a lo largo del cuento: El Caballo Marica, El Caballo Homosexual, El Caballo Pederasta, El Caballo que es Yegua, El Caballo Puto, etc. Además, en esta sociedad se detesta a la gente «fresa» de la zona rosa y a «esa clase media abominable que produjo la Revolución» (65). Obviamente, con tan prolífica producción, Avilés Fabila no quedó estrictamente con las idiosincrasias de la Onda; tiene cuentos al estilo «clásico», otros de metaficción y un gran conjunto de relatos que cultivan el tema del amor. Por cierto, su obra no cuenta todavía con la atención crítica que merece.

A Héctor Manjarrez se le tiene que considerar primero como novelista, luego cuentista y por último poeta. Sólo ha escrito dos colecciones de cuentos, *Acto propiciatorio* (1970) y *No todos los hombres son románticos* (1983), pero llevan todas las marcas de un ondero que ha hecho sus «viajes», de ida y vuelta. Si el primer libro es de carácter experimental y funciona como una especie de cuentario-novela (como veremos en otros cuentistas), el segundo es bastante parecido a la última colección de cuentos de José Agustín, con su erotismo/pornografía (como «Historia» del segundo tomo) y su lenguaje ya de tendencias más tradicionales. Se ha colado, también, hasta el corazón de la crítica social que—junto con los simples valores vivenciales—toma conciencia de todos los espacios del mundo: Londres, San Francisco, Yugoslavia, Mixcoac, Nicaragua, etc.

Si Avilés Fabila resulta el más prolífico de los cuentistas onderos (con unos once libros de cuentos), Parménides García Saldaña se conocería como el que más «agarraba la onda» en defensa de los «excesos»: la música del rock, la diversión desaforada, la droga (Ruffinelli 58 y 62). Pero se conoce también como el que menos escribió. Su producción literaria se limita a un libro de cuentos, *El rey criollo* (1971), una novela, *Pasto verde* (1968), y dos libros de ensayo, *La ruta de la onda* (1974) y *Mediodía* (1975). Si bien el rockanrol lo hacía «trepa[r] por las paredes y llega[r] al techo, como chango» (Poniatowska 188), la droga y la pulmonía le quitaron la vida a los 38 años.

Otros nombres de esta promoción dignos de mencionarse son Gerardo de la Torre, Dámaso Murúa, Angelina Muñiz, Margo Glantz y Xorge del Campo. Mientras que De la Torre hace el papel de defensor de la clase obrera, Murúa es uno de los más prolíficos narradores sobre lo provinciano (quince libros). Y si la producción cuentística de las escritoras Muñiz y Glantz es muy reducida, cada una tiene su fuerte en otros géneros: si esta última representa una de las mejores críticas literarias del país, aquélla sobresale como novelista. Por último, a la manera de Valadés y Emmanuel Carballo, el aporte más importante de Del Campo está en el ámbito de la promoción del género mediante la crítica y sus antologías especializadas.

Tercera promoción (los años '70 y '80)

Como es de esperar, sería menos que sensato tratar de aplicar un enfoque nítido a los cuentistas de esta promoción, pues todavía están en vías de grandes metamorfosis, no sólo en lo que atañe a temas y modalidades, sino también porque algunos vacilan aún entre un género y otro. Lo más prudente, por ende, será realizar un repaso, como a vista de pájaro, de núcleos de escritores sueltamente hilvanados mediante las tendencias afines que se detectan en su obra cuentística.

Un buen punto de partida será Guillermo Samperio, uno de los cuentistas mexicanos más importantes de la actualidad debido a sus nueve excelentes colecciones (y una antología personal), que contienen unos 173 cuentos. Su temática es vasta y su dominio de las técnicas y modalidades del género es completo, lo cual lo vincula de manera informal con algunos de los escritores que lo precedieron. De hecho, uno de sus antecesores con quien mejor se lo podría comparar es José Emilio Pacheco: ambos cultivan lo realista, lo absurdo, lo metaficticio, lo fantástico y el cuento de iniciación. Tiene también dos ciclos temáticos de mucho interés: el movimiento estudiantil del '68 («Aquí Georgina», «Una noche de noticias», entre otros) y una afición por el rock y el jazz («Tomando vuelo» de *Tomando vuelo y otros cuentos*, de 1976; «Sueños de escarabajo» y «Mañanita blusera» de *Gente de la ciudad*, de 1986). Además, su diestro manejo del microrrelato, con todo su humor e ironía, lo emparenta también con los maestros del subgénero de antaño.

Su libro *Gente de la ciudad* (1986) es, hasta ahora, su obra de mayor madurez compuesta en su mayoría de múltiples viñetas—exentas muchas veces de cualquier material anecdótico—que entre sí constituyen un mosaico de la ciudad de México. Es, más bien, un complejo cuadro de los mismos «defeños» —no sólo los entes de carne y hueso, sino también aquellos objetos inanimados (como los topes) que le dan su carácter tan singular a la ciudad más grande del mundo. Algunos de los textos, sin embargo, sí constituyen verdaderos «cuentos autónomos» en el sentido más estricto de la palabra. Un buen ejemplo sería «Relato con jacaranda», de corte realista, que desarrolla la temática del desmoronamiento de una familia a través de la crueldad indirecta, sicológica, ejercida por un padre hacia su hija de veintiocho años. La trama está perfectamente desarrollada y se usa la técnica de la focalización cinematográfica para hacer vívida la imaginería del ambiente. Por otro lado, Samperio es— como lo vimos en Pacheco y Pitol—un maestro de la modalidad metaficticia. Uno de los textos más representativos de esta vertiente se titula «Ella habitaba un cuento».

Como ya se ha mencionado en relación con otros libros, hay antecedentes a *Gente de la ciudad* como una especie de «cuentario-novela». Otros dos contemporáneos de Samperio que cuentan con libros de este tipo son María Luisa Puga y Hernán Lara Zavala. *Las posibilidades del odio* (1978), de Puga, tiene lugar en Kenya y—aunque esto no se puede probar al cien por ciento—se intuye a través del tono y la temática la presencia de un sólo focalizador (una sola sensibilidad mexicana) dentro de los seis relatos autónomos que componen el libro. *De Zitilchén* (1981), de Lara Zavala, es el ejemplo más espectacular de este fenómeno en la cuentística mexicana. Aquí sí hay imbricaciones muy claras entre un cuento (otra vez totalmente autónomo) y otro, y la totalidad conforma el mundo complejo y maravilloso de un pueblito rodeado por las selvas campechanas. Todos los niveles de vida (todas las edades, todas las profesiones, todas las clases sociales) se escudriñan; todos los sentimientos, temores, apetitos, pecados e hipocresías se sondean. Y las técnicas escriturales corren la gama entre lo tradicional-realista y lo cinematográfico.

Otra figura considerable, de obra exclusivamente cuentística (cuatro colecciones y una antología que recoge y mantiene ante el público dos de ellas), y que también comparte con Samperio la predilección por lo autorreferencial y la crítica social, es Agustín Monsreal. Un rasgo insistente en las metaficciones de este escritor es la figura del «autor frustrado». En nuestro día, la vida del escritor se ha vuelto tan «contable» como la de cualquier otra profesión-afición (¿y por qué no?). Pero fiel también a aquella otra virtud que hemos visto en otros practicantes de esta modalidad (Pacheco, Pitol, Samperio), Monsreal también se cuida de no hacer de su autorreferencialidad un mero juego literario/hermético/terapéutico. Cultiva al mismo tiempo otros referentes de valor «humano», que infunden trascendencia en sus cuentos. Suele sazonar sus textos con ese tono sarcástico/irónico tan preciado y apreciable en el cuento mexicano. Mantiene ante los ojos del lector la crítica social, dando frente a la corrupción, la desigual lucha entre los sexos, y la «solemnidad» corrosiva de los pedantes. Es otro gran cuentista cuya obra todavía no ha recibido el estudio minucioso y serio que merece.

Tres cuentistas de dos libros cada uno que (como tantos otros de estos años) se podrían considerar como «intimistas», pero siempre con el peligro de mermar el valor particular de cada uno, son Federico Patán, Marco Antonio Campos y Juan Villoro. Mientras que los dos primeros también escriben poesía y novelas, el último sólo ha incursionado en el género narrativo breve. Los dos libros de cuentos de Patán se titulan *Nena, Me llamo Walter* (1985) y *En esta casa* (1987). Lo que se nota primero en los cuentos de este escritor son su control del lenguaje literario y su pleno conocimiento de las estrategias de la narración. Se trata de un ejecutor del arte verbal que llega al género cuento ya totalmente maduro. Aunque a Patán no se lo podría considerar como hacedor de obras muy autoconscientes, frecuentemente se le nota un leve toque de autorreflexión como en el uso tan interesante que hace del epígrafe. A diferencia de los narradores más convencionales que lo emplean sólo para anticipar el conflicto o el desenlace de la obra, en algunos cuentos de Patán este recurso representa un elemento integrando a la obra misma. El cuento «Gianciotto», de su segunda colección, adquiere este título de su propio epígrafe (procedente de alguna obra de Marco Denevi): «Gianciotto, que era celosísimo, cayó en la trampa». Lo curioso es que dentro del cuento no hay ningún personaje de este nombre. Y el epígrafe señala, en efecto, el conflicto de la obra: aquí hay un ricacho que, por celos, ha contratado los servicios de un investigador privado, quien al final resulta ser un agente doble: recibe no sólo el dinero del que lo ha contrato para vigilar a su esposa, sino que también goza de las atenciones íntimas de ésta. En esto se completa el círculo: los celos del hombre pudiente le han tendido esa trampa del epígrafe. Otro recurso importante en la cuentística de este autor son sus diversas maneras de postergar ciertas informaciones—junto con el fino manejo de la estrategia de la repetición. El efecto final es aquél tan deseado de la participación activa (y el interés) del lector. Sus obras breves también suelen rematarse con una situación muy intensa para el protagonista, como es el caso de los cuentos titulares de ambos libros.

La desaparición de Fabricio Montesco (1977), de Marco Antonio Campos, es un libro «híbrido» organizado según cuatro categorías temático-estructurales y tres distintos subgéneros literarios. Las dos categorías más interesantes son los cuentos epistolares, que tratan el tema de la crisis de identidad del mexicano en el extranjero («Desde el infierno» y «El parisiens»), y los que desarrollan el tema del artista que va en busca del sentido de la vida y que se sorprende al encontrarlo en el amor («Zaratustra» y el cuento titular). Su segundo libro, *No pasará el invierno* (1985), comparte con tantas otras obras mexicanas la modalidad de la iniciación (ver especialmente «María del Sol»), pero el cuento más impresionante es el titular, en el que se experimenta el terrorismo absoluto, a la manera del '68; pues al protagonista lo torturan dentro de una especie de manicomio pintado totalmente de blanco. Los tres libros de Juan Villoro (*La noche navegable* de 1980, *Albercas* de 1985 y

Tiempo transcurrido [Crónicas imaginarias] de 1986) encierran una gran variedad, tanto formal como temática, que incluye las iniciaciones (que ya parecen ser un rito necesario para todo escritor de la época), la música rock y el jazz (en Europa), un laberinto arquitectónico literario altamente autoconsciente (en «Noticias de Cecilia» del segundo tomo), y una imaginativa recreación de aquellas supuestas crónicas que no dejan de ser cuentos. Se ven al principio de su obra las huellas de la Onda, pero su cuentística pronto rebasa tales límites para desembocar en algunas de las obras más memorables de los últimos años. Se trata de un escritor de gran porvenir.

Otros tres cuentistas de importancia, cuyo punto común es haber situado la mayoría de sus relatos en provincia, son Jesús Gardea, Daniel Sada y Rafael Gaona. Gardea, chihuahuense, es autor de cuatro libros de cuentos que crean entre sí un mundo más parecido a los infiernos de Rulfo que el de ningún otro escritor de la actualidad. Es un mundo repleto de imágenes a la vez campestres y poéticas. El sol calcinante es la más insistente de ellas; después, el viento y el polvo. Pero hay que recordar que en el norte, durante el invierno, a veces hace un frío casi insoportable. Y en esta región la soledad también ha asentado sus bases, como en el cuento «Señor Colunga» (de *Las luces del mundo,* 1986). Aquí un grupo de hombres ha acompañado al curandero, en una mañana de escarcha, a la casa de cierta pareja de viejitos. La mujer está grave de «tiricia» y los ayudantes del curandero están allí para sujetarla, porque sufre de ataques muy graves cuando aparecen desconocidos. Lo único que encuentran es la extrema tristeza—el llanto—del viejito, pues la mujer acaba de morir aunque, según su marido, en el sol frente a la ventana. Este cuento es típico del crudo realismo de Gardea, pero el cuento titular, con su cargado simbolismo y fantasía (¿o realismo mágico?) muestra otro lado del escritor. Mientras «[e]nceguece al hombre el súbito esplendor de la carne» (60) de una mujer, otra tiene «un vientre plano; un valle hasta donde llega, apagado, el rumor de los ríos» (62). Y aparecen en una placita al lado del restaurante, propiedad de la segunda mujer, dos niños que quieren que el hombre les dibuje en el suelo con gis un par de alas. Finalmente, se insinúa de manera enigmática que los niños —que según la mujer no son de allí—han subido al cielo en aquellas alas de gis, y la mujer trae la lluvia de acuerdo con los sueños del hombre que siempre ve ríos cuando la mira. Daniel Sada es otro norteño cuyos espacios engloban la soledad, especialmente la de los prostíbulos y otros lugares de Baja California Norte. Su lenguaje, empero, es muy cuidado y barroco. Por su parte, Rafael Gaona (guanajuatense) enfoca no sólo los espacios provincianos y los del Distrito Federal, sino también los de otras partes del mundo. He aquí los subtítulos de su libro *Déjame que te cuente* (1986): «Cinco historias del D.F.», «Una historia del mar», «Intermedio en la Revolución», «Dos historias de provincia», «Una historia en Nueva York» y «Una historia en la selva». Aunque Gaona llega tarde a ejercer su vocación literaria, aparece con todas las herramientas: muy poco se escapa de su ojo perspicaz y su registro total de lenguajes y geografías. Su arte—a veces muy rudo—proviene de una larga y variada experiencia vivencial.

Uno de los escritores más versátiles de México es el chihuahuense Carlos Montemayor. Es poeta, ensayista, traductor, novelista y tiene las tres siguientes colecciones de cuentos: *Las llaves de Urgell* (1983), *Cuentos gnósticos* (1985, publicado bajo el anagrama M.O. Mortenay) y *El alba y otros cuentos* (1987). Los dos primeros registran su profundo conocimiento de lo clásico y lo clásico-religioso mientras que el último, a semejanza de algunos de sus poemas tempranos, trata (entre otros temas) los terrenos iniciáticos de su niñez en provincia. Se destaca, además, como uno de los prosistas más poéticos de la literatura mexicana. Y quienes más comparten este detalle con él en el ámbito del cuento son Alberto Dallal y Bernardo Ruiz.

Silvia Molina, quien rehúsa considerarse como feminista, cultiva—no obstante—un cuento muy directo y agudo sobre la autorrealización del individuo, especialmente la de la mujer. Este tema se expone de manera muy apasionante en los cuentos «Ya no te voy a leer» y «Recomenzar» de su más reciente colección, *Dicen que me case yo* (1989). Se vale de un estilo límpido y acertado, sin ningún toque de barroquismo. En Molina se aprecian de cerca y de manera convincente las interrelaciones humanas que prestan significado y profundidad a la vida. Otras cuentistas de gran sensibilidad en cuanto al lugar de la mujer en la sociedad (y especialmente en cuanto a su «actualización») son Bárbara Jacobs (en *Doce cuentos en contra*, de 1982), Ethel Krauze (*Intermedio para mujeres*, de 1982), Brianda Domecq (*Bestiario doméstico*, de 1982) y Magaly Martínez Gamba (en *Restos y cenizas*, de 1988). Mientras Jacobs cuenta con una temática muy variada y emplea una vasta geografía (la juventud, los problemas familiares, México, Canadá, etc.), el libro de Krauze está más «centrado» en los desafíos de las mujeres de hoy, y se aproxima a su materia de manera directa (como en «La mula en la noria»). El cuentario de Domecq se construye en base a un lenguaje y estructuras de altibajos muy inesperados. Por ejemplo, hay un gran salto entre el primer cuento, «De las rosas y otras cosas»—de hechura esteticista—donde se pretende mantener una especie de microcosmo utópico para la dicha de una pareja y su sirvienta, y el cuento de iniciación suprarrealista intitulado «In Memoriam», en el cual la protagonista le dice adiós a su virginidad. En ambos casos, se trata de una absoluta desmitificación; las utopías «no existen» y el primer acto sexual resulta ser un verdadero fraude. El libro de Martínez Gamba es singular en que se está actualizando (de manera poética pero fuertemente desmitificadora—a veces como especie de apología) las grandes figuras femeninas de la mitología griega.

Una última categoría importante es la que se encuentra en los cuentos/ensayos/leyendas de escritores tales como Cristina Pacheco y Emiliano Pérez Cruz, donde el centro de interés son las regiones y los habitantes marginados (la mayoría de ellos de la ciudad de México o de sus «ciudades perdidas»). La obra de Cristina Pacheco parte de la tradición y práctica del llamado «nuevo periodismo» (*New Journalism*), que comienza a tener sus más grandes éxitos en la obra de Truman Capote en los Estados Unidos (y que en México, al hablar de las obras más extensas, se ve en algunos de los libros de Elena Poniatowska). Pacheco, sin embargo, no se restringe a sus propias inmediaciones, por lo que algunos de sus textos llegan a ser verdaderas «leyendas», como en el caso de «La osa y el gitano», de *El corazón de la noche* (1989). En Pérez Cruz se vive la miseria y «los lenguajes» de la Ciudad Nezahualcóyotl, donde ya parece imposible que exista tal cosa como la esperanza. En estos textos el caló está a la altura del de la mejor literatura sobre Tepito.

A estas alturas he de mencionar varios escritores cuya cuentística merece alguna consideración seria, pero que destacan primero como novelistas. Vicente Leñero tiene dos colecciones de cuentos (*La polvareda* de 1956 y *Cajón de sastre* de 1981), y últimamente se han recogido en una antología bajo el nombre de *Puros cuentos* (1986). Su ilustre carrera, por supuesto, se debe a sus numerosas piezas teatrales y novelas. Luis Arturo Ramos comenzó su carrera con los libros de cuentos *Siete veces el sueño* (1974) y *Del tiempo y otros lugares* (1979), pero ha encontrado su verdadero espacio narrativo en la novela y la novela corta. Algo similar se puede decir de Humberto Guzmán y Rafael Ramírez Heredia, aunque este último sí tiene varios libros de cuentos de incuestionable valía. Sus cuentos tratan del amor y muchas situaciones en las que se pone en tela de juicio la injusticia social. Por otra parte, Ramírez Heredia es muy conocido por sus obras detectivescas.

Por último, no sería justo olvidar el nombre de varios cuentistas muy prometedores que inician en estos años su obra cuentística (o que después de algún tiempo han vuelto a publicar cuentos): Alberto Ruy Sánchez (cuya obra siempre es difícil de ubicar en cuanto a géneros), Gerardo María, Humberto Rivas, Lorenzo León, Roberto Bravo, Míriam Ruvinskis, Ricardo Elizondo Elizondo, Regina Cohen, Josefina Estrada, Alberto Huerta, Alain Derbez, Susana Wein, Bruno Estañol, Ana Terán. Además, hay ciertos escritores de gran renombre que cultivan otros géneros y sólo cuentan con una colección de cuentos: Eugenio Aguirre, Federico Campbell, Julieta Campos, Emilio Carballido, Ulalume González de León, David Huerta, David Martín del Campo, María Luisa Mendoza, Carlos Monsiváis, Marco Antonio Montes de Oca, Ignacio Solares, Paco Ignacio Taibo II, Maruxa Vilalta, Luis Zapata.

Conclusiones

Los mexicanos no descuidan el arte; más bien lo fomentan y lo patrocinan. El desafío para el individuo, sin embargo, sigue siendo igual al de siempre: ser escritor requiere disciplina, madurez y conocimiento, no sólo de lo inmediato (personal/nacional) sino también de lo universal (internacional/intertextual). Poder escribir implica una lectura portentosa. Y el género cuento en este país, a diferencia de la suerte que corre en estos días en muchos otros países, goza de un lugar significativo dentro del enorme marco artístico nacional. En los mejores cuentistas mexicanos se percibe una cosmovisión multifacética y perspicaz. El buen cuentista mexicano sabe reír, sabe llorar, sabe desenmascarar a lo ridículo y absurdo, sabe enfocar y criticar la injusticia social sin caer en el panfletismo gratuito. Cuando descubre lo grande y lo mezquino tanto en sí como en los otros, se burla de lo propio igual que de lo ajeno. Se ve también que el cuentista mexicano (por paradójico que pueda parecer) ha ensanchado los estrechos límites del género sin desbordarse en una verborrea intolerable para el impaciente lector moderno. Prueba de ello es en que—a la inversa de lo que siempre han pregonado los grandes teóricos del género—el cuento mexicano no sólo finca sus energías en el desarrollo de la «situación», sino que también ilumina (o ensombrece, según el caso) las interioridades del personaje. A partir de Rulfo—digamos—lo que Poe, Quiroga y Borges creyeron imposible ya es una realidad en el nuevo cuento mexicano: tanto el personaje como el «hipotético» narrador han cobrado proporciones humanas dentro del restringido espacio del cuento. Hoy, en el nuevo cuento mexicano, lo trascendental convive en paz con lo antisolemne.

NOTAS

1. Las cifras que aquí se usan corresponden al apéndice cronológico al final de este estudio. Aunque la lista pretende ser completa, estoy más que seguro de que habrá omisiones—a veces significativas—pero refleja las investigaciones que he realizado durante los últimos cinco años. Advierto, además, que a veces un libro se cuenta más de una vez por haberse editado por dos o tres autores importantes (como *De los tres ninguno*, por Agustín, Avilés Fabila y De la Torre). Con muy pocas excepciones, he omitido adrede las obras «colectivas» estudiantiles, así como los libros de cuentos infantiles. [Expreso mi más sincero agradecimiento al David M. Kennedy Center for International Studies de Brigham Young University por haberme extendido el oficio de investigador asociado por los últimos dos años, época durante la cual realicé la investigación y composición del presente ensayo.]
2. Siguiendo a Luis Leal y otros estudiosos del género, se usarán como sinónimos las palabras «cuento» y «relato». Yo considero que el género cuento es tan proteico como la novela, de manera que tratar de sojuzgarlo a un espacio demasiado reducido es contraproducente (compárese esta opinión con la de Evodio Escalante). Hay cuentos para todos los gustos, y concuerdo con la siguiente definición tan abierta y liberal de Richard Ford: «Los cuentos buenos producen sus prodigios al seguir las reglas acertadas, adecuadas a su propia naturaleza, descubiertas muchas veces en las vicisitudes privadas del proceso de ser escritos» («Good stories perform what wonders they do using wise standards all their own, discovered often in the private vicissitudes of being written» [xix]).
3. Otro crítico literario que merece mucho reconocimiento es Emmanuel Carballo por su ensayo seminal sobre Rulfo y Arreola, sus entrevistas con muchos cuentistas «jóvenes», sus excelentes antologías con prólogos sobre el género y últimamente su bibliografía general. El que más trabajo ha hecho recientemente en cuanto al establecimiento de un vistazo panorámico del cuento actual es Lauro Zavala A. en sus dos ensayos. De muy reciente aparición son los ensayos de Carlos Miranda Ayala y de Vicente Francisco Torres.
4. John S. Brushwood, en su ensayo «*Los días enmascarados*», establece la fantasía como uno de los ingredientes más patentes de casi todos sus cuentos (ver especialmente 19 y 23); y en cuanto a la sátira, Brushwood hace resaltar el carácter satírico del cuento «En defensa de la Trigolibia», así como su estilo ensayístico (detalle que yo vinculo con la obra de Arreola).
5. Brushwood («*Los días enmascarados*...») también estudia en detalle los efectos del uso del punto de vista y la focalización en todos los cuentos de Fuentes (esta vez, un elemento que comparte con la obra de Rulfo).

6. Véase el estudio de Dolores M. Koch, en el que hace una distinción entre el «microrrelato» y el «microcuento» (162).
7. Véase el artículo de Chloe Furnival.
8. Véase el artículo de Gabriela Mora.
9. En el «Prólogo» de *Las cinco palabras* de Ramón Rubín, Luis Leal habla de un ejemplo temprano de este tipo de libro en la novela de este autor intitulado *La sombra del Techincuagüe*. Cada capítulo constituye un cuento y los diez capítulos forman una novela; además, los capítulos nones forman una novela corta y los pares otra.
10. Véase Luis Arturo Ramos (9-10). Elena Poniatowska agregaría los siguientes nombres a esta generación: Sergio Pitol, Salvador Elizondo, Vicente Leñero, Arturo Azuela, Margo Glantz, Julieta Campos, Esther Seligson, Amparo Dávila, María Luisa Mendoza, Fernando del Paso, Ulalume González de León y el suyo (206).
11. Véanse Brushwood, «Tradition . . .», y también ambos estudios de Zavala A.
12. En esta tradición literaria se suelen vislumbrar los percances de la transición entre el mundo de los niños/adolescentes y el de los adultos (aunque estos últimos también sufren ciertos tipos de iniciaciones) que incluyen el descubrimiento de (o el roce con) tales fenómenos como la muerte, la crueldad o la violencia, el odio, el miedo, la deshonestidad, el amor/desamor (o el amor frustrado), la injusticia, el crimen, y la hipocresía (entre otros). Habrá que señalar, además, que puede o no figurar el «rito» en estos cuentos, con la advertencia de que no se debe buscar el rito «primitivo» donde no existe. Para un estudio pormenorizado del tema, véase Cluff, «Iniciaciones . . .» Este ensayo se editó también en *La Revista de la Universidad* 61.421 (1986): 20-28, y en *La palabra y el hombre* 59-60 (1986): 17-28.

OBRAS CONSULTADAS

Brushwood, John S. «Efrén Hernández y la innovación narrativa». *Nuevo Texto Crítico* 1 (1988): 85-95.

———. «*Los días enmascarados* and *Cantar de ciegos:* Reading the Stories and Reading the Books». *A Critical View. Carlos Fuentes.* Comps. Robert Brody y Charles Rossman. Austin: University of Texas Press, 1982. 18-33.

———. «Tradition vs. Innovation». *American Book Review* 12.4 (1990): 1-2, 9-10.

Carballo, Emmanuel. «Arreola y Rulfo, cuentistas». *Revista de la Universidad de México* 8-9 (1954): 28-29, 32.

———. *Bibliografía del cuento mexicano del siglo XX*. México: UNAM, 1988.

Cázares Hernández, Laura. «Los adolescentes en la obra de Sergio Pitol». *Signos. Anuario de Humanidades 1989*. México: UAM, 1989. 161-172.

Cluff, Russell M. «Iniciaciones literarias del adolescente en Sergio Galindo y José Emilio Pacheco». *Siete acercamientos al relato mexicano actual.* UNAM/El Gobierno del Estado de Querétaro, 1987. 35-57.

———. «Proceso y terapia: dos metaficciones de Sergio Pitol». *Siete acercamientos al relato mexicano actual.* UNAM/El Gobierno del Estado de Querétaro, 1987. 123-147.

Escalante, Evodio. «Consideraciones acerca del cuento mexicano del siglo XX». *Paquete: Cuento (La ficción en México)*. México: UAT, UAP e INBA, 1990. 85-92.

Ford, Richard. Prólogo. *The Best American Short Stories 1990*. New York: Houghton Mifflin Company, 1990.

Furnival, Chloe. «Confronting Myths of Oppression: The Short Stories of Rosario Castellanos». *Knives and Angels. Women Writers in Latin America.* Comp. Susan Bassnett. London y New Jersey: Zed Books Ltd., 1990. 52-73.

Glantz, Margo. *Repeticiones. Ensayos sobre literatura mexicana.* Xalapa: Universidad Veracruzana, 1979.

Koch, Dolores M. «El micro-relato en México: Torri, Arreola, Monterroso». *De la crónica a la nueva narrativa mexicana. Coloquio sobre literatura mexicana.* Comps. Merlin H. Forster y Julio Ortega. México: Editorial Oasis, 1986. 161-77.

Leal, Luis. «El nuevo cuento mexicano» *El cuento hispanoamericano ante la crítica.* Comp. Enrique Pupo-Walker. Madrid: Editorial Castalia, 1973. 280-95.

——. Prólogo. *Las cinco palabras.* De Ramón Rubín. México: FCE, 1966.

——. «The New Mexican Short Story». *Studies in Short Fiction* 8.1 (1971): 9-19.

Miranda Ayala, Carlos. «El cuento moderno hasta el fin de los ochenta». *Te lo cuento otra vez (La ficción en México).* Ed. Alfredo Pavón. México: UAT, UAP, INBA y Consejo Nacional para la Cultura y las Artes, 1991. 133-40.

Mora, Gabriela. «A Thematic Exploration of the Works of Elena Garro». *Latin American Women Writers.* Comps. Yvette E. Miller y Charles M. Tatum. Pittsburgh: Latin American Literary Review, 1977. 91-97.

Pacheco, José Emilio. «Una visión de Edmundo». Prólogo. *Sólo los sueños y los deseos son inmortales, palomita.* Por Edmundo Valadés. México: Océano, 1986. 7-10.

Patán, Federico. «La narrativa de Edmundo Valadés». *Paquete: Cuento (La ficción en México).* Ed., pról. y notas por Alfredo Pavón. México: UAT, UAP e INBA, 1990. 131-47.

Poniatowska, Elena. *¡Ay vida, no me mereces!* México: Joaquín Mortiz, 1985.

Ramos, Luis Arturo. *Melomanías: La ritualización del universo [Una lectura de la obra de Juan Vicente Melo].* México: UNAM, Consejo Nacional para la Cultura y las Artes e INBA, 1990.

Ruffinelli, Jorge. «Código y lenguaje en José Agustín». *La palabra y el hombre.* Nueva Epoca 13 (1975): 57-62.

Salazar, Carmen. «*In illo tempore:* Elena Garro's *La semana de colores*». *In Retrospect: Essays on Latin American Literature (In Memory of Willis Knapp Jones).* Comps. Elizabeth S. Rogers and Timothy J. Rogers. York, South Carolina: Spanish Literature Publications Company, 1987. 121-27.

Torres, Vicente Francisco. «El cuento mexicano de los ochenta». *Te lo cuento otra vez (La ficción en México).* Ed. Alfredo Pavón, México: UAT, UAP, INBA y el Consejo Nacional para la Cultura y las Artes, 1991. 141-49.

Zavala A., Lauro. «El nuevo cuento mexicano, 1979-1988». *Revista Iberoamericana* 54.148-149 (1989): 771-82.

——. «Humor e ironía en el cuento mexicano contemporáneo». *Paquete: Cuento (La ficción en México).* Ed., pról. y notas por Alfredo Pavón, México: UAT, UAP e INBA, 1990. 159-80.

APENDICE

LOS AÑOS '50 [67 colecciones en total]

1950
Garibay, Ricardo. *Cuentos.* Los Epígrafes, 1950.
López Páez, Jorge. *El que espera.* Colección Icaro, 1950.
Tario, Francisco. *Yo de amores qué sabía.* Los Presentes, 1950.

1951

Bermúdez, María Elvira. *Soliloquio de un muerto.* Los Epígrafes, 1951.
Galindo, Sergio. *La máquina vacía.* Ed. «Fuentesanta», 1951.
Garibay, Ricardo. *Cuaderno de cuentos.* Los Epígrafes, 1951.
Iduarte, Andrés. *Un niño de la Revolución mexicana.* México: s.p.i., 1951.
Salazar Mallén, Rubén. *Ejercicios.* México, 1951.
Trueba, Eugenio. *La pupila del gato.* Guanajuato: Ed. de El Gallo Pitagórico, 1951.

1952
Martínez Sotomayor, José. *El reino azul.* Colección Biblioteca, 1952.
Rojas González, Francisco. *El diosero.* FCE, 1952.
Tario, Francisco. *Tapioca Inn. Mansión para fantasmas.* Tezontle, 1952.

1953
Abreu Gómez, Ermilo. *Canek y otras historias indias.* Buenos Aires: López Negri, 1953.
Alvarado, José. *Memorias de un espejo.* Chimalistac, 1953.
Banda Farfán, Raquel. *Escenas de la vida rural.* México: s.p.i., 1953.
Rulfo, Juan. *El llano en llamas.* FCE, 1953.

1954
Córdova, Luis. *Los alambrados y al México del otro lado.* Edit. Coacalco, 1954.
Fuentes, Carlos. *Los días enmascarados.* Los Presentes, 1954 [Era, 1982].
Garibay, Ricardo. *Mazamitla.* Los Presentes, 1954.
Magdaleno, Mauricio. *El ardiente verano.* FCE, 1954.
Poniatowska, Elena. *Lilus Kikus,* origi. Los Presentes, 1954 [Era, 1985].
Rubín, Ramón. *Cuentos de indios.* 1954.

1955
Alvarado, José. *El personaje.* Los Presentes, 1955.
Bermúdez, María Eivira. *Los mejores cuentos policiacos mexicanos.* Libro-Mex, 1955.
Colina, José de la. *Cuentos para vencer a la muerte.* Los Presentes, 1955.
Córdova, Luis. *Cenzontle.* Los Presentes, 1955.
García Cantú, Gastón. *Los falsos rumores.* FCE, 1955.
Garibay, Ricardo. *El coronel.* Panoramas, 1955.
Garizurieta, César. *Juanita «La Lloviznita».* Los Presentes, 1955.
Lombardo de Caso, María. *Muñecos de niebla.* Impr. Nuevo Mundo, 1955.
López Páez, Jorge. *Los mástiles.* Los Presentes, 1955.
Pacheco, José Emilio. *La sangre de medusa.* Cuadernos del Unicornio, 1955.
Valadés, Edmundo. *La muerte tiene permiso.* FCE, 1955.
Valdés, Carlos. *Ausencias.* Los Presentes, 1955.

1956
Abreu Gómez, Ermilo. *Cosas de mi pueblo; estampas de Yucatán.* Costa-Amic, 1956.
Mediz Bolio, Antonio. *A la sombra de mi ceiba.* relatos fáciles, Ediciones Botas, 1956.
Melo, Juan Vicente. *La noche alucinada.* La Prensa Médica Mexicana, 1956.
Rosenzweig, Carmen. *El reloj.* Los Presentes, 1956.

1957
Báez, Carmen. *La robapájaros.* FCE, 1957.
Banda Farfán, Raquel. *La cita.* Los Presentes, 1957.
Martínez Sotomayor, José. *El puente.* Colección Biblioteca, 1957.
Olivares Carrillo, Armando. *Ejemplario de muertes.* Los Presentes, 1957.

1958
Abreu Gómez, Ermilo. *La conjura de Xinum.* SEP, 1958.
Dueñas, Guadalupe. *Tiene la noche un árbol.* FCE,1958.
Espejo, Beatriz. *La otra hermana.* Cuadernos del Unicornio, 1958.
Pitol, Sergio. *Victorio Ferri cuenta un cuento.* Cuadernos del Unicornio, 1958.
Ramos, Raymundo. *Enroque de verano.* Cuadernos del Unicornio, 1958.
———. *Muerte amurallada.* Premio «Estaciones». Estaciones, 1958.
Rosenzweig, Carmen. *Mi pueblo.* Cuadernos del Unicornio, 1958.
Rubín, Ramón. *Tercer libro de cuentos mestizos de México.* Guadalajara, 1958.
Valdés, Carlos. *Dos ficciones.* Cuadernos del Unicornio, 1958.

1959
Abreu Gómez, Ermilo. *Cuentos para contar junto al fuego.* Costa-Amic, 1959.
———. *Leyendas y consejas del antiguo Yucatán.* Ed. Botas, 1959.
Amor, Guadalupe. *Galería de títeres.* FCE, 1959.
Banda Farfán, Raquel. *Un pedazo de vida.* Edit. Comaval, 1959.
Bonifaz Nuño, Alberto. *Juego de espejos.* Imprenta Universitaria, 1959.
Colina, José de la. *Ven, caballo gris.* Universidad Veracruzana, 1959.
Córdova, Luis. *Lupe Lope y otros cuentos.* Los Presentes, 1959.
Dávila, Amparo. *Muerte en el bosque.* SEP, 1959.
———. *Música concreta.* FCE, 1959.
———. *Tiempo destrozado.* FCE, 1959.
Dolujanoff, Emma. *Cuentos del desierto.* Eds. Botas, 1959.
Leñero, Vicente. *La polvareda y otros cuentos.* Jus, 1959.
Martínez Ortega, Judith. *La isla (y tres cuentos).* UNAM, 1959.
Monterroso, Augusto. *Obras completas (y otros cuentos).* UNAM, 1959.
Pitol, Sergio. *Tiempo cercado.* Estaciones. 1959.
Zepeda, Eraclio. *Benzulul.* Universidad Veracruzana. 1959.

LOS AÑOS '60 [87 colecciones en total]

1960
Banda Farfán, Raquel. *El secreto.* Diana, 1960.
Campobello, Nellie. *Mis libros.* Compañía General de Ediciones, 1960.
Castellanos, Rosario. *Ciudad real.* Universidad Veracruzana, 1960.
Córdova, Luis. *La sirena precisa.* Imprenta Universitaria, 1960.
Islas, Carlos Juan. *Tres cuentos.* Con Francisco Salmerón y Eraclio Zepeda. Federación Estudiantil Veracruzana, Jalapa, 1960.
Martínez Cáceres, Arturo. *In memoriam.* Universidad Veracruzana, 1960.
Mojarro, Tomás. *Cañón de Juchipila.* FCE, 1960.
Revueltas, José. *Dormir en tierra.* Ediciones Era, 1960.
Saavedra, Aurora Marya. *Entrevista a Venus.* Cuentos y poesía, Angel Silva, 1960.
Salazar Mallén, Rubén. *El sentido común.* 1960.
Solana, Rafael. *El oficleido y otros cuentos.* Libro-Mex Editores, 1960.
Salmerón, Francisco. *Tres cuentos.* Con Carlos Islas y Eraclio Zepeda. Fed. Estudiantil Veracruzana, 1960.
Souto Alabarce, Arturo. *La plaga del crisantemo.* Imprenta Universitaria, 1960.
Valdés, Carlos. *Dos y los muertos.* Imprenta Universitaria, 1960.
Zepeda, Eraclio. *Tres cuentos.* Con Carlos Islas y Francisco Salmerón. Fed. Estudiantil Veracruzana, 1960.

1961

Solana, Rafael. *Todos los cuentos.* Oasis, 1961.
Valadés, Edmundo. *Antípoda.* Cuadernos del Unicornio, 1961.
Valdés, Carlos. *El nombre es lo de menos.* FCE, 1961.
Vargas Pardo, Xavier. *Céfero.* FCE, 1961.

1962
Arreola, Juan José. *Confabulario total.* FCE, 1962.
Carballido, Emilio. *La caja vacía.* FCE, 1962.
Colina, José de la. *La lucha con la pantera.* Universidad Veracruzana, 1962.
Islas, Carlos Juan. *Isidoro Istacu.* El Caracol Marino, 1962.
López Páez, Jorge. *Los invitados de piedra.* Universidad Veracruzana, 1962.
Melo, Juan Vicente. *Los muros enemigos.* Universidad Veracruzana, 1962.
Monterde, Francisco. *Cuaderno de estampas.* Cuadernos del Unicornio, 1962.

1963
Feher, Eduardo Luis. *Los ignorados y otros cuentos.* INJUVE, 1963.
———. *Viaje en nube equivocada.* Edición privada, 1963.
Gally, Héctor C. *Diez días y otras narraciones.* Ed. Pax-México, 1963.
García Ponce, Juan. *Imagen primera.* Universidad Veracruzana, 1963.
———. *La noche.* Ediciones Era, 1963.
Martínez Sotomayor, José. *Semáforo.* Ed. Latino Americano, 1963.
Pacheco, José Emilio. *El viento distante.* Era, 1963 (2ª ed. 1969).
Valdés, Carlos. *Crónicas del vicio y la virtud.* 1963.

1964
Aguayo, Miguel. *Cuentos.* Jus, 1964.
Banda Farfán, Raquel. *Amapola.* Costa-Amic, 1964.
Castellanos, Rosario. *Los convidados de agosto.* Era, 1964.
Fuentes, Carlos. *Cantar de ciegos.* Joaquín Mortiz, 1964.
Garro, Elena. *La semana de colores.* Universidad Veracruzana, 1964.
Melo, Juan Vicente. *Fin de semana.* Era, 1964.
Murúa, Dámaso. *Doce relatos escuinapenses.* Ed. Mexicana, 1964.
Pitol, Sergio. *Infierno de todos.* Universidad Veracruzana, 1964.
Yáñez, Agustín. *Los sentidos al aire.* INBA, 1964.
———. *Tres cuentos.* Joaquín Mortiz, 1964.

1965
Arredondo, Inés. *La señal.* Era, 1965.
Fonseca Fonseca, Alfonso. *Nubes.* Xilote, 1965.
Ramírez Heredia, Rafael. *El enemigo.* Costa-Amic, 1965.
Tovar, Juan. *Hombre en la oscuridad.* Universidad Veracruzana, 1965.

1966
Alvarez, Griselda. *La sombra niña.* Finisterre, 1966.
Carrión, Ulises. *Muerte de Miss O.* Joaquín Mortiz, 1966.
Elizondo, Salvador. *Narda o el verano.* Era, 1966.
Gally, Héctor. *Los restos.* Pax, 1966.
Montes de Oca, Marco Antonio. *Las fuentes legendarias.* Joaquín Mortiz, 1966.
Murúa, Dámaso. *El Mineral de los Cauques.* Costa-Amic, 1966.
Pitol, Sergio. *Los climas.* Joaquín Mortiz, 1966.
Rodríguez Solís, Eduardo. *La puerta de los clavos.* Mester, 1966.
Sánchez Zúber, Leopoldo. *Marejada.* Universidad Veracruzana, 1966.

Tovar, Juan. *Los misterios del reino.* Premio de Cuento de *La Palabra y el Hombre.* Universidad Veracruzana, 1966.
Valadés, Edmundo. *Las dualidades funestas.* Joaquín Mortiz, 1966.

1967
Banda Farfán, Raquel. *La tierra de los geranios.* Costa-Amic, 1967.
Bestard Vásquez, Joaquín. *La tierra silenciosa.* Costa-Amic, 1967.
Golwarz, Sergio. *Infundios ejemplares.* FCE, 1967.
Guzmán, Humberto. *La Calle.* Antología de cuento, ganador del 2° Concurso Nacional Cultural de la Juventud, organizado por la Dir. Gral. del Derecho de Autor. SEP IPN, 1967.
Ibargüengoitia, Jorge. *La ley de Herodes.* Joaquín Mortiz, 1967.
Pitol, Sergio. *No hay tal lugar.* Era, 1967.
Zepeda, Eraclio. *Trejito.* Renovación, Chis., 1967.

1968
Agustín, José. *Inventando que sueño.* Joaquín Mortiz, 1968.
Aricéaga, Alejandro. *Cuentos alejandrinos.* Cuadernos del Edo. de Méx., 1968.
Campos, Julieta. *Celina o los gatos.* Siglo XXI Editores, 1968.
Dalton, Margarita. *Larga sinfonía en de . . . y había alguna vez.* Diógenes, 1968.
Guzmán, Humberto. *Los malos sueños.* INJM, 1968.
Iduarte, Andrés. *El mundo sonriente.* 1968.
Reyes de La Maza, Luis. *El obispo y su hermana.* Durango, Dgo., 1968.
Tario, Francisco. *Una violeta de más. Cuentos fantásticos.* Joaquín Mortiz, 1968.
Torre, Gerardo de la. *El otro diluvio.* INJM, 1968.
Tovar, Juan. *La plaza y otros cuentos.* Cuadernos de la Juventud, INJE, 1968.

1969
Avilés Fabila, René. *Alegorías.* INJM, 1969.
——. *Hacia el fin del mundo.* FCE, 1969.
Campo, Xorge del. *Hospital de sueños.* INJM, 1969.
Elizondo, Salvador. *Retrato de Zoe y otras mentiras.* Joaquín Mortiz, 1969.
Monterroso, Augusto. *La oveja negra y demás fábulas.* Joaquín Mortiz, 1969.
Ojeda, Jorge Arturo. *Don Archibaldo.* Cuentos humorísticos. INJM, 1969.
Ortiz, Orlando. *Sin mirar a los lados.* Bogavante, 1969.
Pacheco, José Emilio. *El viento distante.* [Era, 1963], 2ª ed. aumentada, 1969.
Seligson, Esther. *Tras la ventana un árbol.* Edit. Bogavante, 1969.
Torres, Juan Manuel. *El viaje.* Joaquín Mortiz, 1969.

LOS AÑOS '70 [165 colecciones en total]

1970
Aguilar Narváez, José Antonio. *22 cuentos, 4 autores.* Punto de Partida, 1970.
Avilés Fabila, René. *La lluvia no mata las flores.* Joaquín Mortiz, 1970.
Capetillo, Manuel. *22 cuentos, cuatro autores.* Colectivo. Punto de Partida, 1970.
Carrión, Ulises. *De Alemania.* Joaquín Mortiz, 1970.
Garibay, Ricardo. *Lo que es del César.* Joaquín Mortiz, 1970.
González de León, Ulalume. *A cada rato lunes.* Joaquín Mortiz, 1970.
González Pagés, Andrés. *Una caverna húmeda y verde.* Premio Nacional de Cuento SEP. Novaro, 1970.
Manero, Mercedes. *El ángel caído y otros cuentos.* Edit. Paz, 1970.
Manjarrez, Héctor. *Acto propiciatorio.* Joaquín Mortiz, 1970.

Monsreal, Agustín. *22 cuentos, 4 autores.* Punto de Partida, 1970.
Moral, Fernando del. *22 cuentos, 4 autores.* Punto de Partida, 1970.
Pitol, Sergio. *Del encuentro nupcial.* Barcelona: Tusquets Editor, 1970.

1971
Aridjis, Homero. *Mirándola dormir.* Joaquín Mortiz, 1971.
Arreola, Juan José. *Confabulario.* Joaquín Mortiz, 1971.
———. *Palindroma.* Joaquín Mortiz, 1971.
———. *Varia invención.* Joaquín Mortiz, 1971.
Banda Farfán, Raquel. *La luna de ronda.* Costa-Amic, 1971.
Bermúdez, María Elvira. *Alegoría presuntuosa y otros cuentos.* FEM, 1971.
Castellanos, Rosario. *Album de familia.* Joaquín Mortiz, 1971.
Dalton, Margarita. *Al color de la semilla.* Edit. Bogavante, 1971.
García Saldaña, Parménides. *El rey criollo.* Diógenes, 1971.
Guzmán, Humberto. *Contingencia forzada.* FEM, 1971.
Mendieta Alatorre, Angeles. *Mundos cerrados.* Edit. Porrúa, 1971.
Montemayor, Carlos. *Las llaves de Urgell.* Premio Xavier Villaurrutia. Siglo XXI, 1971 (Premiá Editora, 1983).
Murúa, Dámaso. *El Güilo mentiras.* Ed. Marinas, 1971.
Ruvinskis, Míriam. *La sala de partos verdes.* Bogavante, 1971.

1972
Arreola, Juan José. *Bestiario.* Joaquín Mortiz,1972.
Aura, Alejandro. *Los baños de Celeste.* Posada, 1972
Elizondo, Salvador. *El grafógrafo.* Joaquín Mortiz, 1972.
García Ponce, Juan. *Cuentos y relatos.* FCE, 1972.
———. *Encuentros.* FCE, 1972.
Huerta, David. *Cuentos románticos.* Antología. UNAM, 1972.
Monterroso, Augusto. *Movimiento perpetuo.* México: Joaquín Mortiz, 1972.
Murúa, Dámaso. *Colachi.* Monterey, N.L.: Ed. Alfonso Reyes, 1972.
Pacheco, José Emilio. *El principio del placer.* Joaquín Mortiz, 1972.
Páramo, Roberto. *La condición de los héroes.* Joaquín Mortiz, 1972.
Río, Marcela del. *Cuentos arcaicos para el año 3,000.* Pub. parcial. Monterey, N.L.: Sierra Madre, 1972.

1973
Aricéaga, Alejandro. *La otra gente.* Casa de la Cultura de Toluca, 1973.
Avilés Fabila, René. *La desaparición de Hollywood (y otras sugerencias para principiar un libro).* Joaquín Mortiz, 1973.
———. *Nueva utopía y Los guerrilleros.* Joaquín Mortiz, 1973.
Borrás, Leopoldo. *Un millón de fantasmas.* INJUVE, 1973.
Carrión Beltrán, Luis. *Es la bestia.* Novaro, 1973.
Dueñas, Guadalupe. *Pasos en la escalera. La extraña visita.* Girándula. [En colab. con A. Mendieta Alatorre, Mercedes Manero, et al.]. Edit. Porrúa, 1973.
García Oropeza, Guillermo. *Encuentro en Amsterdam.* Guadalajara: Depto. de B.A. del Gob. del Edo., 1973.
González Campos, Emiliano. *Miedo en castellano.* Samo, 1973.
González Pagés, Andrés. *Cosas del Talión.* Novaro, 1973.
López Moreno, Roberto. *Las mariposas de la tía Nati.* Cultura Popular, 1973.
Manero, Mercedes. *Pasos en la escalera. La extraña visita.* Girándula. [En colab. con Guadalupe Dueñas, A. Mendieta Alatorre, et al.]. Edit. Porrúa, 1973.

Martínez Sotomayor, José. *Doña Perfecta Longines y otros cuentos*. Colección Biblioteca, 1973.
Mendieta Alatorre, Angeles. *Pasos en la escalera. La extraña visita. Girándula*. [En colab. con Guadalupe Dueñas, Mercedes Manero, et al.]. Edit. Porrúa, 1973.
Miret, Pedro F. *Prostíbulos*. Argentina: Eds. de la Flor, 1973.
Morales Bermúdez, Jesús. *Antigua palabra narrativa indígena chola*. UAM-Azcp., 1973.
Ramírez Heredia, Rafael. *El rey que aguarda*. Diana, 1973.
Ruiz, Bernardo. *Viene la muerte*. UNAM, 1973.
Torre, Gerardo de la. *El vengador*. Joaquín Mortiz, 1973.

1974
Aguayo, Miguel. *Juego de espejos*. Jus, 1974.
Agustín, José. *De los tres ninguno*. FEM, 1974.
Avilés Fabila, René. *De los tres ninguno*. [Con José Agustín y De la Torre]. FEM, 1974.
Chumacero, Luis. *Casa llena*. Col. Literatura Joven, Depto. de Literatura INBA, 1974.
Dallal, Alberto. *Géminis*. Arte y Libros, 1974.
Gally, Héctor. *El agua de los arroyos*. Joaquín Mortiz, 1974.
María, Gerardo. *Y después de Dios . . . y otros cuentos*. Extemporáneos, 1974.
Mata, Oscar. *Palabras*. Novela corta, cuentos y un poema. Joaquín Mortiz, 1974.
Murúa, Dámaso. *Tiempo regiomontano*. Costa-Amic, 1974.
Navarrete Raúl. *El 6º día de la creación*. Relatos y poemas, INBA-Jal. 1974.
Ramos, Luis Arturo. *Siete veces el sueño*. Xalapa, Ver.: Cuadernos del Caballo Verde, 1974.
Samperio, Guillermo. *Cuando el tacto toma la palabra*. Dif. Cult, IPN, 1974.
Torre, Gerardo de la. *De los tres ninguno*. [Con José Agustín y Avilés]. FEM, 1974.
Tovar, Juan. *El lugar del corazón*. Joaquín Mortiz, 1974.
Vilalta, Maruxa. *El otro día, la muerte*. Joaquín Mortiz, 1974.

1975
Galindo, Sergio. *¡Oh, hermoso mundo!*. Joaquín Mortiz, 1975.
González Pagés, Andrés. *Diario burocrático*. El Mendrugo, 1975.
Guzmán, Humberto. *Manuscrito anónimo llamado consigna idiota*. Joaquín Mortiz, 1975.
Hernández Viveros, Raúl. *Invasión de los chinos*. Cuadernos del Caballo Verde, 1975.
Ibargoyen Islas, Saúl. *Fronteras de Joaquín Colunga*. Monte Avila de Venezuela, 1975.
Ojeda, Jorge Arturo. *Personas fatales*. Mester, 1975.
Samperio, Guillermo. *Fuera del ring*. Literatura Joven, INBA, 1975.
Solares, Ignacio. *El hombre habitado*. Samo, 1975.
Zepeda, Eraclio. *Asalto nocturno*. Joaquín Mortiz, 1975.

1976
Arreola, Juan José. *Inventario*. Ed. Grijalbo, 1976.
Bravo, Roberto. *Esta historia pasa de aquí a su comienzo*. Coautor. UNAM, 1976.
Carballo, Marco Aurelio. *La tarde anaranjada*. Ed. El Mendrugo, 1976.
Colina, José de la. *La tumba india y otros cuentos*. Joaquín Mortiz, 1976.
Delgado, Antonio. *La hora de los unicornios*. Joaquín Mortiz, 1976.
Dueñas, Guadalupe. *No moriré del todo*. Joaquín Mortiz, 1976.
Gally, Héctor C., *Cuentos a Orfeo*. Ed. Pax-México, 1976.
Michelena, Margarita. *La tragedia en rosa*. Jus, 1976.
Murúa, Dámaso. *Vacum totoliboque*. Costa-Amic, 1976.
Rueda Ramírez, Emma. *Lecturas de un ladrón improvisado*. Extemporáneos, 1976.

Samperio, Guillermo. *Cruz y cuernos.* México-Nueva York-Buenos Aires: El Mendrugo, 1976.
——. *Tomando vuelo y demás.* Universidad Veracruzana, 1976.

1977
Agustín, José. *La mirada en el centro.* Cuentos (1964-77). Joaquín Mortiz, 1977.
Alvarado, José. *Cuentos.* UNAM, 1977.
Arana, Federico. *Enciclopedia de latinoamericana omnisciencia.* Joaquín Mortiz, 1977.
Betancourt, Ignacio. *De cómo Guadalupe bajó a la montaña y todo lo demás.* Premio de Cuento INBA. Joaquín Mortiz, 1977.
Campos, Marco Antonio. *La desaparición de Fabricio Montesco.* Joaquín Mortiz, 1977.
Dávila, Amparo. *Arboles petrificados.* Joaquín Mortiz, 1977.
Espinosa Altamirano, Horacio. *Locos sin Dios.* Ballesta, 1977.
García Oropeza, Guillermo. *La balada de Gary Cooper.* Depto. de Humanidades, UNAM, 1977.
García, Alejandro. *Declaro sin escrúpulos.* Colectivo. UNAM, 1977.
Garibay, Ricardo. *El gobierno del cuerpo,* Joaquín Mortiz, 1977.
Huerta, Alberto. *6X3=18.* Colectivo. Punto de Partida, 1977.
Martínez, Herminio. *La sequía.* Premio Internacional de cuento Tonatiuh Quinto Sol. Berkeley, Calif, E.U.: Publishers of Chicano literatura, 1977.
Ojeda, David. *6X3=18.* Colectivo. Extemporáneos—Casa de Cultura de Aguascalientes, 1977.
——. *Declaro sin escrúpulo.* Colectivo. UNAM, 1977.
Roura, Víctor. *Reflexión tardía.* Costa-Amic, 1977.
Rueda Ramírez, Emma. *Como evitar el suicidio.* FEM., 1977.
Samperio, Guillermo. *Miedo ambiente.* La Habana, Cuba, Col. Premio Casa de las Américas, 1977.
Seligson, Esther. *Tránsito del cuerpo.* La Máquina de Escribir, 1977.
Tartakovski, Malke. *Sed por ser.* Diálogo, poesía, cuento, relato, monólogo. Manuel Porrúa, 1977.
Yáñez, Agustín. *Archipiélago de mujeres.* Joaquín Mortiz, 1977.

1978
Alvarado, José. *Luces de la ciudad.* Univ. A. de N. León, 1978.
Argudín, Yolanda. *La cinta de Moebius.* FEM, 1978.
Avilés Fabila, René. *El pueblo en sombras.* V Siglos, 1978.
Bayar, Rogelio (y Humberto Rivas). *Duo.* IPN, 1978.
Bravo, Roberto. *Ahora las palabras.* Coautor, UNAM, 1978.
Castañón, Adolfo. *Fuera del aire.* La Máquina de Escribir, 1978.
Cortés Gaviño, Agustín. *El hombre que regresó de la chingada y otros regresos.* Ediciones Antorcha, 1978.
Chimal, Carlos. *Una bomba para Doménica.* La Máquina de Escribir, 1978.
Dornbierer, Manu. *La Grieta.* Diana, 1978.
Garrido, Felipe. *Con canto no aprendido.* FCE, 1978.
Glantz, Margo. *Las mil y una calorías.* Premiá Editora, 1978.
Hernández Viveros, Raúl. *Los otros alquimistas.* Universidad Veracruzana, 1978.
Huerta, Alberto. *Ojalá y estuvieras aquí.* Premio Nacional de Cuento (INBA-Casa de la Cultura de S.L.P.) Joaquín Mortiz, 1978.
Islas, Carlos. *Las malas palabras.* Cuadernos de Estraza, 1978.
Martínez, Herminio. *El estornudo de una etcétera.* Premio Punto de Partida. UNAM, 1978.
Miret, Pedro F. *La zapatería del terror.* Grijalbo, 1978.

Murúa, Dámaso. *Amor en el Yanqui Stadium.* Costa-Amic, 1978.
Ojeda, David. *Bajo tu peso enorme.* Tierra Adentro, 1978.
──. *Las condiciones de la guerra.* La Habana, Casa de las Américas, 1978.
Puga, María Luisa. *Las posibilidades del odio.* Siglo XXI, 1978.
Rivas, Humberto (y Rogelio Bayar). *Duo.* IPN, 1978.
Samperio, Guillermo. *Lenin en el fútbol.* Grijalbo, 1978.
Seligson, Esther. *Luz de dos.* Joaquín Mortiz, 1978.
Trigos, Juan. *La guillotinita.* Cuento y teatro. Fantasma, 1978.
Vargas, Félix. *La muerte del rostro azul.* Costa-Amic, 1978.
──. *El milagro atropellado.* Costa-Amic, 1978.

1979
Aguilar Camín, Héctor. *Con el filtro azul.* Premiá Editora, 1979.
Argudín, Yolanda. *Esperando a los bárbaros.* Cuadernos de Estraza, 1979.
──. *Moira.* La Gárgola, 1979.
Arredondo, Inés. *Río subterráneo.* Joaquín Mortiz, 1979.
Avilés Fabila, René. *Fantasía en carrusel.* Ed. Cultura Popular, 1979.
Benítez, Jesús Luis. *Las motivaciones del personal.* Universidad Veracruzana, 1979.
Calderón Hernández, Mario. *Si te llamaras Federico.* La Máquina de Escribir, 1979.
Contreras Quezada, José. *Atrás de la raya de tiza.* FCE, 1979.
Cristo, Josefina. *Los méritos.* FEM, 1979.
Espejo, Beatriz. *Muros de azogue.* Diógenes, 1979 (SEP, 1986).
Feher, Eduardo Luis. *Quadrant.* Antología de cuento, poesía y ensayo. Seisa, 1979.
Galindo, Sergio. *Este laberinto de hombres.* Universidad Veracruzana, 1979.
Gardea, Jesús. *Los viernes de Lautaro.* Siglo XXI, 1979.
Glantz, Margo. *Doscientas ballenas azules.* La Máquina de Escribir, 1979.
González Campos, Emiliano. *Los sueños de la Bella Durmiente.* Premio Xavier Villaurrutia. Joaquín Mortiz, 1979.
González de Alba, Luis. *Sigo siendo sola.* Joaquín Mortiz, 1979.
González Pagés, Andrés. *Antología: Letras no Euclidianas.* Veinte cuentistas jóvenes de México, Caballito, 1979.
Islas, Carlos. *Cuentos chinos.* Latitudes, 1979.
Jacobs, Bárbara. *Un justo acuerdo.* La Máquina de Escribir, 1979.
Mendoza Valenzuela, Elmer F. *Mucho que reconocer.* Costa-Amic, 1979.
Monsreal, Agustín. *Los ángeles enfermos.* Premio Nacional de Cuento. Joaquín Mortiz, 1979.
Montelongo, Olivia. *Canto verde.* Cuentos en prosa poética. FEM, 1979.
Murúa, Dámaso. *Las playas de las cabras.* Costa-Amic, 1979.
──. *Las redes rotas.* Costa-Amic, 1979.
Pineda, Eloy. *Tiene que haber olvido.* Coautor, UNAM, 1979.
Poniatowska, Elena. *De noche vienes.* Grijalbo, 1979.
Puga, María Luisa. *Inmóvil sol secreto.* La Máquina de Escribir, 1979.
Ramos, Luis Arturo. *Del tiempo y otros lugares.* Amate, Xalapa, 1979.

LOS AÑOS '80 [366 Colecciones en total]

1980
Aricéaga, Alejandro. *La identidad secreta del camaleón antiguo.* Al Yunque, 1980.
Avilés Fabila, René. *Lejos del Edén, la tierra.* Universidad Veracruzana, 1980.
Barbachano Ponce, Miguel. *La utopía doméstica.* Oasis, 1980.
Blanco, Manuel. *Natalia y el jardín de lluvia.* Asoc. Sanchis, 1980.
Cabada, Juan de la. *Un Secreto en el Paisaje.* Ed. Terra Nova S.A., 1980.

Calva, José Rafael. *Variaciones y fuga sobre la clase media.* Universidad Veracruzana, 1980.
Carballo, Marco Aurelio. *Historia de la carmelita descalza que engatusó a Feldespato el cándido.* U. A. de Sin., 1980.
Cohen, Regina. *Tiene que haber olvido.* Colectivo. Punto de Partida, 1980.
Cuevas Fernández, Roberto. *Donde se cuentan vidas que vidas parecen (y semejanzas por el estilo).* Gob. del Edo. de Veracruz, Xalapa, 1980.
Elizondo Elizondo, Ricardo. *Relatos de mar desierto y muerte.* Universidad Veracruzana, 1980.
Enríquez, Alberto. *De cuerpo entero.* Col. Tierra Adentro INBA-FONAPAS de S.L.P, 1980.
García Ponce, Juan. *Antología personal.* Liberta Sumaria, 1980.
García, Alejandro. *A usted le estoy hablando.* Tierra Adentro, 1980.
Gardea, Jesús. *Septiembre y los otros días.* Premio Xavier Villaurrutia. Joaquín Mortiz, 1980.
Garro, Elena. *Andamos huyendo Lola.* Joaquín Mortiz, 1980.
Hernández Rubio, Felipe de Jesús. *El mono imperfecto y otras maromas.* Guadalajara: Depto. de B.A., del Gob. de Jalisco, 1980.
Hernández Viveros, Raúl. *Los tlaconetes.* Editorial Amate, 1980.
Hiriart, Hugo. *Disertación sobre las telarañas y otros escritos.* Martín Casillas, 1980.
López Moreno, Roberto. *De la muerte violencia, su estrofa erizado maúlla a las nubes un trágico final. Sobre las azoteas el gato escribe.* Delambo, 1980.
María, Gerardo. *Fábrica de conciencias descompuestas.* Joaquín Mortiz, 1980.
Monsreal, Agustín. *Cazadores de fantasmas.* Práctica de Vuelo, Delg. V.C., 1980.
Moreno, Hortensia. *Madrugada con música.* La Máquina de Escribir, 1980.
Perea, Héctor. *Imágenes rotas y otras cosas.* Edición de autor, 1980.
Pitol, Sergio. *Asimetría. Antología personal.* Textos de Humanidades, UNAM, 1980.
Ruiz, Bernardo. *La otra orilla.* Premiá Editora, 1980.
Schwarzblat, Morris. *En perpetua fuga.* Universidad Veracruzana, 1980.
Tartakovski, Malke. *Tepis company.* EDAMEX, 1980.
——. *Palabras en silencio.* Poesía, diálogo, carta, relato. Manuel Porrúa, 1980.
Tovar, Juan. *La criatura de un día.* Universidad Autónoma de Puebla, 1980.
Uribe, Alvar. *Topos.* México: Plaqueta de relatos, 1980.
Vargas, Félix. *Chinto Luna.* Costa-Amic, 1980.
——. *La casa de los caballos muertos.* U. de G., 1980.
Villoro, Juan. *La noche navegable.* Joaquín Mortiz, 1980.
Zepeda, Eraclio. *El caguamo.* Cuadernos Mexicanos N° 20, SEP-CONASUPO, 1980.

1981
Azpiroz, María Elena. *Las ventanas.* Práctica de Vuelo. Deleg. V. C., 1981.
Bravo, Roberto. *No es como usted dice.* Premio Nacional de Cuento INBA. Joaquín Mortiz, 1981.
Cabada, Juan de la. *El duende.* FCE, 1981.
——. *La tierra en cuatro tiempos* (Ida y vuelta). FCE, 1981.
——. *Pasados por agua.* FCE, 1981.
Cohen, Regina. *Al vino vino.* Colectivo. Punto de Partida, 1981.
Enríquez, Alberto. *Hoy las violetas duermen.* Premio Bellas Artes de Literatura. INBA, 1981.
Frisch Guajardo, Uwe. *Alcestes.* Teatro, cuentos y un ensayo sobre cuestiones estéticas. Premio Magda Donato. Joaquín Mortiz, 1981.
Fuentes, Carlos. *Agua quemada.* Joaquín Mortiz, 1981.
Glantz, Margo. *Doscientas ballenas azules . . . y . . . cuatro caballos.* UNAM, 1981.

González de Alba, Luis. *El vino de los bravos.* Katún, 1981.
Juárez, Saúl. *Paredes de papel.* Práctica de Vuelo. Deleg. V. C., 1981.
Langagne, Eduardo. *Crónica de la conquista de la nueva extraña.* Práctica de Vuelo. Deleg. V. C., 1981.
Lara Zavala, Hernán. *De Zitilchén.* Joaquín Mortiz, 1981.
Lara, Rosario. *Al vino vino.* Colectivo. Punto de Partida, 1981.
Leñero, Vicente. *Cajón de sastre.* UAP, 1981.
López Aguilar, Enrique. *Silo de primeras palabras.* UAM-Azcap., 1981.
Martínez Gamba, Magaly. *Al vino vino.* Colectivo. Punto de Partida, 1981.
——. *Los filos.* El Tucán de Virginia, 1981.
Martínez Limón, Enrique Francisco. *Los acechantes.* El Tucán de Virginia, 1981.
Mata, Oscar. *Una visita a la ciudad de Kafka.* UAM-A, 1981.
Miret, Pedro F. *Rompecabezas antiguo.* FCE, 1981.
Monterroso, Augusto. *Viaje al centro de la fábula.* UNAM, 1981.
Mota, Sergio. *Informe sobre Draconia y otros.* UNAM, México, 1981.
Osorio, Lilia. *Palimpsesto.* Dif. Cult. UNAM, 1981.
Pineda, Eloy. *Espejismos.* Práctica de Vuelo. Deleg. V. C., 1981.
Pitol, Sergio. *Nocturno de Bujara.* Era, 1981.
Puga, María Luisa. *Accidentes.* Martín Casillas, 1981.
Ramos, Luis Arturo. *Los viejos asesinos.* Premiá Editora, 1981.
Samperio, Guillermo. *Textos extraños.* Folios Ediciones, 1981.
Segovia, Tomás. *Personajes mirando una nube.* Joaquín Mortiz, 1981.
Torre, Gerardo de la. *Viejos lobos de Marx.* UAS, 1981.
Uribe, Alvaro. *El cuento de nunca acabar.* Universidad Veracruzana, 1981.

1982
Amparán, Francisco José. *El silencio cayendo y...* Premio de Artes. Querétaro: Casa de la Cultura, 1982.
Andrade Huerta, Miguel. *Actos rituales.* Ed. Amate, 1982.
Azcárate, Leonor. *La isla interior.* La Máquina de Escribir, 1982.
Borbolla, Oscar de la. *Vivir a diario.* Col. Piedra de Toque, SEP, 1982.
Bucio, Rodolfo. *Escalera al cielo.* Cuadernos de Estraza, 1982.
——. *Las últimas aventuras de Platón, Diógenes y Freud.* SEP, 1982.
Cabada, Juan de la. *Corto circuito.* FCE, 1982.
——. ¡... *y esta noche que no acaba!.* FCE, 1982.
Cuevas Fernández, Roberto. *Fantasías.* Xalapa: Amate e Inst. de Intercambio Cultural México-URSS. 1982.
Domecq, Brianda. *Bestiario doméstico.* FCE, 1982.
Durán, Francisco. *Se sufre ajeno.* Premio Alciones Palabra y Voz. Letras Contemporáneas, 1982.
Feher, Eduardo Luis. *Bibelot.* Seisa, 1982.
García Aguilar, Eduardo. *Cuadernos de sueños.* El Tucán de Virginia, 1982.
García Ponce, Juan. *Figuraciones.* FCE, 1982.
González Pagés, Andrés. *Retrato caído.* FCE, 1982.
Hernández Viveros, Raúl. *El secuestro de una musa.* Xalapa: Editorial Amate, 1982.
Jacobs, Bárbara. *Doce cuentos en contra.* Martín Casillas, 1982.
Krauze, Ethel. *Intermedio para mujeres.* Océano, 1982.
——. *Niñas.* Práctica de Vuelo. Deleg. V.C., 1982.
Loaeza, Guadalupe. *Las niñas bien.* Oceáno, 1982.
López Moreno, Roberto. *Yo se lo dije al Presidente.* FCE, 1982.
Martín del Campo, David. *El cerro del ruido.* SEP, 1982.
Monsiváis, Carlos. *Nuevo catecismo para indios remisos.* Siglo XXI, 1982.

Ortiz, Orlando. *Cuestión de calibres.* Práctica de Vuelo. Deleg. V. C., 1982.
Perea, Héctor. *Aboli bibelot.* Col. Laberinto. UAM, 1982.
Pineda, Eloy. *Vuelo de bailarina satín.* Premio Nacional de Cuento. S.L.P., s.p.i., 1982.
Pitol, Sergio. *Cementerio de tordos.* Océano, 1982.
Plaza, Dolores. *El libro de los deseos.* Ediciones Negro Sol, 1982.
Rubio, Arnulfo. *El conductor.* Letra, 1982.
Ruiz, Bernardo. *Vals sin fin.* Col. Piedra de Toque. SEP, 1982.
Ruvinskis, Míriam. *La bóveda de los címbalos.* Cuento y poesía [con Alejandro Arzumanian]. Hipérbaton, 1982.
Taibo II, Paco Ignacio. *Doña Eustolia blandió el cuchillo cebollero.* UAS, 1982.
Tartakovski, Malke. *Feria de conciencias.* Poesía, relato, diálogo, monólogo. Joaquín Porrúa, 1982.
——. *Lollita de frijoles.* Novela, poesía, relato. Joaquín Porrúa, 1982.
Zepeda, Eraclio. *Andando el tiempo.* Premio Xavier Villaurrutia. Martín Casillas, 1982.

1983
Aguilar Camín, Héctor. *La decadencia del dragón.* Océano, 1983.
Aguilar Narváez, José Antonio. *Marina.* La Bolsa de la Vida, 1983.
Amparán, Francisco José. *Sonata en ocre y azul.* Premio Latinoamericano de Cuento INBA=Casa de la Cult., Puebla, 1983.
Argudín, Yolanda. *Anatema de un Upir.* Oasis, 1983.
Avilés Fabila, René. *Los oficios perdidos.* UNAM, 1983.
Blanco, Manuel. *Cantos de amor enloquecido.* Tea, 1983.
Bonifaz, Oscar. *La noche de los girasoles.* Presencia Latinoamericana, 1983.
Chacón, Joaquín-Armando. *Los extranjeros.* Premio Efraín Huerta de cuento de Tampico. Tamps., Gob. de Tamaulipas, 1983.
Chimal, Carlos. *Cuatro bocetos.* Martín Casillas, 1983.
Cohen, Regina. *Los tigres están ahí.* Colectivo. Punto de Partida, 1983.
Dallal, Alberto. *El árbol de turquesa.* Katún, 1983.
Elizondo, Salvador. *Camera lucida.* Joaquín Mortiz, 1983.
García, Alejandro. *Perdóneseme la ausencia.* UAZ, 1983.
Garrido, Felipe. *La urna.* Oasis, 1983.
González Finol, Zita. *Cuando perdí aquello.* Edamex, 1983.
Huerta, Alberto. *Domingo y otros textos.* Práctica de Vuelo. Deleg. V.C., 1983.
Juárez, Saúl. *Más sabe la muerte.* Los Libros del Fakir. Oasis, 1983.
Lara, Rosario. *Los tigres están ahí.* Colectivo. Punto de Partida, 1983.
López Moreno, Roberto. *El arca de Caralampio: El extraño mundo zoológico de Chiapas.* Katún, 1983.
Manjarrez, Héctor. *No todos los hombres son románticos.* Premio Xavier Villaurrutia. Era, 1983.
Mejía, Eduardo. *Promesa matrimonial.* La Página del Día, 1983.
Méndez de Cuenca, Laura. *Simplezas.* Premiá Editora, 1983.
Molina, Silvia. *El libro del olvido.* Taller Tres Sirenas, 1983.
Monsreal, Agustín. *Sueños de segunda mano.* Folio Ediciones, 1983.
Murúa, Dámaso. *Romy Schneider y Alain Delon en Copala.* Mundo Marino, 1983.
Pacheco, Cristina. *Para vivir aquí.* Grijalbo, 1983.
Pardo Aulis, José. *Nueve cuentos y un fauno.* Domés, 1983.
Pérez Cruz, Emiliano. *Tres de ajo.* Los Libros del Fakir. Oasis, 1983.
Zapata, Luis. *De amor es mi negra pena.* Panfleto y Pantomima, 1983.

1984
Aguirre, Eugenio. *Cuentos de tierra y asfalto.* Oasis, 1984.

Amparán, Francisco José. *La luna y otros testigos.* Premio de Cuento de El Porvenir (Monterrey, N.L.). El Porvenir, 1984.
Anhalt, Nedda G. de. *El correo del azar.* Oasis, 1984.
Argudín, Antonio. *Ríos que vienen del mar.* Universidad Veracruzana, 1984.
Aricéaga, Alejandro. *Ciudad tan bella como cualquiera.* Gob. del Edo. de Méx., 1984.
Azpiroz, María Elena. *Tríptico.* Oasis, 1984.
Bassols, Antonio. *Ese y otros cuentos.* Oasis, 1984.
Bermeo, Laura G. *Andrea y el diablo, y otros cuentos.* México: s.p.i., 1984.
Bermúdez, María Elvira. *Detente, sombra.* UAM, 1984.
Berumen, Patricia. *Sin permiso.* Colectivo. Domés, 1984.
Betancourt, Ignacio. *El muy mentado curso.* Premiá Editora, 1984.
Bravo, Roberto. *Brisa del sur.* Col. Laberinto, UAM, 1984.
———. *Cuentos.* Col. Laberinto, UAM, 1984.
Campbell, Federico. *Los brother's.* UAM-Iztapalapa, 1984.
Castañón, Adolfo. *El reyezuelo.* Ediciones Tea, 1984 [2ª ed. taller Martín Pescador; 3ª ed. UAM, 1988].
Castillo Nájera, Oralba. *Sin permiso.* Colectivo. Domés, 1984.
Cervera, Juan. *Los ojos de Ciro.* Katún, 1984.
Colina, José de la. *La tumba india.* Universidad Veracruzana, 1984.
Curiel, Fernando. *Centinela de vista.* Oasis, 1984.
Ezeta, Enrique. *La transfiguración de Gustavo Reitz.* Ediciones Luzbel, 1984.
Fernández Iglesias, Roberto. *Dieciocho narraciones breves.* Premio Estatal de Cuento. Gob. del Edo. de Méx., 1984.
Gaona, Rafael. *Cada quien para su santo.* Océano, 1984.
García Aguilar, Eduardo. *Palpar la zona prohibida.* Oasis, 1984.
García Ponce, Juan. *El gato y otros cuentos.* FCE, 1984.
García Ramírez, Sergio. *Teseo alucinado y otros minotauros.* UNAM, 1984.
García, Daniel. *La noche de México y otros cuentos.* Práctica de Vuelo. Deleg. V. C., 1984.
Garibay, Ricardo. *Aires de blues.* Grijalbo, 1984.
Garrido, Felipe. *Cosas de familia.* El Ermitaño, 1984.
———. *La urna y otras historias de amor.* Premio Los Abriles. Universidad Veracruzana, 1984.
Glantz, Margo. *Síndrome de naufragios.* Premio Xavier Villaurrutia. Joaquín Mortiz, 1984.
Gomís, Anamari. *A pocos pasos del camino.* Col. Laberinto, 1984.
Gómez Maganda, Patricia. *Sin permiso.* Colectivo. Domés, 1984.
Hernández Viveros, Raúl. *Una mujer canta amorosamente.* Oasis, 1984.
Juárez, Saúl. *Más sabe la muerte.* Oasis, 1984.
López Aguilar, Enrique. *Materia de sombra.* UAM, 1984.
López Villarreal, Alberto. *Cuentos de un mundo desierto.* Costa-Amic, 1984.
Lugo, Edwin. *Cuentos sobre el viejo Mixcoac.* Editorial Selet, 1984.
Mansour, Mónica. *Mala memoria.* Oasis, 1984.
Molina, Silvia. *Lides de estaño.* UAM, 1984.
Morales Bermúdez, Jesús. *Venturas y desventuras de una mujer que se volvió tapir.* Instituto Indigenista, 1984.
Muciño, Carlos. *La mujer de los sábados.* Ed. del H. Ayuntamiento de Toluca, 1984.
Murúa, Dámaso. *El Güilo mentiras.* Corregida y aumentada. CREA-SEP, 1984.
———. *En Brasil crece un almendro.* El Caballito, 1984.
Ortiz, Orlando. *El desconocimiento de las necesidad.* Oasis, 1984.
Pacheco, Cristina. *Sopita de fideo.* Océano, 1984.
Patán, Federico. *Nena, me llamo Walter.* FCE, 1984.

Pineda, Eloy. *El mago, las monarcas, el jazzista y la estrella.* Col. Susana San Juan. Depto. de B.A. de Jalisco, 1984.
Pitol, Sergio. *Vals de Mefisto (Nocturno de Bujara).* España: **Anagrama**, 1984.
Prieto, Guillermo. *El placer conyugal y otros textos similares.* SEP/Premiá Editora, 1984.
Quirarte, Vicente. *Plenilunio de la blancura.* Los Libros del Fakir, Oasis, 1984.
Ramírez Heredia, Rafael. *El rayo Macoy.* Premio Internacional de Literatura Juan Rulfo (Gobierno de Francia y la Casa de la Cultura de México en París). Joaquín Mortiz, 1984.
Ramos, Luis Arturo. *Junto al paisaje.* Oasis, 1984.
Rivas, Humberto. *Falco.* Premio Lationamericano de Cuento (Puebla). Katún, 1984.
Rosado, Nidia Esther. *Cuando la feria acabe.* Mérida, 1984.
Sada, Daniel. *Un rato.* UAM, 1984.
Solís, Bernarda. *Sin permiso.* Colectivo. Domés, 1984.
Turón, Carlos Eduardo. *La clepsidra.* Cuadernos Cara a Cara, 1984.

1985

Agustín, José. *Furor matutino.* Diana, 1985.
Amparán, Francisco José. *Los once y sereno.* Premiá Editora, 1985.
Avilés Fabila, René. *Los fantasmas y yo.* Cuba: Casa de las Américas, 1985.
Bermúdez, María Elvira. *Muerte a la zaga.* SEP, 1985.
Bestard Vásquez, Joaquín. *Los tiempos dorados de Tránsito.* Premio del Primer Concurso Regional de Cuento de la Frontera Sur de México. SEP, 1985.
Cabrera, Fidela. *Lo que me cuentan los espantos.* Oasis, 1985.
Campos, Marco Antonio. *No pasará el invierno.* Joaquín Mortiz, 1985.
Cohen, Regina. *Adentro el fuego.* SEP-CREA, 1985.
Elizondo, Salvador. *La luz que regresa.* Antología. FCE, 1985.
Espinosa Altamirano, Horacio. *El inconmensurable e inusitado Diego Rivera.* Relato. UNAM, 1985.
Galindo, Sergio. *Terciopelo violeta.* Grijalbo, 1985.
García, Daniel. *Atanor.* Colectivo. Punto de Partida, UNAM, 1985.
Gardea, Jesús. *De alba sombría.* Ediciones del Norte, 1985.
Garibay, Ricardo. *Garibay entre líneas.* Océano, 1985.
Garrido, Felipe. *Garabatos en el agua.* Grijalbo, 1985.
Godoy, Emma. *La mera verdad o ¿puras mentiras?.* Jus, 1985.
González Covarrubias, Carlos. *El filo de las apariencias.* CREA, 1985.
González Dueñas, Daniel (Guzmán, Francisco; García, Daniel). *Atanor.* UNAM, 1985.
González Montes, Fidencio. *Los sonámbulos del bello infierno.* Premio Hispanoamericano de Cuento. INBA=SEP-CREA, 1985.
González, Víctor Luis. *Tenías que ser tú.* Novela corta y cuentos. SEP-CREA, 1985.
Guariglia Zas, Melba. *El cuento interminable.* Oasis, 1985.
Guerra, Amalia. *Las ataduras.*, Katún, 1985.
Guzmán, Francisco (García, Daniel; González Dueñas). *Atanor.* UNAM, 1985.
Islas, Carlos Juan. *Cuentos para ser contados.* Universidad Veracruzana, 1985.
Maldonado, Ignacio. *De las cosas del camino.* SEP-CREA, 1985.
Martínez, Herminio. *La jaula del tordo.* Oasis, 1985.
Melo, Juan Vicente. *El agua cae en otra fuente.* Col. Rescate, Universidad Veracruzana, 1985.
Mendoza Valenzuela, Elmer F. *Quiero contar las huellas de una tarde en la arena.* Cuchillo de Palo, 1985.
Mendoza, María Luisa (La China). *Ojos de papel volando.* Joaquín Mortiz, 1985.
Molachino, Justo. *Para leer en los altos (de los semáforos).* Poesía y cuentos. Oasis, 1985.

Montemayor, Carlos [bajo el anagrama de «Mortenay, M.O.»]. *Cuentos gnósticos*. Premiá Editora, 1985.
Monterroso, Augusto. *Las ilusiones perdidas*. (Antología personal). FCE, 1985.
Muñiz, Angelina. *Huerto cerrado, huerto sellado*. Premio Xavier Villaurrutia. Oasis, 1985.
Ojeda, Jorge Arturo. *El Padre Eterno*. Relato-ensayo. Jorge Porrúa, 1985.
Pineda, Eloy. *Dos historias para un sueño*. Amaquemecan, 1985.
Rodríguez, Julia. *Sonata triste y otros cuentos*. UNAM, 1985.
Rubín, Ramón. *Cuentos del mundo mestizo*. FCE, 1985.
Sada, Daniel. *Juguete de nadie y otras historias*. FCE, 1985.
Sampedro, José de Jesús. *La estrella el toto los amantes*. Premiá Editora, 1985.
Sampedro, Juan Gerardo. *Lo terrible ya ha pasado*. Premio Latinoamericano de Cuento. INBA-Casa de la Cultura de Puebla. Premiá Editora, 1985.
Valdés, Carlos. *El nombre es lo de menos*. SEP, 1985.
Villoro, Juan. *Albercas*. Joaquín Mortiz, 1985.
Wein, Susana. *En tiempo mexicano... cuentos húngaros*. Katún, 1985.
Zaldívar, José Antonio. *La higuera de la tía Sabina (a quienes no han comido higos)*. UA-Chapingo, 1985.

1986

Amparán, Francisco José. *Canto de acción a distancia*. Premio de Cuento (INBA-Gob. S.L.P.). Joaquín Mortiz, 1986.
Aridjis, Homero. *El último Adán*. Joaquín Mortiz, 1986.
Avilés Fabila, René. *Cuentos y descuentos*. Universidad Veracruzana, 1986.
———. *Todo el amor*. Premiá Editora, 1986.
Beltrán, Rosa. *La espera*. SEP-CREA, 1986.
Bermúdez, María Elvira. *Muerte a la zaga*. [Premiá Editora, 1985], SEP, 1986.
Camarilo de Pereyra, María Enriqueta. *El consejo del búho y otros cuentos*. Premiá Editora, 1986.
Campo, Xorge del. *El cuento del futbol*. Antología. Luzbel, 1986.
Carballo, Marco Aurelio. *La novela de Bethoven y otros cuentos*. Katún, 1986.
Catán, Daniel. *Cómo curarse de la forma*. Premiá Editora, 1986.
Durán, Francisco. *Como en botica*. Oasis, 1986.
Fernández, Adela. *Duermevelas*. Katún, 1986.
Gaona, Rafael. *Déjame que te cuente*. Grijalbo, 1986.
Gardea, Jesús. *Las luces del mundo*. Universidad Veracruzana, 1986.
Gil Olivo, Ramón. *Dientes de perro*. Ed. Hexágono, 1986.
Grajales Gómez, Alfonso M. *La juyenda inútil y otros cuentos*. Katún, 1986.
Laiter, Salomón. *La mujer de Lot*. Claves Latinoamericanos, 1986.
Lavín, Mónica. *Cuentos de desencuentro y otro*. SEP-CREA, 1986.
Leñero, Vicente. *Puros cuentos*. Premio Mazatlán de Literatura. Col. Voces de México. Editores Mexicanos Unidos, 1986.
León, Lorenzo. *La realidad envenenada*. SEP-CREA, 1986.
———. *Los hijos de las cosas*. Premio de Cuento San Luis Potosí-INBA. Joaquín Mortiz-INBA, 1986.
López Moreno, Roberto. *La curva del espiral*. Claves Latinoamericanas, 1986.
Lugo, Edwin. *Relatos sobre mi ciudad*. Federación Mexicana de Escritores, 1986.
Martínez García, Gerónimo. *Cosas de la vida*. Grijalbo, 1986.
Martínez Limón, Enrique Francisco. *Prosas oníricas*. Letras Nuevas, SEP-CREA, 1986.
Márquez Vásquez, Luis (y Muñoz Castillo). *Una ciudad llena de olvido*. Leega, 1986.
Mojarro, Tomás. *Yo el valedor y el Gerásimo*. FCE, 1986.
Montemayor, Carlos. *El alba*. Premiá Editora, 1986.
Morábito, Fabio. *Gerardo y la cama*. Limusa, 1986.

Morales Bermúdez, Jesús. *Los cuentos de la tierra*. SEP-Sría. de Educación y Cultura del Edo. de Chiapas, 1986.
Moussong, Lazlo. *Castillos en la letra*. Universidad Veracruzana, 1986.
Muñoz Castillo, Javier (y Márquez Vásquez). *Una ciudad llena de olvido*. Leega, 1986.
Murúa, Dámaso. *La muerte de Marcos Cachano y otros cuentos*. Gernika-SEP, 1986.
———. *Palabras sudadas*. Costa-Amic, 1986.
Ontiveros, José Luis. *La treta de los signos*. Col. Letras Jóvenes, SEP, 1986.
Ortiz, Orlando. *Secuelas*. Diógenes, 1986.
Pacheco, Cristina. *Cuarto de azotea*. SEP-Gernica, 1986.
———. *Zona de desastre*. Océano, 1986.
Ramos, Luis Arturo. *Cuentario*. Amaquemecan, 1986.
Rioja, Carmina. *Mágicamente*. Leega, 1986.
Ruiz Dueñas, Jorge. *Las noches de Salé*. Premiá Editora, 1986.
Ruiz Granados, Fernando. *El ritual del buitre*. Cuentos/microcuentos. Universidad Veracruzana, 1986.
Salazar, Severino. *Las aguas derramadas*. Universidad Veracruzana, 1986.
Samperio, Guillermo. *Gente de la ciudad*. Letras Mexicanas, FCE, 1986.
———. *Miedo ambiente y otros miedos*. SEP, 1986.
Solís, Bernarda. *Con un bull para la cruda*. Premio Nacional de Cuento Efraín Huerta. Ayuntamiento de Tampico, Tamps., 1986.
Sosa, Francisco. *El Doctor Cupido y otras historias*. Premiá Editora, 1986.
Valadés, Edmundo. *Sólo los sueños y los deseos son inmortales, Palomita*. Océano, 1986.
Vallarino, Roberto. *El rostro y otros cuentos*. Leega, 1986.
Vargas, Félix. *Castigo de castidad*. U. de G., 1986.
Villoro, Juan. *Tiempo transcurrido*. FCE, 1986.

1987

Agustín, José. *Amor del bueno, juegos de los puntos de vista*. Gob. del Edo. de Méx., 1987.
Baez Zacarías, Javier. *Para asuntos comerciales*. Premiá Editora, 1987.
Becerra Acosta, Manuel. *Triple función*. Plaza y Valdés, 1987.
Bermúdez, María Elvira. *Encono de hormigas*. Universidad Veracruzana, 1987.
Bestard Vásquez, Joaquín. *El tambor de los desahuciados*. Consejo Editorial de Yucatán, 1987.
Campos, Marco Antonio. *Desde el infierno y otros cuentos*. Lecturas Mexicanas. 2a. serie, No. 81, SEP, 1987.
Castro I, Germán. *Cabecita en brasas*. SEP/IPN, 1987.
Delgado, Antonio. *A causa de los equinoccios*. Premio Hispanoamericano de Cuento, 1978. Domés, 1987.
Elizondo Elizondo, Ricardo. *Maurilia Maldonado y otras simplezas*. Universidad Veracruzana, 1987.
Gómez Sandoval, José. *Los marcianos llegaron ya*. SEP-CREA, 1987.
Guzmán, Humberto. *Diario de un hombre común*. Premio Los Cuentos del Ateneo (Ateneo Español de México). IPN, 1987.
Hinojosa, Francisco. *Informe negro*. FCE, 1987.
Huerta7, Alberto. *Almohadón de vientos*. Premiá Editora, 1987.
Krauze, Ethel. *El lunes te amaré*. Océano-INBA, 1987.
Lara Zavala, Hernán. *El mismo cielo*. Joaquín Mortiz, 1987.
León, Lorenzo. *A través de la ventana*. Universidad Veracruzana, 1987.
León, Jesús de. *Afuera no hay un mundo de gatos*. Premiá Editora, 1987.
López Aguilar, Enrique. *Amor eterno*. Universidad Veracruzana, 1987.
Medina, Dante. *Léérere*. Letras Nuevas. SEP-CREA, 1987.

Mendoza Valenzuela, Elmer F. *Cuentos para militares conversos.* UAS, 1987.
Miret, Pedro F. *Prostíbulos.* Estelas en la Mar. INBA-Pangea, 1987.
Monsreal, Agustín. *La banda de los enanos calvos.* Premio Mendiz Bolio (Instituto de Cultura de Yucatán). 2a. serie de Lecturas Mexicanas No. 83. SEP, 1987.
——. *Pájaros de la misma sombra,* que incluye *Los ángeles enfermos* y *Sueños de segunda mano.* Océano, 1987.
Montemayor, Carlos. *El alba y otros cuentos.* Premiá Editora, 1987.
Monterroso, Augusto. *La letra e.* ERA, 1987.
Muñiz-Huberman, Angelina. *De magias y prodigios.* FCE, 1987.
Otero Rejón, Javier. *El discípulo amado y otras historias.* Consejo Editorial de Yucatán, México, 1987.
Pacheco, Cristina. *La última noche del tigre.* Océano, 1987.
Patán, Federico. *En esta casa.* FCE, 1987.
Pérez Cruz, Emiliano. *Si camino voy como los ciegos.* Col. Divulgación de las Artes. Serie: Literatura-Narrativa. Delg. Cuauhtémoc y DDF, 1987.
Portilla Livinston, Jorge. *Relatos y retratos.* FCE, 1987.
Puga, María Luisa. *Intentos.* Grijalbo, 1987.
Ramírez Heredia, Rafael. *Paloma negra.* Joaquín Mortiz, 1987.
Ramos, Luis Arturo. *Domingo junto al paisaje.* Leega, 1987.
Ruy Sánchez, Alberto. *Los demonios de la lengua.* Cuadernos de la Orquesta. SEP-CREA, 1987.
Spota, Luis. *De la noche al día.* Grijalbo, 1987 [1942-45].
Turrent, Miguel Angel. *Hola! humanos.* FEM, 1987
Villareal, Emma. *Juegos de ocio.* Letras Nuevas, SEP, 1987.

1988
Agustín, Jose. *No hay censura.* Joaquín Mortiz, 1988.
Arredondo, Inés. *Los espejos.* Joaquín Mortiz, 1988.
Campuzano, Juan R. *El sicologeador y otros cuentos.* Costa-Amic, 1988.
Castañón, Adolfo. *El pabellón de la límpida soledad.* Ediciones del Equilibrista, 1988.
Cerda, Martha. *Juegos de damas.* Joaquín Mortiz, 1988.
Córdova, Javier. *El loco y la pituca se aman.* Editorial Universo, 1988.
Crosthwaite, Luis Humberto. *Marcela y el Rey (al fin juntos).* Joan Boldó i Climent, 1988.
Derbez, Alain. *Los usos de la radio.* Joaquín Mortiz, 1988.
Escobedo Quijano, Edgar. *Fosforescencias.* Ed. La Luna Negra, 1988.
González Montes, Fidencio. *Arqueros que apuntan al sol.* Plaza y Valdés, 1988.
Graf, Beatriz. *Huellas digitales. Cuentos.* DDF y Comité Interno de Ediciones Gubernamentales, 1988.
Gutiérrez Carrillo, José Darío. *La caja y otros cuentos.* Gob. del Edo. de Tab.-INBA, 1988.
Guzmán, Humberto. *Seductora melancolía.* SEP, 1988.
Martínez Gamba, Magali. *Restos y cenizas.* UNAM, 1988.
Mejía Valera, Manuel. *Adivinanzas.* UNAM, 1988.
Murúa, Dámaso. *Club escarlata.* México: EDAMEX, 1988.
Ortiz, Orlando. *Desilución óptica.* Claves Latinoamericanas, 1988.
Peña, Ernesto de la. *Las estratagemas de Dios.* Edit. Domés, 1988.
Pérez Cruz, Emiliano. *Borracho no vale.* SEP/INBA/DDF/UAM/Plaza y Valdés, 1988.
Pérez Torrescano, Fernando. *. . . Y a los cuentos me remito . . .* EDAMEX, 1988.
Ramírez Heredia, Rafael. *Los territorios de la tarde.* Joaquín Mortiz, 1988.
Solís, Bernarda. *Mi vida privada es del dominio público.* Plaza y Valdez, 1988.
Taibo II, Paco Ignacio. *El regreso de la verdadera araña.* Joaquín Mortiz, 1988.

Tario, Francisco. *Entre tus dedos helados y otros cuentos*. INBA, 1988.
Torre, Gerardo de la. *Relatos de la vida obrera*. Unidad Coordinadora de Políticas, Estudios y Estadísticas del Trabajo y Secretaría del Trabajo y Previsión Social, 1988.
Uribe, Alvaro. *La linterna de los muertos*. FCE, 1988.

1989
Aguilar, Mercedes. *Dioses, hombres y advenedizos*. Gernika, 1989.
Bravo, Roberto. *Vida del orate*. Joaquín Mortiz, 1989.
Campbell, Federico. *Tijuaneses*. Joaquín Mortiz, 1989.
Castillejos, Silvia. *Debe ser una broma*. UAM, 1989.
Domínguez Sosa, Blanca Estela. *Abrapalabra*. INBA, 1989.
Escobedo Quijano, Edgar. *Días de barro. Cuentos y relatos*. Ed. La Luna Negra, 1989.
Estañol, Bruno. *Fata Morgana*. Joaquín Mortiz, México, 1989.
Garibay, Ricardo. *Pedacería de espejo*. Gobierno del Estado de Tabasco, 1989.
González Blackaller, Graciela. *Samperio no existe y otros cuentos*. Universidad Autónoma de Tamaulipas, 1989.
González Calzada, Gonzalo J. *Mi cuento*. Gob. del Edo de Tab., Instituo de Cultura de Tab., UJAT, Sociedad e Alumnos en Ciencias de la Educación, 1989.
Huerta, Alberto. *Block de notas*. Joaquín Mortiz, 1989.
Lizardo, Gonzalo. *Azul venéreo*. Joan Boldó i Climent, 1989.
Molina, Silvia. *Dicen que me case yo . . .* Cal y Arena, 1989.
Pacheco, Cristina. *Para mirar a lo lejos*. Gobierno del Estado de Tabasco, 1989.
Pérez Gay, Rafael. *Me perderé contigo*. Cal y Arena Ed., 1989.
Ríos Ruiz, Arturo. *Sobre las huellas*. EDAMEX, 1989.
Romero Salgado, José. *Fragmento interior*. Ediciones Breves, 1989.
Ruvinskis, Míriam. *El último pétalo*. Joaquín Mortiz, 1989.
Terán, Ana. *Tiempo Mutuo*. Juan Pablos Editor y la UAM, 1989.
Torre, Gerardo de la. *Hijos del águila*. El Juglar Editores, 1989.
Tovar, Juan. *Memoria de apariencias*. Cal y Arena, 1989.
Urtaza, Federico. *Del polvo de espejismo*. Aguirre y Beltrán Editores y la Universidad de Sinaloa, 1989.
Villarreal, Emma. *Juegos de ocio*. Consejo Nacional para la Cultura y las Artes, 1989.
Zapata, Luis. *Ese amor que hasta ayer nos quemaba*. Ed. Posada, 1989.

1990
Azar, Héctor. *Palabras habladas*. Cal y Arena, 1990.
Cerda, Martha. *La señora Rodríguez y otros mundos*. Joaquín Mortiz, 1990.
Chimal, Carlos. *Cinco del águila*. Era, 1990.
Derbez, Alain. *Cuentos de la Región del Polvo y de la Región del Moho*. Joaquín Mortiz, 1990.
Estrada, Josefina. *Malagato*. Plaza y Valdés, 1990.
Gómez Palacio, Ignacio. *Raizal*. HARLA, 1990.
Granados Salinas, Tomás. *Pretextos para un velorio*. Libros del Tapir, 1990.
Herrera Arciniega, José Luis. *Un pato gigante*. UAEM, 1990.
Lara Zavala, Hernán. *Antología personal*. Universidad Veracruzana, 1990.
León, Lorenzo. *Poliedro*. Universidad Veracruzana, 1990.
Loaeza, Guadalupe. *Primero las damas*. Cal y Arena, 1990.
Mastretta, Angeles. *Mujeres de ojos grandes*. Cal y Arena, 1990.
Mata, Oscar. *Show Time. Tiempo de variedad*. Leega, UAM, 1990.
Montaño Hurtado, Alfredo. *Las cenizas de los sueños*. EDAMEX, 1990.
Ontiveros Menéndez, José Luis. *Cíbola*. Universidad Veracruzana, 1990.
Pacheco, José Emilio. *La sangre de Medusa*. Era, 1990.

Ruvalcaba, Eusebio. *¿Nunca te amarraron las manos de chiquito?*. Editorial Planeta Mexicana, 1990.
Samperio, Guillermo. *Antología personal.* Universidad Veracruzana, 1990.
——. *Cuaderno imaginario.* Grijalbo, 1990.
Trueba, Eugenio. *Los vencidos (Quince variaciones sobre un mismo tema)*. Gob. del Edo. de Guanajuato, 1990.

Lo que va de 1991
Amancio, Gerardo. *Piezas de la memoria imperfecta*. Joaquín Mortiz, Consejo Nacional para la Cultura y las Artes, INBA, 1991.
Arredondo, Arturo. *Gozoología mayor.* Joaquín Mortiz, 1991.
Castro Ibarra, Germán. *Cuentos de mala fe.* Joaquín Mortiz, 1991.
Dueñas, Guadalupe. *Antes del silencio*. FCE, 1991.
Estañol, Bruno. *Ni el reino de otro mundo.* Joaquín Mortiz, 1991.
García Gamboa, Rafael. *Ilusiones de cristal.* Joaquín Mortiz, 1991.
Gómez Montero, Sergio. *Historias de la guerra menor*. Universidad Veracruzana, 1991.
Nahamad Sittón, Elías. *Relatos de un espejo*. Plaza y Valdés, 1991.
Rivera Garza, Cristina. *Las guerra no importa*. Joaquín Mortiz, 1991.
Serna, Enrique. *Amores de segunda mano.* Universidad Veracruzana, 1991.

CUENTA CUÁNTOS CUENTISTAS CUENTAN

JAIME ERASTO CORTÉS
Universidad Nacional Autónoma de México

I. *Los pilares de la comunidad cuentística*

1. *Las tres (o cuatro) jotas*

La crítica ha señalado que el cuento mexicano contemporáneo nace alimentado por la savia creadora de Juan José Arreola (1918) y Juan Rulfo (1914). Sin embargo, en un acto de justicia se debe agregar a José Revueltas (1914). Juan José, Juan, José forman un terceto, una trinidad artística, una piedra angular literaria. El primero recupera la fábula. El segundo prueba cómo dentro de los reducidos límites de un cuento se pueden emplear las más evolucionadas técnicas narrativas. El tercero imprime al contenido una marea de dolor, ausencia, soledad, olvido, sueño, amor, muerte, felicidad. Los tres comparten una distintiva originalidad, una intensa imaginación, una particular visión del mundo. El Arreola cosmopolita, el Rulfo profundamente mexicano, el Revueltas filosófico, tocan asuntos universales, miran al hombre y a la mujer, saben de sentimientos y pasiones, porque conocen la naturaleza humana, todo ello comprobable, respectivamente, en *Confabulario total* (1962), *El llano en llamas* (1953), *Dios en la tierra* (1944).

2. *Tres cuentistas, sólo cuentistas*

Edmundo Valadés (1915), Inés Arredondo (1928-1989) y Eraclio Zepeda (1937) quisieron ser cuentistas y nada más que cuentistas. Edmundo Valadés, autor de *La muerte tiene permiso* (1955) y *Las dualidades funestas* (1966), se ha empeñado en divulgar el cuento nacional y universal. Eraclio Zepeda, que publicó *Benzulul* (1959) y *Asalto nocturno* (1975), no se ha contentado con escribir cuentos sino que también los transmite oralmente. Inés Arredondo, desde la aparición de *La señal* en 1965, conservó por espacio de catorce años su intención de ser cuentista hasta que apareció, en 1979, *Río subterráneo*. *Los espejos* (1988) confirmó su filiación al género. Los tres no sucumbieron ante las tentaciones novelísticas; por el contrario, mantuvieron y consolidaron la práctica cuentística en México. Alejados conscientemente de las candilejas literarias, se hallan más próximos en sus personas y sus poéticas a los integrantes de posteriores generaciones. Valadés es un conocedor de los imperativos genéricos, Zepeda observa tanto al indígena como al habitante de la ciudad, Arredondo ofrece una gama de vidas sintetizadas y está a la caza de la señal, de la mirada reveladora de los seres.

3. *Ni dúo, ni trío, ni grupo; únicamente él: Carlos Fuentes*

Emmanuel Carballo pregunta: «¿A qué causas obedeció tu transformación de cuentista en novelista?»

Carlos Fuentes responde: «No sé si tenga razón Faulkner cuando dice que el poeta fracasado va a dar en cuentista, y el cuentista roto para en novelista. Es más difícil la estructura del cuento que la de la novela. Pero la verdad es que necesitaba la novela para expresar lo que quiero decir» (Fuentes).

El cuento sujeta a Carlos Fuentes (1928). Carlos Fuentes hace y deshace dentro de una novela («La novela es la búsqueda de la novela», declara). Si en la novela expresa todo lo que desea, en el cuento no se le ve constreñido, ya que ahí se expresan también la conciencia histórica, el realismo social, la fantasía, el cosmopolitismo, el realismo simbólico, la ciudad de México, la fiesta del lenguaje. Ahí, en *Los días enmascarados* (1954), *Cantar de ciegos* (1964), *Agua quemada* (1981).

4. *Conclusión intermedia*

Irrepetitibles son Arreola, Rulfo y Revueltas, inimitables también. Así que los cuentistas de años posteriores se dieron cuenta—aprendiendo mucho de ellos—que no podían ni debían seguir sus pasos, sin correr el riesgo de ser calificados o estigmatizados como pupilos bastardos.

Ejemplares son Valadés, Zepeda, Arredondo, reproducibles también. Ser sólo cuentista no demerita, lo certifican ellos. La factura y el contenido de sus textos alcanzan los mejores niveles.

Excepcional es Carlos Fuentes, impar también. Su intensidad y fuerza como escritor se ponen de manifiesto tanto en sus cuentos como en sus novelas. Colocado en medio, acepta herencias y distribuye influencia. Los revolucionarios del lenguaje literario, los que abren a la lengua hablada las puertas de la literatura, encuentran en Fuentes el más preponderante guía.

II. *Cuenta cuántos cuentistas cuentan en unos cuantos años*

Las décadas de los 70 y de los 80 son ricas en producción cuentística. A los concursos convocados acude un sinnúmero de escritores; los títulos publicados alcanzan una suma considerable; las publicaciones periódicas albergan habitualmente textos breves; los investigadores del cuento mexicano se reúnen para compartir sus críticas y observaciones; la tradición antológica se mantiene; los jóvenes narradores leen sus relatos en encuentros regionales; los novelistas se conceden tiempo e interés para practicar el género; los cuentistas netos se conservan fieles a la forma. En fin, el cuento mexicano vive y goza de buena salud literaria.

La literatura mexicana de los últimos años, ante un análisis crítico, no responde a la intención de identificar grupos, corrientes poéticas, regionalismos. Tal situación obliga a estar pendiente de los individuos y de sus obras, porque se da el caso de que de uno a otro producto, los temas, las visiones, los espacios cambian y hasta radicalmente. Sin embargo, en páginas siguientes, se ofrece un primer agrupamiento que se constituirá como un ejercicio válido en la medida en que se buscarán afinidades, cercanías y también se encontrarán diferencias y contrastes. Obviamente, los estancos tienden a evitar el listado nominal y dejan fuera consideraciones de carácter formal y retórico, aunque, de manera general, las argumentaciones correspondientes girarán en torno a cuestiones como las siguientes: algunos textos se ajustan a los lineamientos de la composición cuentística, la combinación de realidad e imaginación, la representación de los sentimientos y pasiones, la aproximación sociológica, religiosa, vivencial . . ., la construcción redonda, el estilo eficaz, etc. Considérese también que un cuento vale por sí mismo y no necesariamente recibe calidad de sus congéneres o la otorga a éstos.

Como el punto de atención es el cuento, se excluye toda referencia a la producción novelística de aquellos autores que la tienen, la cual puede ser útil en algunos casos, pero que desviaría en cierto grado el análisis. Con ello se evita trasladar mecánicamente las categorías novelísticas al cuento, lo que equivaldría a hacer de este género una manifestación subsidiaria.

Somos conscientes de que un solo poema o un solo volumen de cuentos vale por sí mismo y no necesariamente por sus hermanos. Sin embargo, hemos optado por considerar a autores que han publicado más de un título, para así saber cuál ha sido su evolución y su permanencia en el género. Consecuentemente, según este criterio—si se quiere arbitrario, si se quiere funcional—no son considerados: *No todos los hombres son románticos* (1983), de Héctor Manjarrez (1945); *Falco* (1984), de Humberto Rivas (1955); *La jaula del tordo* (1985), de Herminio Martínez (1949); *Las aguas derramadas* (1986), de Severino Salazar (1974).

III. *Cuéntame de los 70 y de los 80*

1. *El lado fantástico de la realidad*

La corriente fantástica en el cuento mexicano del siglo XX ha estado representada por Alfonso Reyes (1889-1959), Francisco Tario (1911-1977), Amparo Dávila (1928), Guadalupe Dueñas (1920), María Elvira Bermúdez (1916-1988), René Avilés Fabila (1940) y otros. En las décadas más recientes no se encuentran ni tantas mujeres como en las precedentes, ni tampoco muchos hombres afiliados a esta expresión. Sin duda, dentro de la vasta producción, se puede observar un gusto por lo fantástico entre varios cuentistas, por lo que algunos de sus textos son de esa naturaleza, según lo consigna María Elvira Bermúdez en el prólogo a su antología *Cuentos fantásticos mexicanos* (1986).

Emiliano González (1955), autor de *Los sueños de la bella durmiente* (1978), es también un investigador y un teórico de la literatura fantástica, la que así define en función de la lectura:

> Detrás de la aparente realidad hay otro espacio, más estético, más erótico, y una manera de ejercitar las capacidades de percepción de esta realidad subyacente es leer literatura fantástica. (Giovanni 2)

Federico Patán, al escribir sobre *La linterna de los muertos* (1988), de Alvaro Uribe (1953), señala lo siguiente:

> Uribe cultiva un tipo de literatura que maneja con soltura el cuento fantástico, la alegoría histórica, el relato de terror, etcétera. Pertenece al mundo que con tanto entusiasmo Emiliano González explora en sus artículos y ensayos. (Reseña de *La linterna . . .* 13)

Ambos autores fincan sus historias en la tradición cultural y la literatura universal occidentales, ya que saben y aceptan que sin ellas lo nuevo y lo presente no tendrían lugar.

2. La inevitable consideración de ser y de haber sido

Silvia Molina (1946), en *Lides de estaño* (1984) y en *Dicen que me case yo* (198), no proclama ni defiende la condición de ser mujer, mujer-niña, mujer-madre, mujer-amante, pues sólo describe, cuenta, aunque resulte inevitable asociar el asunto literario con la autora-mujer. Caso contrario es el de Ethel Krauze (1954), quien con *Intermedio para mujeres* (1982) mira a la mujer de distintos niveles sociales rompiendo con el tradicional tratamiento delicado que la femineidad impone, al recurrir a un lenguaje directo, coloquial, incensurable.

Juan Villoro (1956) explicó: «El primer libro que escribí era muy inocente, como una plática en una fuente de sodas». Tal libro es *La noche navegable* (1981). En *No pasará el invierno* (1985) Marco Antonio Campos (1946) regresa con sus personajes a los años de su juventud. Federico Patán ha calificado esta obra como «un intento de reconstrucción, un proceso de acumulación de memorias, . . . un ejercicio de nostalgia» (reseña de *No pasará . . .* 21). Este comentario también sería aplicable a la escritura de Silvia Molina: la casa en que se vivió, los amigos que se tuvo, la escuela a que se asistió, la familia a la que se perteneció. Como consideración general respecto a su obra, Bernardo Ruiz (1953), autor de *Viene la muerte* (1976), *La otra orilla* (1980) y *Vals si fin* (1982, 1985), informa: «En principio yo escribo para los jóvenes, yo considero que el público posible para mis textos son los jóvenes». Quizás dicha declaración la podrían hacer también Villoro y Campos.

El cuento «Block de notas», que da título al libro de Alberto Huerta (1945), publicado en 1989, coincide con otro, «Todo lo he perdido», en lo referente a la revisión de lo pasado; lo ya ido fluye desde la primera hasta la última página y resume, asimismo, tal perspectiva: «Busco mi block de notas, que es como buscar mi memoria...». «Busco mi block de notas porque ahí apareces tú como en un sueño...».

3. *Amor, amor, nació de ti, nació de mí, de la esperanza*

Felipe Garrido (1942) ha permanecido fiel al cuento hasta cultivar la minificción o el cuento breve. Entre sus temas destaca el amor, ingrediente básico y a la vez complejo en la relación de la pareja. Garrido observa a la mujer con una buena dosis de erotismo, tal como podemos leer en «La urna», texto que le da título al volumen respectivo, publicado en 1984:

> Irene tiene una forma de lanzar hacia adelante los muslos, de clavar los tacones, de alzarse sobre las puntas, de comunicar ese movimiento al resto del cuerpo, de proyectarse frente al mundo cuando camina, que no conoce parangón.

La siguiente declaración de José Ceballos Maldonado, autor de *Del amor y otras intoxicaciones* (1984), refuerza lo que plantea Garrido: «todos mis libros presentan la naturaleza conflictiva del amor. Las relaciones amorosas de las que hablo acusan la incomunicación de los amantes».

Guillermo Samperio (1948) cobra notoriedad con *Lenin en el futbol* (1978), volumen de corte realista que inicia una búsqueda de la escritura, constituida por títulos suficientemente ilustrativos como *Textos extraños* (1981) y que, al decir de Marco Antonio Campos, está marcada por la aparición de *Manifiesto de amor* (1980) que:

> Cierra el camino anterior y lo abre hacia dos vertientes esenciales: lo amoroso y lo fantástico... En la vertiente amorosa hay una suerte de ligera ironía y de ternura que roza de delicadeza el aire; la mujer para Samperio es música, deseo, goce, celebración.

Según José Homero «los amores de [Enrique] López Aguilar (1955) persiguen a su amada así en la tierra como en el cielo». Se trata de una observación acerca de *Amor eterno* (1987). José Francisco Conde Ortega apunta que el autor se coloca frente a los avatares del amor humano y que los vocablos del título «amor y eterno son realidades incompatibles, excluyentes, ya que el amor a lo largo del volumen o es una promesa, o una renuncia, o la muerte». José Homero implícitamente señala dicha incompatibilidad al explicar que las historias tratan ya del desencuentro, ya del encuentro erróneo o del encuentro perverso.

Obviamente, el amor no es propiedad exclusiva de Garrido, Ceballos, Samperio y López Aguilar, pues muchos otros lo tratan; empero, pensamos que en ellos es sobresaliente.

4. *La teología: juego inteligente. La religión: necesidad espiritual*

En la narrativa mexicana del siglo XX no son abundantes la reflexión, la referencia, la concepción religioso-cristianas. Yáñez, Revueltas, Leñero son los ejemplos conspicuos. De la cuentística reciente habrá que mencionar a Enrique López Aguilar (considerado en otra sección), Angelina Muñiz-Huberman e Ignacio Betancourt.

Angelina Muñiz-Huberman (1936), con respecto a *Huerto cerrado, huerto sellado* (1985) y *De magias y prodigios* (1987), así como del conjunto de sus textos, ha explicado reiteradamente:

> Yo no soy religiosa, aunque aparece mucho dios. Pero como término, como concepto filosófico. Creo que la teología (aunque nunca seré teóloga, ni creo en esas cosas), como juego inteligente, filosófico y lingüístico, es una de las expresiones más extraordinarias junto con la cábala, que es un jugar con el lenguaje al grado de haber una infinitud de interpretaciones.

De *El muy mentado curso* (1984) su autor, Ignacio Betancourt (1948), dice: «La religión en mis cuentos se observa como una necesidad espiritual de los seres humanos; pero la manipulación y enajenación a la que se llega de pronto por esa vía, es asunto de sátira».

Según se desprende de las declaraciones anteriores, se ha de afirmar que la religión no se localiza en los escritores mismos, sino como visión del mundo o materia literaria abordada con las posibilidades que otorgan las formas y el lenguaje artísticos. Por lo tanto, no estamos ante una línea cuentística de amplias dimensiones por el número de autores que la abordan, aunque sí frente a una manifestación de sobresalientes registros particulares.

5. *La ciudad impone la crónica y también en el cuento se halla*

Las páginas de los periódicos albergan la nueva crónica, practicada por Josefina Estrada, Ignacio Trejo Fuentes, Arturo Trejo Villafuerte, tal como ocurría en el siglo XIX. Resurge y sus autores demarcan sus espacios de competencia: las colonias Roma y Tacubaya, las zonas de Vallejo y Nezahualcóyotl. La ciudad de México, la más grande del mundo, se amplía hasta llegar a ser el área metropolitana. El lector de la crónica se pregunta qué tanto es verídico y atestiguado, qué tanto es imaginado. Y al vivir en las páginas de las publicaciones periódicas se nutre o coincide con la ideología de tales publicaciones, pero cuando aparece junto con otras en forma de libro, ha dejado atrás su inmediatez creadora, su actualidad descriptiva y se transforma circunstancialmente en pieza de ficción.

Cristina Pacheco (1941) ha sido calificada como la «cronista de los pobres». *Para vivir aquí* (1983), *Sopita de fideo* (1985), *Cuarto de azotea* (1986), *La última noche del «Tigre»* (1987) apuntan al mundo de los desposeídos con una gran dosis de ternura y comprensión.

Emiliano Pérez Cruz (1955) ha escrito *Si camino voy como los ciegos* (1987), y *Borracho no vale* (1988), conjunto de textos que se alimenta del reportaje, la crónica y el cuento, cumpliendo así con la denuncia, lo presenciado u oído y la intención estética, que integralmente recrea a seres y grupos marginados.

Respecto a *Los hijos de las cosas* (1986), Lorenzo León (1986) explica: «no trato de construir testimonios sino cuentos; tampoco me interesa denunciar a través de ellos». Esta concepción contrasta con la de Pacheco y Pérez Cruz, ya que la intención y creación originales son cuentísticas y no tienen que ver con la crónica, aunque el ambiente sea urbano y el nutriente sea la nota roja periodística.

Los personajes de *El Rayo Macoy* (1984), de Rafael Ramírez Heredia (1942), se emparientan con aquéllos de los cuentistas antes señalados por medio de lo que Sergio Gómez Montero llama «la parte oscura de la sociedad», «la naturaleza actual de la vida social». Ellos hablan como los de Pacheco y Pérez Cruz, con los registros propios de su tipología. Es decir, su presencia y su voz ocupan un lugar literario.

Marco Aurelio Carballo, el reportero, comenzó a ser escritor en el taller literario de Rafael Ramírez Heredia. Marco Aurelio Carballo, el nacido en Chiapas, en *La tarde anaranjada* (1988), se muestra como un escritor de la ciudad de México, humorístico, irónico, sarcástico.

Dentro de esta línea urbana se encuentra *Cuatro bocetos* (1983), de Carlos Chimal (1954), que provoca en Sergio Gómez Montero la reflexión siguiente:

> Libro que entre otras cosas obliga a la pregunta de si de alguna manera la ciudad no tiende a destruir al escritor, al obligarlo a reproducir continua y ampliamente los procesos sociales que en ella se generan, y que de alguna forma le cierran el campo a la creación literaria. ¿No habrá llegado ya el tiempo, para la narrativa del país, de alejarse de la ciudad?

La ciudad no ha dejado de aparecer en la narrativa como se ha señalado —para el caso del cuento—en esta sección, aunque también las regiones septentrionales y sureñas, en la década de los ochenta, han sido espacio vital de seres y cosas, según se explica en la parte correspondiente de este estudio. Y a ello puede contribuir ejemplificadoramente *Las aguas derramadas* (1986), de Severino Salazar (1947).

6. *No sólo la ciudad es México o la descentralización literaria*

Por mucho tiempo la ciudad de México fue el entorno inevitable, obligado o requerido, y a causa de ello se pensó que la provincia, el campo, el desierto, el mar, las serranías, los sitios con presencia indígena habían sido desplazados. Pero Jesús Gardea (1939), Daniel Sada (1953), Ricardo Elizondo Elizondo (1950), Francisco José Amparán (1957) recorren las regiones septentrionales: Chihuahua, Coahuila, Nuevo León. El último no transita por los páramos, las poblaciones rurales, las rancherías como lo hacen los otros, sino por calles y sitios urbanos. Todos ellos son y viven en el norte, así que personajes, naturaleza y ambiente se muestran vitales. Ellos han escrito, respectivamente, *Los viernes de Lautaro* (1979), *Juguete de nadie y otras historias* (1985), *Relatos de mar, desierto y muerte* (1980), *Cantos de acción a distancia* (1988). El sureste maya aparece en *De Zitilchén* (1981) de Hernán Lara Zavala (1946); el estado de Veracruz en *La vida del orate* (1989) de Roberto Bravo (1947); el noroeste en gran parte de la obra de Dámaso Murúa (1933) formada por *El Güilo Mentiras* (1971), *Las redes rotas* (1979), *Club Escarlata* (1988), entre muchos otros.

Este nuevo regionalismo no ha de interpretarse como una intención costumbrista o folklórica, ya que no busca destacar y corregir conductas, ni tampoco resaltar y valorar idiosincrasias locales, y mucho menos descubrir y reproducir colores y contornos locales. Se trata de un conjunto narrativo que, sobre una base geosocial particular, habla esencialmente de los mismos seres y de las mismas cosas que habitan en otras latitudes.

Roberto López Moreno (1942) traza una línea oscilante que va de *Las mariposas de la tía Nati* (1973) a *Yo se lo dije al presidente* (1982), del sureste a la ciudad de México, de una búsqueda de identidad y un encuentro con la tradición a la existencia de los marginados, los depauperados de la gran urbe y que regresa al punto original, Chiapas, el estado natal del cuentista, con *El arca de Caralampio* (1983).

7. La convergencia de lo distinto

El agrupamiento temático u otro cualquiera es inoperante en muchos casos como el que aquí nos ocupa: María Luisa Puga realiza un viaje literario (contrario a lo usual) del extranjero hacia su país natal. *Nena, me llamo Walter* (1985), de Federico Patán, según opinión de Ignacio Trejo Fuentes, «no se parece para nada a la de otros escritores mexicanos, al menos de los que publican en los últimos diez años». Sergio Gómez Montero considera que a Luis Arturo Ramos «no es fácil ubicarlo en el panorama de la literatura actual del país». Para Emmanuel Carballo «Agustín Monsreal es el cuentista más extraño de su generación». El empleo de la situación política en la narración corta singulariza a Orlando Ortiz.

Lo anterior podría mover a una rápida conclusión: por diferentes son mejores. Tal conclusión cancelaría el método de aproximación seguido en este ensayo, y evidentemente ése no es el propósito. Solamente se ha acudido a la única posibilidad restante.

Tal como su título lo indica, *Accidentes* (1981), de María Luisa Puga (1944), es un conjunto cuentístico que tiene como pivote un contratiempo, un percance, una eventualidad, que en términos mayores significan la imposibilidad de ubicación social, algo que particularmente le preocupa a la narradora. Quizás Agustín Monsreal se acerca a ella en lo referente al interés que siente por la clase media mexicana, la que busca escalar socialmente más peldaños, sin darse cuenta de que sus sueños no son originales sino de segunda mano. *Sueños de segunda mano* (1983) se llama la obra de Agustín Monsreal (1941). La muerte, no únicamente asunto existencial sino también resultado de una acción destructora, inmerecida, merecida, solicitada, incomprendida, eslabona los cuentos de *Los viejos asesinos* (1981) de Luis Arturo Ramos (1947). Paradójicamente, el análisis de estos escritores ha marcado ciertas e insospechadas coincidencias porque los textos que a continuación se destacan de *Nena, me llamo Water* de Federico Patán (1937), tienen que ver con la muerte, con una doble muerte. Se trata de «El paseo» y «En la isla». El primero sobresale también por su redondez formal y ejemplifica, en lo general, el rigor escritural y estructural del escritor. De los relatos, que no cuentos, pertenecientes a *Desilusión óptica* (1988) sobresalen aquellos que se alimentan de la realidad política, de la lucha por la libertad entre oprimidos y opresores, según se aprecia también en *El desconocimiento de la necesidad* (1984) de Orlando Ortiz.

OBRAS CONSULTADAS

Betancourt, Ignacio. Entrevista. Por Patricia Rosales y Zamora. «La cultura al día». *Excélsior* (10 marzo 1985): 3.

Campos, Marco Antonio. «Guillermo Samperio: la vida es humor e imaginación». *Sábado* (7 enero 1989): 7.

Ceballos Maldonado, José. Entrevista. Por Margarita García Flores. *La Onda*, supl. de *Novedades* (20 oct. 1974): 6-7.

Conde Ortega, José Francisco. Reseña de *Amor eterno*, de Enrique López Aguilar. *Sábado* (2 enero 1988): 13.

Fuentes, Carlos. Entrevista. «Conversación con Carlos Fuentes». Por Emmanuel Carballo. *México en la cultura*, supl. de *Novedades* (15 nov. 1959): 12.

García Ramírez, Fernando. Reseña de *Pájaros de la misma sombra*. *Unomásuno* 22 (jun. 1987): 24.

Giovannini, Juan José y Alejandro Semo. «Emiliano González o la estética del horror». *El Búho*, supl. de *Excélsior* (4 febr. 1990): 2.

Gómez Montero, Sergio. Reseña de *Cuatro bocetos* de Carlos Chimal. *Sábado* 17 (dic. 1983): 10.

——. Reseña de *El Rayo Macoy*, de Rafael Ramírez Heredia. *Sábado* (2 marzo 1985): 13.

——. Reseña de *Los viejos asesinos* de Luis Arturo Ramos. *Sábado* (18 nov. 1981): 7.

Homero, José. Reseña de *Amor eterno* de Enrique López Aguilar. *Semanario Cultural*. supl. de *Novedades* (26 jun. 1988): 10-11.

León, Lorenzo. Entrevista. Por Javier Aranda Luna. *La Jornada* (2 dic. 1986): 27.

Muñiz-Huberman, Angelina. Entrevista. Por Rafael Luviano Delgado. «La cultura al día». *Excélsior* (31 enero 1986): 4.

Patán, Federico. Reseña de *La linterna de los muertos* de Alvaro Uribe. *Sábado*, supl. cult. de *Unomásuno* (12 nov. 1989): 13.

——. Reseña de *No pasará el invierno* de Marco Antonio Campos. *Sábado* (16 febr. 1982): 21.

Ruiz, Bernardo. Entrevista. Por Javier Molina. *Unomásuno* (11 enero 1983): 21.

Trejo Fuentes, Ignacio. Reseña de *Nena, me llamo Walter* de Federico Patán. *Sábado* (30 mayo 1987): 6.

Villoro, Juan. Entrevista. Por Rafael Luviano Delgado. «La cultura al día». *Excélsior* (16 mayo 1985): 2.

APÉNDICE I: COLECCIONES DE CUENTOS

Amparán, Francisco José. *Las once y sereno*. Puebla: Premiá, 1985.
——. *Cantos de acción a distancia*. México: Mortiz, 1988.
Betancourt, Ignacio. *De cómo Guadalupe bajó a la montaña y todo lo demás*. México: Mortiz, 1977.
——. *El muy mentado curso*. Puebla: Premiá, 1984.
Bravo, Roberto. *No es como usted dice*. México: Mortiz, 1981.
——. *Vida del orate*. México: Mortiz, 1989.
Campos, Marco Antonio. *La desaparición de Fabricio Montesco*. México: Mortiz, 1977.
——. *No pasará el invierno*. México: Mortiz, 1985.
Carballo, Marco Aurelio. *Historieta de la carmelita descalza que engatusó a Feldespato el cándido*. Culiacán: Universidad Autónoma de Sinaloa, 1980.
——. *La novela de Betoven y otros relatos*. México: Katún, 1986.
——. *La tarde anaranjada*. México: Plaza y Valdés, 1988.
Ceballos Maldonado, José. *Blas Ojeda*. México: Costa-Amic, 1964.
——. *Del amor y otras intoxicaciones*. México: Novaro, 1974.
Chimal, Carlos. *Cuatro bocetos*. México: Martín Casillas, 1984.
——. *Cinco del águila*. México: Era, 1990.
Elizondo Elizondo, Ricardo. *Relatos de mar, desierto y muerte*. Xalapa: Universidad Veracruzana, 1980.
——. *Maurilia Maldonado y otras simplezas*. Xalapa: Universidad Veracruzana, 1987.
Gardea, Jesús. *Los viernes de Lautaro*. México: Siglo XXI, 1979.
——. *Septiembre y los otros días*. México: Mortiz, 1980.
Garrido, Felipe. *Con canto no aprendido*. México: Fondo de Cultura Económica, 1978.
——. *La urna y otras historias de amor*. Xalapa: Universidad Veracruzana, 1984.
——. *Garabatos en el agua*. México: Grijalbo, 1985.
González, Emiliano. *Los sueños de la bella durmiente*. México: Mortiz, 1978.
——. *Casa de horror y de magia*. México: Mortiz, 1989.
Huerta, Alberto. *Ojalá estuvieras aquí*. México: Mortiz, 1978.
——. *Almohadón de vientos*. Puebla: Premiá, 1987.
——. *Block de notas*. México: Mortiz, 1989.
Krauze, Ethel. *Intermedio para mujeres*. México: Océano, 1982.
——. *Donde las cosas vuelan*. México: Océano, 1985.
Lara Zavala, Hernán. *De Zitilchén*. México: Mortiz, 1981.
——. *El mismo cielo*. México: Mortiz, 1987.
León, Lorenzo. *Los hijos de las cosas*. México: Mortiz, 1986.
——. *La realidad envenenada*. México: Secretaría de Educación Pública, 1986.
López Aguilar, Enrique. *Materia de sombras*. México: Universidad Autónoma Metropolitana, 1984.
——. *Amor eterno*. Xalapa: Universidad Veracruzana, 1987.
López Moreno, Roberto. *Las mariposas de la tía Nati*. México: Cultura Popular, 1973.
——. *Yo se lo dije al presidente*. México: Fondo de Cultura Económica, 1982.
——. *La curva de la espiral*. México: Claves Latinoamericanas, 1986.
Molina, Silvia. *Lides de estaño*. México: Universidad Autónoma Metropolitana, 1984.
——. *Dicen que me case yo*. México: Cal y Arena, 1989.
Monsreal, Agustín. *Los ángeles enfermos*. México: Mortiz, 1979.
——. *Sueños de segunda mano*. México: Folios, 1983.
——. *La banda de los enanos calvos*. México: Secretaría de Educación Pública, 1987.
Muñiz-Huberman, Angelina. *Huerto cerrado, huerto sellado*. México: Oasis, 1985.

——. *De magias y prodigios*. México: Fondo de Cultura Económica, 1987.
Murúa, Dámaso. *Vacum Totoliboque*. México: Costa-Amic, 1976.
——. *Las redes rotas*. México: Costa-Amic, 1979.
——. *La muerte de Marcos Cachano y otros cuentos*. México: Secretaría de Educación Pública, 1986.
——. *Club Escarlata*. México: Edamex, 1988.
Ortiz, Orlando. *El desconocimiento de la necesidad*. México: Oasis, 1984.
——. *Secuelas*. México: Diógenes, 1986.
——. *Desilusión óptica*. México: Claves Latinoamericanas, 1988.
Pacheco, Cristina. *Para vivir aquí*. México: Océano, 1986.
——. *Cuarto de azotea*. México: Secretaría de Educación Pública, 1986.
——. *La última noche del Tigre*. México: Océano, 1987.
Patán, Federico. *Nena, me llamo Walter*. México: Fondo de Cultura Económica, 1985.
——. *En esta casa*. México: Fondo de Cultura Económica, 1987.
Pérez Cruz, Emiliano. *Si camino voy como los ciegos*. México: Delegación Cuauhtémoc, 1987.
——. *Borracho no vale*. México: Plaza y Valdés, 1988.
Puga, María Luisa. *Accidentes*. México: Martín Casillas, 1981.
——. *Intentos*. México: Grijalbo, 1987.
Ramírez Heredia, Rafael. *El Rayo Macoy*. México: Mortiz, 1984.
——. *Paloma negra*. México: Mortiz, 1987.
——. *Los territorios de la tarde*. México: Mortiz, 1988.
Ramos, Luis Arturo. *Del tiempo y otros lugares*. Xalapa: Amate, 1979.
——. *Los viejos asesinos*. Puebla: Premiá, 1981.
Ruiz, Bernardo. *Viene la muerte*. México: Universidad Nacional Autónoma de México, 1976.
——. *La otra orilla*. Puebla: Premiá, 1980.
——. *Vals sin fin*. México: Secretaría de Educación Pública, 1982.
Sada, Daniel. *Juguete de nadie y otras historias*. México: Fondo de Cultura Económica, 1985.
——. *Tres historias*. México: Consejo Nacional para la Cultura y las Artes, 1990.
Samperio, Guillermo. *Lenin en el futbol*. México: Grijalbo, 1978.
——. *Gente de la ciudad*. México: Diana, 1990.
Uribe, Alvaro. *El cuento de nunca acabar*. Xalapa: Universidad Veracruzana, 1981.
——. *La linterna de los muertos*. México: Fondo de Cultura Económica, 1988.
Villoro, Juan. *La noche navegable*. México: Mortiz, 1980.
——. *Albercas*. México: Mortiz, 1985.

APÉNDICE II: ESTUDIOS CRÍTICOS

Cortés, Jaime Erasto. «Antologías de cuento mexicano». *Paquete: cuento. (La ficción en México)*. Ed. Alfredo Pavón. México: Universidad Autónoma de Tlaxcala, Instituto Nacional de Bellas Artes, Centro de Ciencias del Lenguaje, Universidad Autónoma de Puebla, 1990. 199-213.
——. «La enseñanza en los ochenta del cuento mexicano de los ochenta». *Teoría y práctica del cuento*. Morelia: Instituto Michoacano de Cultura, 1988. 37-43.
Trejo Fuentes, Ignacio. «El cuento mexicano reciente. ¿Hacia dónde vamos?» *Paquete: cuento. (La ficción en México)*. Ed. Alfredo Pavón. México: Universidad Autónoma de Tlaxcala, Instituto Nacional de Bellas Artes, Centro de Ciencias del Lenguaje, Universidad Autónoma de Puebla, 1990. 181-89.

Zavala, Lauro. «Humor e ironía en el cuento contemporáneo». *Paquete: cuento. (La ficción en México)*. Ed. Alfredo Pavón. México: Universidad Autónoma de Tlaxcala, Instituto Nacional de Bellas Artes, Centro de Ciencias del Lenguaje, Universidad Autónoma de Puebla, 1990. 158-80.

APÉNDICE III: ANTOLOGÍAS

Bravo, Roberto. *Itinerario inicial. La joven narrativa de México*. Tuxtla Gutiérrez: Universidad Autónoma de Chiapas, 1985. (Maciel, 8)

Dávila Gutiérrez, Joel. *Del pasado reciente*. México: Premiá, 1989. [Selección de cuento mexicano contemporáneo.]

Monsiváis, Carlos. *Lo fugitivo permanece*. México: Cal y Arena, 1989. [Una antología de la nueva narrativa mexicana.]

Sainz, Gustavo. *Jaula de palabras*. México: Grijalbo, 1980. [Una antología de la nueva narrativa mexicana.]

Varios. *El cuento está en no creérselo*. Tuxla Gutiérrez: Universidad Autónoma de Chiapas, 1985. (Maciel, 7)

DOS DÉCADAS DE NARRATIVA MEXICANA

IGNACIO TREJO FUENTES
Universidad Nacional Autónoma de México

I

Se reconoce que la narrativa mexicana apareció formalmente a principios del siglo XIX, con la novela de José Joaquín Fernández de Lizardi *El Periquillo sarniento*. Siendo un cuadro de costumbres de las postrimerías de la época virreinal, con tendencia moralizante más que picaresca y con ostensibles defectos de composición, marcó de muchos modos la seña de identidad esencial de la narrativa nacional: el apego a patrones literarios extranjeros, sobre todo provenientes de Francia, España e Inglaterra. Así sea que a lo largo del siglo XIX algunos escritores se propusieron dar a las letras un carácter nacionalista (como Ignacio Manuel Altamirano, Manuel Payno, Luis G. Inclán, José Tomás de Cuéllar, Rafael Delgado y Heriberto Frías), la verdad es que siguieron escribiéndose y publicándose novelas y cuentos de claro aliento extranjerizante.

El cambio de siglo sorprendió a la narrativa mexicana embelesada en la recreación de sucesos bucólicos, campiranos; aunque obviamente se escribían narraciones que podemos llamar urbanas (*Santa*, de Federico Gamboa, por ejemplo), se daba prioridad a asuntos emparentados con las haciendas y la vida de los indígenas en sus múltiples facetas, entre las cuales su condición miserable era preponderante: estábamos de ese modo involucrados hasta la médula en lo que habría de llamarse literatura *indigenista*. Los historiadores hablan de una sobresaturación temática en ese sentido, lo cual hacía alejarse a los lectores, hartos ya de ejercicios de corte europeo cuando no rural.

El advenimiento de la Revolución Mexicana propició un cambio sustancial en la temática de la narrativa mexicana: muchísimos autores volvieron los ojos a esa realidad, y se encargaron de registrarla meticulosamente en distintos niveles. No obstante, la obcecación argumental unidireccional produjo de nuevo el efecto del hastío: los lectores no podían soportar más descripciones de batallas, cuartelazos, muertes heroicas, etcétera. Hacía falta un nuevo aliento, un impulso distinto en la literatura mexicana.

Los estudiosos coinciden en que la transición, la ruptura, el cambio, se dieron con la novela *Al filo del agua*, de Agustín Yáñez, pues si bien ofrecía vestigios (o los prolegómenos) de la Revolución, estaba en realidad apuntando hacia otras instancias, más modernas, sobre todo en el orden técnico: Yáñez hizo suyas muchas de las posibilidades antes explotadas por los novelistas norteamericanos, sobre todo de los integrantes de la llamada *generación perdida*, y conformó una obra verdaderamente innovadora, aunque se lo acuse con insistencia de haber casi plagiado la forma de *Manhattan Transfer*, de John

Dos Passos. Lo principal fue que Yáñez abrió los ojos a sus contemporáneos, esencialmente jóvenes, para que apreciaran las nuevas vías por las cuales podrían transitar. Junto con el jalisciense es imposible dejar de reconocer un propósito similar en José Revueltas, quien descubrió rutas inexploradas para el cuento: sus volúmenes iniciales estaban muy lejos del acartonamiento de la cuentística precedente.

Detrás de ellos hubo ejemplos claros de que la literatura narrativa nacional estaba decidida a explorar otros rumbos para hacerse, al fin, de una personalidad auténtica e indiscutible. Acaso el impulso definitivo en ese tiempo de transición se debió a Juan Rulfo, quien revolucionó las formas de novelar y escribir cuentos con *Pedro Páramo* y *El llano en llamas*. Creo que desde entonces, a partir de casos como el de los autores citados, la literatura de este país dejó de ser la misma: los aprendices de aquéllos comprendieron los señalamientos y no tardaron en seguir los ejemplos en busca, siempre, de una definición del carácter personal de nuestras letras.

Con los riesgos obvios que implican este tipo de afirmaciones, puedo decir que la auténtica «revolución» de nuestra narrativa se debió a *La región más transparente*, de Carlos Fuentes, publicada en la segunda mitad de los 50, tras el ejercicio preparatorio del autor en sus cuentos *Los días enmascarados*. Y es que Fuentes no sólo se empeñó en hacerse de lo más novedoso en cuanto a técnicas narrativas, sino que llevó sus ímpetus al terreno ideológico: quiso hacer, y lo consiguió, como se demostraría más tarde, un análisis novelizado de México como país a partir de una visión acrisolada de la ciudad de México, la capital. En esa exploración el escritor sintetiza feliz y adecuadamente las características primordiales de nuestra identidad en todos los ámbitos posibles, hace una radiografía justa y esclarecedora sólo comparable con la empresa que en el ensayo había llevado a cabo Octavio Paz (*El laberinto de la soledad*). Fuentes nos puso ante México, pero sobre todo ante el espejo que nos reflejaba a nosotros mismos; igualmente, comprobó la necesidad de acudir a la renovación artística si se pretendía ingresar a la modernidad de cualquier otra forma. Y por supuesto, los escritores que lo siguieron hicieron caso de su prédica y optaron por la permanente revisión y práctica de sus creaciones.

Escritores de la generación literaria de Fuentes, de algún modo copartícipes de la empresa de aquél, contribuyeron al impulso revitalizador de la novelística y el cuento nacionales: Sergio Fernández, Vicente Leñero, Sergio Galindo y Josefina Vicens fueron algunos de ellos.

Surgió de ese modo una nueva camada de narradores provistos de ejemplos a seguir antes inexistentes, y de una certeza innegable y que habría de ser fructífera en cuanto a sus propósitos, ahora bien claros y concretos. Puedo dividir en cuatro parcelas los rumbos de esa nueva generación, aparecida en los años 60: 1) los que se inclinaron por la exploración de segmentos intimistas; 2) los que se guiaron por la experimentación formal y lingüística; 3) los que pugnaron por hacer de sus libros armas de indiscutible rango ideológico; y 4) los que optaron por introducir procedimientos técnicos y renglones temáticos antes inexplorados en nuestra narrativa.

En el primer bloque puede incluirse a novelistas y cuentistas como Juan García Ponce, Sergio Pitol, Juan Vicente Melo, Inés Arredondo, José Carlos Valdés y alguno más, quienes, involucrados hasta la médula, asediaron asuntos de tono existencial mediante procedimientos para entonces audaces, que muy poco o nada tenían que ver con la literatura antecedente. Se trata de obras marcadas por la inconformidad existencial, que indagan con denuedo en las fracturas que aquélla provoca en el hombre contemporáneo, y afincadas en el rastreo particular de sus expresiones en el ser nacional, lo cual no implica que se pueda hablar de ejercicios chovinistas, sino de la incorporación del alma nacional al concierto universal.

En el segundo aparecen autores como Salvador Elizondo, Fernando del Paso y José Emilio Pacheco (y otros que habían publicado obras de carácter distinto, pero indagaron en la misma dirección en su nuevo trabajo, como Vicente Leñero y Sergio Fernández). Escribieron libros verdaderamente novedosos en nuestro medio en cuanto a su técnica. Tal vez—o sin el tal vez —influidos por lo que se conoció como «nueva novela francesa» (encabezada por Claude Simon, Nathalie Sarraute, Michel Butor, Alain Robbe-Grillet . . .), se propusieron conferir a las letras mexicanas un semblante experimental desbordado: *José Trigo, Farabeuf* y *Morirás lejos* (también *Los peces* y *Los albañiles*) fueron considerados en el momento de su aparición libros ilegibles, que parecían todo menos novelas. Y es que los lectores estaban habituados a las formas narrativas convencionales, de modo que esos ejercicios abundantes en pasajes oscuros, aventuras verbales y estructuras confusas, los desconcertaban hasta la irritación, sin saber que eran obras representativas de un aliento renovador, modernizante, de enorme jerarquía artística e incluso ideológica: aparte de sus logros artísticos, ésa fue la apuesta, que al final habría de ser ganada, de los escritores de esta «tendencia».

El tercer segmento es acaso el que tenía un mayor número de ejemplos por seguir, pues la cuestión ideológica, social, política había sido más o menos frecuente en la literatura de México. No obstante, esta vez los escritores de filiación política desecharon lastres como el panfleto, el lloriqueo sin sentido y el reclamo por el reclamo mismo en favor de cuestionamientos de trascendencia, pero ejecutados desde formas esencialmente artísticas. Guiados sin ninguna sombra de duda por José Revueltas y por Rubén Salazar Mallén, los escritores de este renglón explotaron el cuento y la novela con notable frecuencia: Gerardo de la Torre, René Avilés Fabila y Gonzalo Martré son representantes significativos de esta modalidad.

El cuarto bloque, su repercusión, recayó fundamentalmente en tres escritores: Gustavo Sainz, José Agustín y Parménides García Saldaña. Sus libros (*Gazapo, La tumba, Pasto verde*) causaron conmoción entre los lectores, pues presentaban asuntos y formas de construcción tan desconcertantes como las de Elizondo, Del Paso o Pacheco, pero mediante recursos del todo distintos. Sainz, Agustín y García Saldaña habrían de ser conocidos posteriormente como «escritores de la onda» en virtud de que sus novelas y cuentos registraban parcelas desconocidas antes en el panorama literario nacional, como fueron el papel protagónico fundamental de los jóvenes de la ciudad de México, sus peculiares modos de vida, sus giros expresivos asimismo muy propios; la asimilación de elementos antes desusados en la novelística, como el *rock and roll*, las drogas y los sitios en los cuales comulgaban los jóvenes. Su característica era el desenfado, la desfachatez tanto formal como temática, lo que no obstante poco tenía que ver con el desconocimiento de lo «puro», lo convencional, lo tradicional, era más bien una nueva apuesta en favor del cambio, de la renovación favorable de las letras mexicanas que, habiéndolo aprendido de sus antecesores inmediatos, como hemos señalado, habría de convertirse en el signo más distintivo de la narrativa nacional: la búsqueda incansable y permanente de lo novedoso, la lucha feroz contra cualquier anquilosamiento, como veremos adelante a propósito de la narrativa que siguió a la ya esbozada de los años 60.

II

Aunque sé lo arriesgado que puede parecer afirmarlo, me parece que la mayor parte de nuestra narrativa, conducida por autores que publicaron sus primeros libros a partir de la década de los 70, tendió a una suerte de asimilación de las cuatro vertientes apuntadas. Esto no quiere decir que los nuevos escritores siguieran con toda fidelidad los preceptos de sus antecesores, que se hayan limitado a obedecer sus fórmulas, a imitarlos. Quiere decir que de aquella generación de antecesores aprendieron que era posible deshacerse de la vieja noción de volver los ojos al extranjero para buscar modos de escribir ficciones; descubrieron que *en casa* había varias e importantes fuentes de las cuales nutrirse tanto técnica como temáticamente. Y sin rubores aplicaron en sus libros ese descubrimiento, contribuyendo a la conformación progresiva y firme de la identidad de la narrativa mexicana. A su vez, la afirmación de que la gran mayoría de los autores que empezaron a publicar después de los 60 acusaron esa asimilación, tal enseñanza, no significa que todos y cada uno se haya apegado a las líneas señaladas como privativas, porque, como veremos adelante, hubo y hay quienes optaron por nuevas fórmulas técnicas y por la búsqueda de asuntos asimismo distintos a los de sus predecesores. Sin embargo éstos, los inconformistas, por llamarles de algún modo, son en realidad escasos, aunque sus exploraciones hayan arrojado resultados en verdad sorprendentes.

Para ilustrar aquel proceso de asimilación, empezaré por el primer segmento, el de los escritores preocupados sustancialmente por el registro de aspectos de naturaleza intimista. Para no hacer un recuento que podría resultar abrumador y disperso, puedo ejemplificar con casos concretos. Uno de ellos es Manuel Echeverría, que si bien había publicado una novela a finales de los 60, su producción mayor y más importante apareció en las décadas posteriores. Echeverría parece continuar la empresa de autores como García Ponce, Galindo, Juan Vicente Melo o Sergio Pitol. Esto, en cuanto a que sigue los conflictos humanos íntimos para desprender de ellos la sustancia de sus libros, mas lo hace con procedimientos obviamente distintos de sus antecesores. Novelas como *Las manos en el fuego*, *Un redoble muy largo* y *La noche del grito* significan una búsqueda incansable de los recovecos del alma y del espíritu, de personajes involucrados en crisis existenciales de primera importancia: ningún ejemplo mejor que el del sacerdote que protagoniza la última novela mencionada, que es espléndida. Y esta indagación intimista es expuesta con una maestría narrativa indiscutible: Manuel Echeverría me parece un ejemplo claro de cómo las intenciones conceptuales deben regirse ante todo por la literatura concebida siempre como el arte que es, en la cual no tienen cabida los atisbos menores ni, muchos menos, las banalidades estéticas.

Otro de los narradores importantes en ese renglón es Jaime del Palacio: sus dos novelas publicadas hasta ahora, *Parejas* y *Mitad de la vida*, acusan una entrega total al retrato de los conflictos humanos más desatados y por eso graves. El novelista, como Echeverría, es dueño de una prosa brillante y de herramientas técnicas sobradamente eficaces, lo cual le permite entrar en la materia de su interés con una seguridad pasmosa, que deviene obras sacudidoras en cuanto a los asuntos que trata y entusiasmante por lo que toca a su tratamiento artístico.

Con ellos, puede mencionarse la acuciosa participación de narradores como María Luisa Puga, Silvia Molina, Marco Antonio Campos, Carlos Montemayor y Joaquín-Armando Chacón.

Por lo que respecta a quienes continúan con la experimentación formal y lingüística mostrada antes por autores como Elizondo, Del Paso o Pacheco, debe señalarse que la voracidad experimental de muchos de ellos se dio sobre todo en la segunda mitad de la década de los 70. Se trató de sacudirse las fórmulas paralizadas y ortodoxas para contar historias; de hallar nuevas vertientes, rumbos distintos de la expresión literaria. Algunos ejemplos son *Lapsus* de Héctor Manjarrez, *Cadáver lleno de mundo* de Jorge Aguilar Mora, *El aguacero* de Luis R. Moya y *Sastrerías* de Walter Samuel Medina, y en los 80 *Tola* de Dante Medina y *Caramelo* de Xorge del Campo, ante las cuales el lector padece un sin duda desconcierto, porque más que con despliegue imaginativo en cuanto al tema, se encuentra con trastrocamientos radicales de la estructura, con giros verbales atrevidos y con el aplastamiento de la anécdota propiamente dicha. Acaso por el abigarrado mundo experimental, varios de esos libros han pasado inadvertidos entre el público no especializado, y no tuvieron tanto relieve como los de otras tendencias. Estas obras, de uno u otro modo, contienen historias múltiples; no son narraciones conducidas conforme a las convenciones genéricas; hay en ellas mucho de *divertimento*, de exploración, de alucine; se va sin transición aparente de lo real a lo onírico; se desmembra lo formal y se apuesta en favor del experimento arquitectónico, de manera que muchas veces los lectores no saben ante qué tipo de material están, si los autores les han tomado el pelo o han perdido la razón. Las obras en cuestión contienen al mismo tiempo viñetas, cuadros, cuentos y anticuentos, retratos, pinceladas, deslices a veces surrealistas, pero en todo caso son libros concebidos y ejecutados por vías alternas, cien por ciento experimentales. Humberto Rivas, Emiliano González, Alain Derbez y otros han publicado libros que son novelas y pueden no serlo: así de caprichosa es su factura. Y como se apuntó, esta especie tuvo cierto auge en los 70 y posteriormente volvió a aparecer sólo esporádicamente, tal vez porque los narradores la encontraban limitada y/o limitante de acuerdo con sus propios propósitos.

La tercera de las tendencias enlistadas, la de índole política y social, ha sido un elemento relevante en la historia de la literatura nacional; sin embargo, es evidente que después de José Revueltas ese empeño adquirió un nivel prioritario y, sobre todo, se enfrentó desde perspectivas estéticas distintas. Es decir, no se trata ya del lloriqueo horroroso y estéril, no es cuestión de acudir al panfleto, al pasquín disfrazado de obra literaria para oponerse a determinados desajustes de naturaleza social. Se trata, en cambio, de vigorizar las ideas por medio del arte, de plasmar conceptos ideológicos mediante ejercicios que son, antes que nada, literarios. La consigna, entre las nuevas camadas de escritores que se guían por esa tendencia, parece ser anteponer el arte a los conceptos ideológicos, o que al menos marchen de la mano, con similares pretensiones de valor artístico.

Es obvio que entre las generaciones del período que nos ocupa se refleja una serie de cambios de orden político y social de primera magnitud que de alguna manera debieron afectarlas, influirlas y hasta determinarlas. Los escritores que publican sus primeros libros en los años 70 y después, eran casi imberbes cuando ocurrieron los aciagos hechos de 1968, y de alguna manera percibieren con mayor claridad los acontecimientos del 10 de julio de 1971 y, esencialmente, pudieron atestiguar la lucha clandestina de la guerrilla rural y urbana, los pretendidos cambios políticos como una incipiente y tibia apertura democrática, una falsa reforma electoral y los sacudimientos económicos que el país ha padecido en por lo menos los tres últimos sexenios. De esos hechos primero y de las confrontaciones cotidianas que se dan entre los distintos sectores sociales después, estos autores extraen los elementos que habrán de configurar en sus libros.

En 1968, año en el que habrían de efectuarse los Juegos Olímpicos en México, grupos estudiantiles efectuaron severas protestas públicas de descontento contra las autoridades del país, y pronto al movimiento estudiantil se sumaron otros sectores. Manifestaciones multitudinarias de inusitada frecuencia pusieron en entredicho al gobierno, que lejos de entablar un diálogo con aquellos, optó por la represión más sangrienta que haya ocurrido en México. Así, en octubre del 68 el ejército y la policía desencadenaron una matanza contra la multitud de jóvenes manifestantes. El hecho sacudió la vida intestina del país y tuvo repercusiones internacionales. Ese sacudimiento trastocó mucho del orden social y político de México, y ahora se considera que la masacre inició una nueva faceta en el rumbo de la nación.

El cruento suceso sacudió a la ciudadanía y no podía dejar de hacerlo con los escritores. De ese modo, hasta ahora se calcula más de un centenar de novelas y cuentos que abordan el asunto desde diferentes ángulos. Sin embargo, es significativo que la mayoría de los autores que asedian el tema son los que publicaron sus textos iniciales en la década de los 70, los 80 y aun los 90; es decir, se trata de escritores que en aquellos días eran todavía niños o adolescentes. Priva, en las obras sobre el 68, un ímpetu desbordado de protesta, de reclamo por la actitud irracional del gobierno que supone muchas otras irracionalidades, y se entiende que el acto represivo arrojó un resultado tal vez mucho más virulento que lo imaginado por las autoridades: lejos de intimidar las conciencias, de maniatar las actitudes de protesta, el hecho suscitó antipatías profundas y a veces rencorosas contra el gobierno, provocó una innegable concientización política y abrió nuevas vías a la disidencia ideológica que, en la narrativa, proliferó, como se dijo, en forma espectacular. Casi no hay novela o libro de cuentos mexicanos de los 70 en adelante que no presente cierto nivel de registro de los acontecimientos del 68: así sea sólo tangencialmente, se realza el asunto, como en un intento por instaurarlo en la memoria, para que no se olvide y sirva de acicate a otras luchas.

Aunque por todos los medios se trató de ocultar su existencia, la verdad es que en México, sobre todo en los años 70, se dio una desaforada guerrilla en los ámbitos rural y urbano. Núcleos de opositores al régimen se entregaron a una lucha clandestina cuyos efectos, sin embargo, se hacían sentir en la vida nacional: asaltos, secuestro de funcionarios y hombres de negocios, incursiones suicidas, etcétera, hicieron ver a las autoridades que aquello no era un juego, y emprendieron una feroz persecución de la guerrilla que repercutió en crímenes sangrientos y, fundamentalmente, en el encarcelamiento de decenas de guerrilleros. No obstante, en la memoria del país aquellas actividades parecen no haber existido. Pero varios escritores se encargaron de retomar los asuntos en sus novelas, así sea en forma circunstancial. Uno de ellos es tal vez quien mayor atención ha prestado al fenómeno, precisamente porque él mismo formó parte de la guerrilla: Salvador Castañeda, quien en sus dos novelas da cuenta de las actividades clandestinas y de sus consecuencias: *¿Por qué no dijiste todo?* y *La patria celestial*.

Otro asunto de índole social que inquietó especialmente a narradores del período en cuestión es la homosexualidad. Salvo un par de ejemplos recordables, publicados por lo demás en forma casi clandestina (me refiero a libros de Barbachano Ponce y de Ceballos Maldonado), el tema de la homosexualidad había sido proscrito de nuestras letras. Y es que en un país de arraigado cariz moral, de una religiosidad a toda prueba, lleno de mordazas, escribir sobre éste y otros temas era, incluso al inicio de los 70, tortuoso e inimaginable, siendo que las circunstancias de los homosexuales adquieren, como en todas partes, niveles de envergadura social insoslayables. En el caso de México los homosexuales son vistos como apestados, se les considera una lacra humana y social y se actúa en consecuencia contra ellos, denigrándolos, vituperándolos, escarneciéndolos. Pero en los años que me interesa describir se alzaron por primera vez, y de manera visceral, las voces de varios escritores que llevaron el asunto al terreno artístico con afanes testimoniales primero y luego con intenciones críticas que presuponen el acceso a medidas correctivas o, mejor, reivindicativas. Jorge Arturo Ojeda, Luis Zapata, José Joaquín Blanco, Raúl Rodríguez Cetina, entre varios otros, escribieron con excelentes resultados novelas y cuentos nutridos de aquel tema: desde entonces, la homosexualidad campea en forma natural en nuestro panorama literario, al grado de que incluso el lesbianismo, las relaciones amorososexuales entre mujeres, antes tabúes absolutos, han empezado a ser tratados, aunque tardíamente en comparción con la homosexualidad masculina: Rosa María Roffiel y Sara Levi Calderón han publicado sendas novelas, a principios de los 90, encaminadas a reflejar esas situaciones: se trata de *Amora* y *Dos mujeres*, respectivamente.

Pero hay muchísimas inquietudes más de esa naturaleza que se reflejan en la narrativa de los 70, los 80 y principios de los 90. Una de ellas, sobresaliente, enfoca los problemas que el crecimiento desmesurado de la ciudad de México presenta en todos los renglones. Tratándose de la urbe más poblada del mundo, encierra las contradicciones y desniveles más acentuados en todos los aspectos imaginables. Y lo que inquieta sobremanera es el hacinamiento, la miseria de la mayoría de sus pobladores, la carencia de vivienda y empleo, la violencia cotidiana, la delincuencia desatada que la convierten en una verdadera jungla donde todo es posible. Muchísimos narradores sitúan sus argumentos en esta ciudad y enfocan cada una de sus dificultades con intenciones críticas, de denuncia, con pretensiones correctivas. Algunos, como Armando Ramírez, Emiliano Pérez Cruz y Enrique Serna, dan preferencia al reflejo de las zonas más depauperadas del Valle de México: sus novelas y cuentos enfocan las zonas de miseria, las ciudades perdidas, y descubren que incluso en los ámbitos pertendidamente mejor habilitados de la urbe subsiste la miseria, el hambre, las desigualdades absolutas. Junto a ellos, narradores como Fidencio González Montes, Josefina Estrada y Eduardo Villegas han insistido en acusar esas profundas carencias urbanas. Que la mayoría de éstos hayan dado mayor atención a las zonas marginadas, no significa que el resto de regiones urbanas no haya tenido un número abundante de visitadores literarios. Juan Villoro, Cristina Pacheco, Víctor Roura, Guadalupe Loaeza, entre muchísimos más, pasean por la enorme ciudad pluma en mano, y registran sus pliegues más ocultos para armar una visión citadina que muchas veces tiene tonos apocalípticos.

La cuarta parcela delineada por autores de los 60, que siguió siendo notablemente asediada por autores de las décadas posteriores, se conoce como «literatura de la onda» (término acuñado apropiadamente por la crítica Margo Glantz), y se trata sin duda del más socorrido, del que mayor «escuela» ha dejado. Si se recuerda, los iniciadores de «la onda» (Sainz y Agustín principalmente) rompieron en forma radial con la ortodoxia narrativa imperante en la literatura mexicana (paralelamente, por supuesto, a las rupturas practicadas por vías polarmente distintas por autores como Fernández, Del Paso, Elizondo o Pacheco), mostraron desparpajo ante el lenguaje, ante las estructuras, e integraron en sus obras elementos antes inexistentes en nuestro medio. Pero, sobre todo, se propusieron captar en su literatura a los jóvenes, quienes antes aparecían en la narrativa nacional sólo como piezas decorativas, como comparsas, nunca como protagonista principales. Y el seguimiento de los jóvenes en sus ambientes citadinos, en sus conflictos, en sus juegos, en sus inconformidades, en sus apetencias, dio como resultado obras que en su momento llegaron a ser consideradas cualquier cosa menos literatura: la abundancia de referencias cinematográficas, musicales, el registro del habla juvenil tan peculiar en la década de los 60 en la ciudad de México, parecían desconcertantes. Aun así, los lectores jóvenes encontraron en esos libros su propio y auténtico mundo, de manera que «la onda» se convirtió para ellos en un descubrimiento formidable que siguieron inclaudicables.

Pero tal vez la mayor lección de los novelistas de «la onda» fue aprovechada por quienes empezaron a escribir luego de leerlos. Hubo así una camada vasta y plural de narradores que se dieron a seguir las pautas señaladas por aquéllos, se percataron que era posible escribir de otro modo, el más acorde con sus propias necesidades expresivas, a veces desfachatado, juguetón, pero no por eso menor en términos estéticos. La influencia de la literatura de «la onda» en las generaciones posteriores a su propio auge fue notoria, y se podría afirmar que se inauguró una especie de «literatura post-ondera». Aquí, enumerar ejemplos resultaría abrumador, porque cada lector podría mencionar sin problema una veintena de ellos, y leyéndolos encontramos vestigios vivos y marcados de «la onda». Es necesario destacar que la permanencia de esta vertiente se da en la actualidad sólo en el nivel de construcción narrativa, porque las propuestas, los sistemas de pensamiento, las ideas, han ido modificándose conforme pasa el tiempo. De ese modo, en nuestro país es posible hallar escritores con residuos de «la onda» pero involucrados en asuntos de otra índole, en los que tienen que ver todos los ángulos de la realidad y de lo imaginario. Como dije, hacer un recuento de los narradores que se han guiado por esa tendencia sería sofocante; sin embargo, leyendo a escritores como Juan Villoro, Carlos Chimal, Alberto Huerta, David Ojeda, Javier Córdoba y otros, puede hacerse una idea de la penetración que aquélla tuvo.

Cuando afirmo, en las páginas anteriores, que la narrativa mexicana producida en las décadas de los 70 y los 80 (y aun en los inicios de los 90) se guía por cuatro conductos o tendencias básicas, desprendidas de las enseñanzas de los narradores de las dos generaciones inmediatamente precedentes, pienso en la generalidad, en el rasgo distintivo, siendo obvio que, en medio de ese esquema, se han producido libros en nada o en muy poco relacionados con aquellos caminos, pues apuntan en otras direcciones, buscan otros sentidos. Sin embargo, se trata de casos aislados, son *rara avis* del medio, y no pueden por eso seguir ninguna clasificación o tendencia. Hay, por ejemplo, obras desconcertantes, como las de Carlos Ruiz Mejía, que parecen ser escritas por un demente para ser leídas por dementes y tienden a la imbricación de lo fantástico, lo sobrenatural y lo surreal. O las de Alberto Ruiz Sánchez, cuyos argumentos transcurren en regiones lejanísimas a la nuestra y han sido escritas bajo sistemas propios del escritor, sin que se advierta en ellos ningún tipo preciso de influencia de las corrientes que imperan en nuestra literatura. La tetralogía escrita por Manuel Capetillo, titulada *Plaza de Santo Domingo*, tiene posibles vínculos con cualquier cosa, menos con hechos reales. Los libros de Oscar de la Borbolla (*Las vocales malditas, Ucronías*) no respetan ningún afán de encasillamiento: están en transgresión abierta de toda convencionalidad.

Lo que se acaba de señalar no significa que, aun cuando hay cuatro vertientes determinantes, definitorias de la narrativa mexicana, hay tentativas por deshacerse del peligroso sentido unidireccional, por dejar de lado patrones previamente establecidos y difíciles de eludir. Y cada día son más los narradores que tratan de despachar las voces ajenas para encontrar las propias y hacerlas oír. Creo así que ésa es la seña definitoria más importante de la narrativa nacional: la renovación permanente, la búsqueda infatigable, el denodado esfuerzo por reanimar los modos de contar, lo que hay que contar, el para qué contarlo.

Esas tentativas por sacudirse los esquemas, los corsés, tienen muchas vías, y por eso y porque están en plena expansión, es aún difícil precisarlas. Pero observo que la narrativa mexicana parece poco dispuesta a seguir los viejos rumbos y en cambio parece disponerse a buscar otros nuevos y esperanzadores.

Uno de esos síntomas se percibe en la inquietud cada día más marcada de cuentistas y novelistas por abandonar la ciudad de México como centro temático preponderante, ya que en las tres últimas décadas la capital del país se apoderó de la atención de nuestros escritores, ejerció sobre ellos un embrujo superior, de manera que parecieron descuidarse y hasta olvidarse otras geografías, otras circunstancias. Ahora es evidente una marcha en sentido opuesto. Parece que los narradores han coincidido en la necesidad de atisbar otros horizontes, de ir con su literatura a otra parte. Dejando atrás el provincianismo artístico, dueños ya de un afinado sentido escritural, vuelven a la provincia, dejan la urbe. Autores como Jesús Gardea, Severino Salazar, Gerardo Cornejo, Luis Arturo Ramos, Ricardo Elizondo Elizondo, Daniel Sada, Emilio Valdés, Alejandro Hernández e incluso otros antes tan fieles a la metrópoli como Joaquín-Armando Chacón, Eugenio Aguirre u Octavio Reyes, han vuelto la mirada a la vida interior del país, y muestran a sus lectores toda la amplísima gama de posibilidades que ese ámbito ofrece.

Otros autores, por su parte, al dejar la ciudad, enfocan su atención en regiones distantes, como el caso ya anotado de Ruiz Sánchez. Como él. Héctor Manjarrez, María Luisa Puga, Alvaro Uribe, Roberto Vallarino, Raúl Hernández Viveros, Daniel Leyva, y otros, salen de México en busca de nuevos asuntos, pero debe aclararse de inmediato que no se trata de caer en el viejo estilo de turistear, sino de descubrir en aquellas experiencias posibilidades distintas y frescas para su propia literatura y su visión del mundo y, naturalmente, de la escena literaria a la cual corresponden.

En los últimos años el país ha sufrido una serie de alteraciones y sacudimientos en muchos órdenes. Por ejemplo, se ha evidenciado una fragorosa lucha política provocada por el descontento de la ciudadanía ante el sistema de gobierno actual y que arrastra desde hace cincuenta años, por lo menos, y que redunda en una concientización política cuyos efectos se empiezan a manifestar en las contiendas electorales. Las desigualdades sociales, por otra parte, se han recrudecido en los años recientes, y eso instaura nuevas formas de vida. De esos hechos y otros no menos virulentos, aunque de otra naturaleza (como los terremotos que devastaron la ciudad de México en 1985, y cuyos efectos y consecuencias aún no se perciben con claridad), los narradores tendrán, forzosamente, que extraer materiales riquísimos para seguir nutriendo sus obras.

Para concluir este atisbo, diría que en las décadas de los 70 y los 80 la narrativa mexicana alcanzó niveles espectaculares cuantitativamente, y aunque los mejores libros del período fueron escritos por autores que tenían ya un prestigio consolidado (Fuentes, Del Paso, García Ponce, Sainz, Pitol, Arredondo, Elizondo . . .), junto a ellos se manifestó un número destacado de narradores que publicaron libros importantes en sí, pero sobre todo prometedores, anunciadores del riquísimo futuro que espera a nuestra literatura, futuro que se sustenta en el ya anotado sentido de la renovación incesante en lo conceptual y en lo artístico. La narrativa de este país atraviesa un momento de transición que es importante seguir de cerca porque perludia, qué duda cabe, la culminación de un período y la apertura hacia tantos otros como pueda ser posible. Señalar específicamente cuáles serán las nuevas tendencias, las vías inéditas, sería imposible, porque los mismos autores están todavía tratando de definirlas, pero en ese aliento tienen el respaldo, el acicate de brillantes generaciones anteriores y, lo que es de mayor importancia, el reto de dejarlas atrás en términos artísticos para instaurar los suyos propios, acaso mucho más valiosos.

SUBJETIVIDAD Y LECTURA: IDEOLOGÍA DE LA TÉCNICA EN *EL LUTO HUMANO* Y EL CAMBIO NARRATIVO A MEDIO SIGLO

DANNY J. ANDERSON
University of Kansas

En el siglo XX, las décadas de los años cuarenta y de los años cincuenta marcan un cambio definitivo en la evolución del género novelesco en México. En particular, novelas como *El luto humano* (1943), de José Revueltas, *Al filo del agua* (1947), de Agustín Yáñez, y *Pedro Páramo* (1955), de Juan Rulfo, repetidamente destacan en estudios literarios como máximos ejemplos de este cambio narrativo de medio siglo, especialmente con respecto al género hegemónico de la «novela de la Revolución Mexicana». Aunque tales estudios concuerdan en que el cambio literario se observa gradualmente—sólo es percibido al considerar varios textos—y en que ninguna novela en sí modifica completamente la tradición novelística nacional, también es cierto que los mismos estudios debaten, a veces explícita y otras veces implícitamente, cuál de estas tres novelas caracteriza, marca, define o introduce mejor la llamada *nueva narrativa* en la novelística mexicana contemporánea.[1]

Siguiendo a grandes rasgos las líneas de este debate, dos aspectos de *El luto humano*, *Al filo del agua* y *Pedro Páramo* caracterizan la *nueva narrativa*. Primero, se ha señalado en estas novelas la exitosa integración y adaptación al contexto mexicano de varias estrategias narrativas asociadas con el *literary modernism* de Europa y de los Estados Unidos. Más recientemente, se ha comenzado a revalorizar la tradición novelística mexicana como fuente de tales estrategias narrativas, haciéndose hincapié en la narrativa vanguardista de fines de la década de los veinte y comienzos de los treinta. Segundo, se ha reconocido que esta introducción de nuevas técnicas narrativas produce un consecuente cambio en el papel de los lectores: les proporciona una experiencia más activa del proceso de leer y comprender el texto.[2] Además de estas facetas de la *nueva narrativa*, cabe subrayar un aspecto histórico: el cambio narrativo sólo se percibe a contraluz de las prácticas de significación del género hegemónico de la «novela de la Revolución Mexicana», que predomina durante la primera mitad del siglo; también, por medio del cambio narrativo, estas tres novelas contestan la manera de comprender el mundo creada y mantenida por la «novela de la Revolución Mexicana». Dentro de esta perspectiva, *El luto humano*, *Al filo del agua*, y *Pedro Páramo* también participan en el proceso de concluir el ciclo de la «novela de la Revolución Mexicana». Si bien tales observaciones aciertan como descripciones de facetas importantes de las novelas innovadoras de los cuarenta y de los cincuenta, al considerar el cambio dentro de una perspectiva ampliamente «cultural» se revela que no constituye sencillamente una «modernización» literaria, sino un cambio en la manera de imaginar y representar la existencia—tanto individual como colectiva—del ser humano. El análisis de *El luto humano*, por lo tanto, permite ejemplificar las características del cambio narrativo logrado en estas tres novelas de medio siglo y establece las bases para una consideración de la labor cultural que ellas realizan.[3]

La perspectiva cultural: técnica, ideología, lectura, y subjetividad

La perspectiva cultural va más allá de la concepción del texto literario como un reflejo fiel del contexto socio-histórico. Desde comienzos de los años ochenta, varios teóricos de la literatura han realzado la función de la representación en hacer posible la imaginación de lo socio-histórico.[4] En otras palabras, estas teorías señalan la imposibilidad de pensar el mundo fuera de una representación; por lo tanto, la representación en sí, con su uso específico de ciertas técnicas o prácticas de significación, implica ya una visión particular del mundo, es decir, una ideología; además, esta utilización de técnicas constituye la subjetividad de los lectores como la posición de inteligibilidad desde la cual esta ideología se acepta como natural e inevitable, en vez de revelarse como una construcción artificial e interesada.[5] Por lo tanto, *El luto humano*, dentro de esta perspectiva, desempeña una labor cultural que se hace manifiesta cuando se atiende al papel de las técnicas literarias en ofrecerle a los lectores una manera específica de imaginar el mundo.

Aunque muchas técnicas literarias contribuyen a formar la visión del mundo ofrecida por *El luto humano*, la función de la clausura es fundamental con respecto a la relación que la novela inscribe entre el texto, la significación y los lectores. Tampoco es gratuito un énfasis en la clausura para una consideración cultural e histórica ya que, como ha propuesto Rachel Blau DuPlessis, «Narrative outcome is one place where transindividual assumptions and values are most clearly visible, and where the word 'convention' is found resonating between its literary and social meanings» (3). El momento final del texto narrativo, pues, ocupa un lugar privilegiado porque le incumbe negociar la resolución (o falta de resolución) entre los conflictos ideológicos que han motivado la progresión textual. Con respecto a la relación entre el texto, la significación y los lectores, una clausura clásica produce dos efectos: primero, pretende detener el proceso de significación y reducirlo a un último significado, que serviría como un resumen unívoco del mensaje textual; y segundo, con la retrospección absoluta después de leído el texto, se les ofrece a los lectores la seguridad de una posición de comprensión homogénea, estable y fija desde la cual este «último significado» se acepta como la resolución natural e inevitable del proceso textual de significación.[6] *El luto humano*, en contraste, emplea estratégicamente las técnicas asociadas con la estructuración del texto y con la estratificación de discursos alrededor de la voz narradora, para desembocar en un capítulo final que resiste la clausura clásica e instaurar una subjetividad en proceso para los lectores.[7]

El luto humano: *el proceso de la muerte*

> Representaba mucho aquel cuerpo habitado por la muerte. No era un cuerpo ocasional, sino profundo; un proceso sombrío. (*El luto humano* 111)

En la tradición novelística occidental, la muerte ha autorizado el acto narrativo y ha ocupado un lugar privilegiado como un signo de clausura. Por una parte, abundan las novelas que culminan con la muerte del protagonista, definiendo así la totalidad biográfica que sustenta la unidad de la narrativa. Por otra parte, la muerte también ha servido para marcar la metafórica muerte textual, ya que una novela enfocada en la representación de la biografía tiene que concluir cuando el protagonista muere. Dado este papel privilegiado de la muerte, Walter Benjamin ha llegado a proponer que «not only a man's knowledge or wisdom, but above all his real life—and this is the stuff that stories are made of—first assumes transmissible form at the moment of his death. . . . Death is the sanction of everything that the storyteller can tell. He has borrowed his authority from death» (94). *El luto humano* entra en diálogo con esta función narrativa de la muerte para desafiar la autoridad que se le ha atribuido como fuente de significación, unidad y plenitud textuales. En vez de esto, en la novela de Revueltas la estructuración del texto y el papel de la voz narradora convergen en el último capítulo—el lugar de la muerte figurativa del texto—para socavar la función de la muerte como un signo de clausura.

Desde el comienzo, *El luto humano* pone en juego el significado del vocablo «muerte» para restarle sus connotaciones puntuales y terminantes.[8] Después de un epígrafe de Alberto Quintero Alvarez, que describe la muerte como «infinitamente un acto amoroso» (9), el texto comienza personificando a la muerte: «La muerte estaba ahí, blanca, en la silla, con su rostro» (11). En breve continúa por señalar que «la muerte no es morir, sino lo anterior al morir, lo inmediatamente anterior, cuando aún no entra en el cuerpo y está, inmóvil y blanca, negra, violeta, cárdena, sentada en la más próxima silla» (12). Toda la estructuración narrativa que sigue a este comienzo representa la muerte como «lo anterior al morir»: un mínimo grupo de personajes huyen de un velorio pobre, cargando el cadáver de la niña velada, porque la inundación producida por un río desbordado los amenaza con su propia muerte; tras una noche de errar en la oscuridad, atados el uno al otro por una soga, el grupo vuelve a su punto de partida, la casa del velorio, para esperar allí en la azotea su propia muerte inminente.

El capítulo final, el capítulo nueve de *El luto humano*, resiste la clausura de la muerte por llevar este desarrollo narrativo del proceso de la muerte a sus últimas consecuencias. El capítulo nueve constituye el espacio textual donde la estructuración desemboca en los momentos anteriores a que unos zopilotes se arrojen «encima de sus víctimas» (187, se trata de la última frase de la novela). De esta manera, el capítulo final de *El luto humano* enfatiza la transformación de la muerte lograda por la estructuración de los capítulos previos; la muerte se ha transformado de un fenómeno puntual y terminante en «lo anterior al morir», una anterioridad que resulta ser un proceso con su propio tiempo (la noche del velorio, la huída, y los tres días de espera) y con su propio espacio (la errancia circular alrededor del punto de partida y la azotea de la casa). El fatalismo de los personajes y de la voz narradora constantemente niega la posible esperanza de supervivencia al final; se traza el inexorable curso de estos personajes que «Caminaban, en efecto, dentro de su ataúd . . .» (81) porque «todo lo que había sido la vida, prepararíase desde hoy para la muerte» (47). En este sentido, la estructuración presupone un constante acercamiento a la línea que divide el proceso de la muerte del otro evento, «el morir», sin transgredir estructuralmente la estabilidad de esta frontera. Este acercamiento sugiere, por una parte, la imposibilidad de representar o aún de significar desde una retrospección después de la vida y, por otra, la resistencia textual a la clausura tradicionalmente asociada con la muerte.

En contraste con «el morir», que queda fuera de la representación, la voz narradora, en el capítulo nueve, enfatiza la resistencia a la clausura por medio de la representación de una heterogeneidad de discursos en la novela. El capítulo final rompe con la alternación regular entre el discurso de la voz narradora y el de los personajes. En el capítulo nueve proliferan referencias a múltiples tipos de discurso: además del lenguaje de los personajes, la voz narradora integra y cita fragmentos de un título de propiedad de 1658 (124), de una crónica de Fray Bernardino de Sahagún (126), del lenguaje político y laboral (133), de una narración oral que se cuenta como una historia de espantos (135-50), de un mensaje obispal (168, 170), y de un reportaje periodístico (182-84). Paralelo a esta repentina multiplicidad discursiva, los bruscos cambios de tono y de tema también establecen una red de conexiones entre varias categorías novelísticas. Si los primeros ocho capítulos inscriben el texto como una combinación de novela psicológica y novela existencialista, el capítulo nueve introduce una amplia gama de modalidades narrativas que relacionan *El luto humano* con otros tipos de narración: la novela de protesta social, la novela utópica del realismo social, la novela de la Revolución Mexicana, la novela indigenista, y la novela de la Rebelión Cristera. De esta manera, la heterogeneidad del último capítulo contribuye a resistir la clausura de una categoría novelística; la multiplicidad extiende el proceso de significación por dramatizar el juego de connotaciones que las técnicas narrativas controlarían o reprimirían (en otros casos) para inscribir un texto narrativo dentro de los límites de un tipo de narración específico.

Además de la heterogeneidad introducida por la voz narradora, la estratificción de discursos también participa en la resistencia a la clausura clásica por enfatizar la imposibilidad de significar después de la vida. El último capítulo de *El luto humano* no sólo es el más largo, ocupando una tercera parte del libro, sino que, con respecto a la voz narradora y los niveles narrativos, también ofrece la mayor complejidad de todo el texto. En los ocho capítulos anteriores, el uso extenso del mónologo interior sirve para integrar información sobre el pasado de los personajes, su vida anterior a la noche del velorio. Los personajes en el proceso de la muerte están recordando continuamente, en busca de una manera de comprender lo que habrá significado su vida al llegar el momento del morir y la voz narradora cita y comenta estos recuerdos. En el capítulo nueve, sin embargo, la voz narradora asume su propia omnisciencia para introducir lo que vienen a ser los recuerdos de dos cadáveres, es decir, dos personajes asesinados: Adán y Natividad. Aunque pueda parecer que así el texto construye una posición de comprensión más allá de la muerte, el uso de una anacronía analéptica producida por la voz narradora, vuelve a enfatizar la imposibilidad de significar desde «el morir». En comparación con los monólogos interiores de los capítulos anteriores, donde la información corresponde a los conocimientos de los personajes antes de morir, en el capítulo nueve los conocimientos sobre Adán y Natividad sólo surgen por mediación de la omnisciencia de la voz narradora. Además, dentro de esta larga y compleja analepsis—que comprende casi la totalidad del capítulo nueve y posterga la llegada textual a su propia finalidad—la voz narradora tiene que volver a los momentos de vida de Adán y Natividad para representarlos, para citarlos como personajes que hablan y significan, y para evocar su movimiento en el último capítulo. Por lo tanto, la voz narradora respeta la estratificación de discursos alrededor de su omnisciencia para enfatizar la vida como un proceso hacia la muerte y la imposibilidad de significar al entrar en «el morir», apoyando de esta manera la resistencia a la clausura obrada por la estructuración del texto.

En contraste con esta obediencia a la jerarquización de niveles narrativos, la voz narradora simultáneamente viola y rompe dicha estratificación al revelar su propia subjetividad cuando asume el uso de la primera persona gramatical, el «yo». La voz narradora ya ha asumido la primera persona gramatical en dos ocasiones anteriores al capítulo nueve (61, 91), y aquí aparece en tres pasajes en las últimas veinte páginas de la novela (166, 179, 184). En breve, la irrupción del «yo» en *El luto humano* se compararía con algo así como el dramatismo de una apóstrofe poética combinada con la intrusión editorial del autor.

Como ejemplo de esta irrupción del «yo» que altera la estratificación de discursos, su última aparición presenta una meditación sobre la conciencia de la muerte que ya habita el cuerpo viviente. La voz narradora cita primero los pensamientos de un personaje, Marcela, quien está recordando un reportaje periodístico sobre una ejecución en la silla eléctrica y el «olor propio» que «cada uno tiene al chamuscarse en la silla» (183). Después, la voz narradora se apropia de la descripción periodística para meditar en el presente verbal la relación entre su propio cuerpo y la muerte:

> Yo sé que guardo toda la miseria y toda la grandeza del hombre dentro de mi propio ser. Que defeco y eyaculo y puedo llenarme de pus el cuerpo entero. Cuando lo reconozco me dan ganas de llorar, y lloraría como nadie lo ha hecho en toda la historia humana de poder aspirar el nauseabundo olor de mi propia carne entre las llamas o presa de las corriente eléctricas de una bestial silla homicida, porque ése es mi olor, y el olor del criminal ejecutado era el propio olor mío, a cerdo en llamas y cabellos y grasa ardiendo. (184)

La aparición de esta voz en primera persona produce un efecto contradictorio dentro del contexto de una narración en tercera persona. Por una parte, al romper las convenciones asociadas con la estratificación de discursos, sirve para revelar el artificio narrativo y así distanciar a los lectores del texto. Es decir, la revelación del «yo» hace patente que la superioridad permitida por la omnisciencia de la voz narradora y la paralela posición de observadores asumida por los lectores son construcciones permitidas por relaciones convencionales entre la voz narradora y los niveles narrativos estratificados, entre los lectores y el texto, todas ellas basadas en la represión del «yo».

Por otra parte, este uso de la primera persona gramatical, al romper la ilusión convencional del texto, presupone un acercamiento de la voz narradora a los lectores para comunicarles más directamente el mensaje narrativo. En este sentido, con respecto al proceso de significación, la revelación del «yo» implica un colapso de la estratificación y una nivelación de la voz narradora, de la posición de comprensión de los lectores y del mundo de los personajes. Además, esta nivelación narrativa enfatiza el aspecto temático introducido por el «yo»: la igualdad de todos los cuerpos frente a la muerte (el «olor» en la cita anterior) y la interrelación entre todos los seres humanos. Incluso el «yo» es más explícito en términos de esta igualdad en su penúltimo comentario: «Como preguntar yo mismo dónde comienzan mis propios límites, distinguiéndome del coro, y en qué sitio se encuentra la frontera entre mi sangre y la otra inmensa de los hombres, que me forman» (179). Dentro de esta perspectiva, la introducción del «yo» en la novela también altera y resiste la clausura del texto clásico, ya que pone de manifiesto el carácter artificial y construido de toda posición de comprensión que los lectores pueden ocupar con respecto al texto.

Esta resistencia a la clausura logra un cambio radical en la subjetividad de los lectores. Entendida como la posición de comprensión que hace inteligible el texto, la subjetividad de los lectores de *El luto humano* no puede reducirse a una sola posición, ni puede identificarse con una posición absoluta y superior asumida después de leído el texto. La estructuración y la estratificación de discursos con respecto a la voz narradora en *El luto humano* producen una subjetividad en proceso que consiste en el flujo constante de múltiples, y a veces contradictorias, posiciones para comprender la significación. La estructuración del texto produce un movimiento continuo, que hace avanzar a los lectores hacia la frontera que define «el morir» sin jamás llegar allí, negándose a representarlo. Aunque los lectores atraviesan la frontera de la «muerte del texto» al terminar la lectura, se les ha negado la posibilidad de atribuirle a esa posición de retrospección total el poder interpretativo de dominar, reducir, detener y clausurar el proceso de significación. Los lectores, desde la retrospección de una lectura terminada, sólo pueden volver sobre el proceso mismo inducido por la lectura del texto, participar en un movimiento a través de varias posiciones que siempre van acercándose a la frontera entre el proceso de la muerte y el morir, sin poder reducir tal proceso a una posición única, estática y homogénea de plenitud significativa.

Por medio de la subjetividad en proceso, *El luto humano* logra las implicaciones más importantes del cambio narrativo y lleva a cabo su labor cultural. En términos más reducidos, la subjetividad en proceso efectúa dos fenómenos: por una parte, revela la significación como un proceso temporal, una continua negociación entre múltiples y hasta contradictorias posiciones de comprensión; por otra, demuestra que toda posición de comprensión es el resultado de cierta práctica de representación que implica una particular visión del mundo; es decir, una ideología específica. En combinación, estos dos aspectos hacen patente el carácter artificial, construido y siempre interesado de cualquier visión del mundo. En este sentido, *El luto humano* no pretende evitar el conflicto entre distintas ideologías ni propone una visión abarcadora del mundo representado en la novela que resultaría natural e inevitable. Más bien, por enfatizar el proceso de construir relaciones, negociar intereses y constituir posiciones, la subjetividad en proceso experimentada por los lectores de *El luto humano* los invita a vislumbrar y a cuestionar los mecanismos de poder que luchan por controlar la significación del texto y, por extensión, del proceso social que denominamos «realidad».

En esta perspectiva, el proceso de muerte vivido por los personajes en *El luto humano* tematiza el concepto de la subjetividad en proceso.[9] Debido a lo extremado de su situación, llegan a ser conscientes de las múltiples relaciones que delimitan y definen sus mutuas posiciones, posiciones que ellos asumen como su propia identidad. En primer lugar, la temporalidad del proceso de muerte evoca la serie de posiciones momentáneas que los acerca sin remedio a la frontera del morir. Segundo, por medio de los recuerdos y la lucha por salvarse, cada personaje asume su propia historia para evocar su existencia como un ser aislado, separado e individual. En contraste con estos dos factores existenciales—la temporalidad y la individualidad—todos comparten una serie de posiciones que los define como un grupo unido y a la vez dividido. Por una parte, el empeño común por salvarse y su condición compartida en términos sociales, económicos y raciales (campesinos, participantes en una huelga fracasada y mestizos) contribuyen a unificarlos. Por otra, la profesión del sacerdote, la unión en parejas o matrimonios, los celos producidos por el triángulo entre Ursulo, Cecilia y Calixto, y la diferencia sexual entre hombres y mujeres los distingue y divide. En fin, la soga que los ata entre sí y el espacio en la azotea que comparten luego, representan metafóricamente su condición a la vez individual y colectiva, sus múltiples posiciones unidas y divididas, un grupo de seres íntima y profundamente interrelacionados: «... todos ellos se sentían hoy inconscientemente unidos, solidarios trascendentes de algo que no les alcanzaba, juntos hasta la desesperación» (60). El proceso de la muerte en *El luto humano*, entendido como una representación temática de la subjetividad en proceso, hace patente la multiplicidad y la continua mutación de posiciones que participan en producir la significación y evocar las varias identidades asumidas por cada personaje.

Con respecto a los lectores, la subjetividad en proceso constituye una manera distinta de comprender la significación textual y los procesos sociales. En este sentido, la subjetividad en proceso explica los mecanismos textuales de lo que Ruffinelli ha llamado «la actitud político-estética» de Revueltas. En palabras de Ruffinelli, para Revueltas

> ... la novela no será otra cosa que incitación. No se agota en sí misma, no quiere cortar los caminos que la superen y la continúen; se desarrolla en el texto hasta cierto momento; después debe seguir en la imaginación del lector. Alusiones, símbolos, metáforas, concurren a un similar propósito: nada es fijo, determinado, inmóvil; al contrario, todo es un movimiento continuo y ese movimiento no ha de permanecer limitado en una caja de cristal sino establecer vínculos, seguir su curso. (60)

De igual manera, la resistencia a la clausura y la negación de una subjetividad homogénea para los lectores participa en lo que Escalante llama la proletarización del lector (30-33); es decir, no les permiten a los lectores la recompensa «económica» del «placer cultural» de la lectura:

> ... lo que está haciendo Revueltas es involucrar a sus lectores dentro de una dialéctica de degradación que, lejos de ser espontánea, o de haber surgido por sí sola como un reflejo mecánico de la realidad, se plantea de una manera metódica como articulación propia de lo real, o cuando menos, de lo real tal y como se constituye dentro del proceso de la producción literaria. (22-23)

En vez de reproducir una imagen de la realidad y del ser humano como elementos fijos, estables y ya provistos de un significado de plenitud, la subjetividad en proceso invita a los lectores a reconocer el proceso inacabado e inacabable de construir las posiciones de comprensión, y a comprender los profundos lazos que contradictoriamente definen la unión y la separación de la red de interrelaciones que sostienen el texto y la realidad social.

El luto humano, Al filo del agua, y Pedro Páramo: *el cambio narrativo*

> ¡México profundo, sin superficie de tan interior, subterráneo y lleno de lágrimas desconocidas! (*El luto humano* 102)

Cabe subrayar la ejemplaridad de este análisis de *El luto humano*. Vistas dentro de una perspectiva cultural e histórica, las tres novelas—*El luto humano*, *Al filo del agua*, y *Pedro Páramo*—manifiestan una gran afinidad con respecto a la labor cultural que desempeñan. Igual que en *El luto humano*, *Al filo del agua* y *Pedro Páramo* movilizan la estructuración textual y la estratificación de discursos para resistir la «clausura clásica» característica de las novelas de la Revolución Mexicana. En las tres novelas hay una coincidencia de varios elementos: un capítulo o fragmento final donde surge la fuerza de la heterogeneidad, una voz narradora que establece complejas relaciones con la estratificación de discursos, una ausencia del tradicional personaje central y en su lugar una colectividad de personajes que representa lo social como una red de interrelaciones, un uso extenso del monólogo interior y, finalmente, un énfasis en el cuerpo humano—el cuerpo que muere en *El luto humano*, el cuerpo que reprime sus deseos en *Al filo del agua*, y el cuerpo muerto que habla o que se desmorona en *Pedro Páramo*. En las tres novelas, la combinación específica de técnicas literarias niega la posibilidad de reducir el texto y el proceso de la significación a un último significado e instalar a los lectores en una posición homogénea y estable de observación y comprensión. La producción de la subjetividad en proceso en estas tres novelas inscribe un profundo cambio narrativo: por medio de la subjetividad en proceso estas novelas llevan a cabo la labor cultural de cuestionar los procesos sociales—en breve, los mecanismos de poder—que reducirían la significación a un significado único y último, que definirían las posiciones de comprensión, y que construirían una visión de la realidad sin permitirnos vislumbrar sus intereses.

La realización de esta labor cultural por *El luto humano*, *Al filo del agua* y *Pedro Páramo*, sin embargo, ha producido un efecto contradictorio. Precisamente por ser textos que analizan la producción de la identidad en cuanto una subjetividad en proceso, se les ha emparentado frecuentemente con la llamada «ontología de lo mexicano» (e.g, Dessau 446-52; Sefchovich 109-40). En *Narrative Innovation and Political Change in Mexico* Brushwood ha acertado en describir este efecto contradictorio como la tensión entre lo nacional y lo internacional durante los años 1942-1958 (31-56).[10] Con respecto a lo nacional, se ha querido encontrar en estas novelas el descubrimiento del alma nacional, la esencia de «lo mexicano». Al mismo tiempo, y contradiciendo lo anterior, la subjetividad en proceso subyace en el proyecto internacional por demostrar que la identidad—en este caso el «alma» nacional —es el producto de fuerzas y múltiples interrelaciones que construyen e instituyen la(s) posición(es) que uno asume para comprender la realidad y para comprenderse a sí mismo.[11] Es decir, no existe ni puede existir una esencia de «lo mexicano», toda «identidad» no es más que un proceso de sujetarse a y asumir plenamente tales posiciones como una identidad homogénea, estable y fija. En otras palabras, desde la óptica de lo internacional, «lo nacional» es una posición ideológica: la clausura de un significado último—la etiqueta de «lo mexicano»—que fundamenta y también controla la significación. En fin, *El luto humano*, *Al filo del agua*, y *Pedro Páramo* y el cambio narrativo de medio siglo inscriben una profunda tensión entre lo nacional y lo internacional. Con respecto a los textos, esta tensión requiere nuevas técnicas para producir una perspectiva distinta para los lectores, una subjetividad en proceso, y de ahí la contradictoria necesidad de representar el alma mexicana literariamente, para poder desmitificar su construcción en el movimiento de lo real.

NOTAS

1. Abundantes estudios enfatizan los cambios ocurridos en la novelística de los cuarenta y los cincuenta. De particular importancia son los estudios citados de Brushwood y los de Sommers, Dessau (370-94, 446-63), Domínguez (1001-1065), Portal (182-222), y Sefchovich (103-40). Con respecto al debate, implícito y explícito, véase el artículo de Murad.

2. La excelente tesis doctoral de D'Lugo analiza la experiencia activa de la lectura en la novelística mexicana a partir de 1947 (fecha de la publicación de *Al filo del agua*). D'Lugo establece una oposición entre las estrategias «clásicas» y las «anticlásicas», una oposición equiparable, en ciertos aspectos, con la oposición que sugiero abajo entre la clausura «clásica» y la resistencia a la clausura. A diferencia de D'Lugo, quien enfatiza las nuevas demandas cognoscitivas impuestas sobre los lectores por el cambio narrativo, relaciono este cambio también con la producción de la subjetividad de los lectores y con la producción textual de la ideología.

3. Por lo general, las aproximaciones a las novelas de José Revueltas han tendido a combinar aspectos biográficos con varios asuntos: referentes históricos (Rabadán); la temática «mexicanista» (Rabadán, Slick, Torres, Negrín); lo mítico-arquetípico (Romero, Sheldon); y el comentario ideológico-filosófico con respecto al marxismo, el existencialismo y el cristianismo (Agustín, Ruffinelli, Merrell, Escalante, Frankenthaler, Negrín). Notable es el hecho de que los primeros estudios (González 405, Irby 110-31), y las reseñas en particular (Paz, Martínez), han tendido a señalar «fallas» de estilo. Sólo a partir de los años sesenta, cuando Revueltas se convierte en «héroe» del movimiento estudiantil de 1968, se ha comenzado a tomar en serio su novelística. Sheldon proporciona un excelente recuento de la crítica en torno a la obra de Revueltas (153-65). Aunque la bibliografía crítica ha incluido algunas referencias a aspectos técnicos y estructurales en *El luto humano*, por lo general las estrategias narrativas han sido los elementos menos estudiados en Revueltas. De hecho, el panorama crítico resulta contradictorio, dado el interés en ubicar a Revueltas entre los iniciadores de la *nueva narrativa* en México y el énfasis en las técnicas narrativas asociado con esta corriente.

4. Esta tendencia comienza en los años setenta en los estudios, por ejemplo, de Michel Foucault, Edward Said y Hayden White. Ya se difunde y se desarrolla ampliamente para los ochenta en estudios como los de Fredric Jameson, Steven Mailloux, Barbara Herrnstein Smith y Jane Tompkins.

5. En términos más amplios, el antropólogo y etnógrafo Clifford Geertz enfatiza cómo todo fenómeno cultural participa en la producción de la subjetividad humana. Los estudios de Geertz proponen que todo fenómeno simbólico, desde una pelea de gallos en Bali o la religión hasta el teatro de Shakespeare o las novelas de Dickens, no sólo le revela a uno su propia subjetividad representada, sino que también es ingrediente en el proceso de construir tal subjetividad:

> Yet, because—in another of those paradoxes, along with painted feelings and unconsequenced acts, which haunt aesthetics—that subjectivity does not properly exist until it is thus organized, art forms generate and regenerate the very subjectivity they pretend only to display. Quartets, still lifes, and cockfights are not merely reflections of a pre-existing sensibility analogically represented; they are positive agents in the creation and maintainance of such a sensibility.... It is in such a way, coloring experience with the light they cast it in, rather than through whatever material effects they may have, that the arts play their role, as arts, in social life. (450-51)

En general, los sistemas simbólicos—y siendo uno de éstos, por supuesto la literatura—realizan una doble labor cultural: sirven como modelos *de* la realidad, y además constituyen fundamentalmente modelos *para* la realidad (Geertz 93). En este sentido, la representación literaria presupone no sólo un modelo de la subjetividad vislumbrado por medio de la producción de personajes, por ejemplo, sino que también implica un modelo para la subjetividad de los lectores, un «modelo *para*» y una subjetividad creados y mantenidos por las técnicas literarias.

6. Partiendo de las teorías de Roland Barthes, especialmente en *S/Z*, la clausura se logra por medio de una estructuración específica de los llamados códigos de la acción y del engima, y por una estratificación de los discursos novelísticos alrededor de la voz narradora. Además de los estudios del mismo Barthes, estas teorías han sido desarrolladas, tomando en cuenta el marxismo de Althusser y el psicoanálisis de Lacan, en los libros de Coward y Ellis, de Silverman y de Cohan y Shires. De particular interés es la revisión crítica de esta concepción de la subjetividad ofrecida por Paul Smith.

En cuanto al concepto de clausura, Kermode, Miller, Torgovnick y DuPlessis han proporcionado excelentes libros sobre el tema. El ensayo de Brooks, que medita la clausura desde una perspectiva psicoanalítica, es de importancia fundamental por sintetizar aspectos compartidos por los otros estudios sobre la clausura.

7. Dentro del panorama crítico en torno a *El luto humano* y a la obra de Revueltas en general, esta aproximación propone no sólo elucidar aspectos de la nueva narrativa compartida también por *Al filo del agua* y por *Pedro Páramo*, sino que además establece un puente entre la bibliografía que enfatiza a nivel de temas e ideas «lo ideológico» en la novela de Revueltas y su empleo de ciertas estrategias narrativas. Escalante implícitamente ha propuesto esta idea en cuanto al efecto de los textos de Revueltas sobre los lectores, aunque no ha formulado una explicación de cómo se logra esto en el nivel de las técnicas literarias. Al describir los textos de Revueltas como una «máquina literaria», Escalante explica que ellos se imponen al lector para que «experimente y sufra el movimiento de lo real, la expresión literal . . . del devenir interno de la realidad . . .» (26).

8. Según Merrell, la estrecha relación binaria en la oposición vida/muerte demuestra que la significación de la vida está habitada por «la otredad» de la muerte.

9. Ruffinelli interpreta el caminar de los personajes en el proceso de muerte como «una metáfora de la existencia humana» (54). De manera semejante, Merrell lo destaca como una metáfora para «las prisiones» creadas por los seres humanos. Igualmente, Sheldon comenta el aspecto arquetípico de este caminar para comprender la vida como un «peregrinaje» (114-19). Una lectura del proceso de muerte como una representación temática de la subjetividad en proceso revela el elemento común en estas interpretaciones: las fuerzas de la realidad—el movimiento de lo real, en palabras de Escalante—participan en definir las identidades asumidas por los personajes en el transcurrir temporal de la vida.

10. Jean Franco también considera esta tensión al señalar la complejidad de interpretar *El luto humano*—al igual que muchas otras novelas hispanoamericanas— como una sencilla «alegoría nacional». Discutiendo las novelas de los cuarenta y los cincuenta, Franco escribe: «the novel which, in the nineteenth century, had offered blueprints of national formation more and more became a sceptical reconstruction of past errors. The novel made visible that absence of any signified that could correspond to the nation» (205).

11. En este sentido, la «ontología de lo mexicano» no sólo estudia la identidad mexicana, sino que también constituye una formación discursiva que produce y organiza tal identidad. Por lo tanto, «la ontología de lo mexicano», igual que «lo criminal» o «lo sexual» estudiados por Michel Foucault, implica una disciplina y una tecnología cuyo propósito es la evocación, organización y control del «alma mexicana». En esta perspectiva, se entiende el énfasis en el monólogo interior y en el cuerpo en *El luto humano*, *Al filo del agua* y *Pedro Páramo*, ya que el cuerpo es el sitio donde las disciplinas y las tecnologías de la identidad ejercen su poder para controlar la significación social y producir el «alma mexicana» que sufre, reflexiona, se revela a través de los monólogos interiores.

OBRAS CONSULTADAS

Agustín, José. «Epílogo: La obra literaria de José Revueltas». *Obra Literaria*. Tomo 2. José Revueltas. México: Empresas Editoriales, 1967. 631-48.

Barthes, Roland. *S/Z*. Trad. Richard Miller. New York: Hill and Wang, 1974.

Benjamin, Walter. *Illuminations*. Ed. Hannah Arendt. Trad. Harry Zohn. New York: Schocken Books, 1968.

Bersani, Leo. «The Subject of Power». *Diacritics* 7.3 (1977): 2-21.

Brooks, Peter. «Freud's Masterplot: A Model for Narrative». *Reading for the Plot: Design and Intention in Narrative*. New York: Alfred A. Knopf, 1984. 90-112.

Brushwood, John S. *México en su novela: Una nación en busca de su identidad*. Trad. Francisco González Aramburo. México: Fondo de Cultura Económica, 1973.

———. «Períodos literarios en el México del siglo XX: La transformación de la realidad». *La crítica de la novela mexicana contemporánea*. Ed. Aurora M. Ocampo. México: UNAM, 1981. 157-73.

———. «The International Context of Nationalism (1942-1958)». *Narrative Innovation and Political Change in Mexico*. University of Texas Studies in Contemporary Spanish-American Fiction. Volume 4. New York: Peter Lang, 1989. 31-56.

Cohan, Steven y Linda Shires. *Telling Stories: A Theoretical Analysis of Narrative Fiction*. New York: Routledge, 1988.

Coward, Rosalind y John Ellis. *Language and Materialism: Developments in Semiology and the Theory of the Subject*. London: Routledge & Kegan Paul, 1977.

Dessau, Adalbert. *La novela de la Revolución Mexicana*. Trad. Juan José Utrilla. México: Fondo de Cultura Económica, 1972.

D'Lugo, Carol Clark. *Fragmentation and Reader-Response: A Study of Anti-Classical Strategies in the Mexican Novel: 1947-1965*. Tesis doctoral. Brown U, 1983. Ann Arbor: UMI, 1983. 8325968.

Domínguez Michael, Christopher. *Antología de la narrativa mexicana del siglo XX, I*. México: Fondo de Cultura Económica, 1989.

DuPlessis, Rachel Blau. *Writing Beyond the Ending: Narrative Strategies of Twentieth-Century Women Writers*. Bloomington: Indiana UP, 1985.

Escalante, Evodio. *José Revueltas: Una literatura del «lado moridor»*. México: Era, 1979.

Foucault, Michel. *Discipline and Punish: The Birth of the Prison*. Trad. Alan Sheridan. New York: Vintage Books, 1979.

———. *The History of Sexuality, Volume I: An Introduction*. Trad. Robert Hurley. New York: Vintage Books, 1980.

———. «The Subject and Power». *Critical Inquiry* 8 (1982): 777-95.

Frankenthaler, Marilyn. *José Revueltas: El solitario solidario*. Miami: Ediciones Universal, 1979.

Franco, Jean. «The Nation as Imagined Community». *The New Historicism*. Ed. H. Aram Veeser. New York: Routledge, 1989. 204-12.

Geertz, Clifford. *The Interpretation of Cultures*. New York: Basic Books, 1973.

González, Manuel Pedro. *Trayectoria de la novela en México*. México: Ediciones Botas, 1951.

Irby, James East. «José Revueltas». «La influencia de William Faulkner en cuatro narradores hispanoamericanos». Tesis de maestría. Universidad Nacional Autónoma de México, 1956. 110-31.

Jameson, Fredric. *The Political Unconscious: Narrative as a Socially Symbolic Act*. Ithaca: Cornell UP, 1981.

Kermode, Frank. *The Sense of an Ending*. New York: Oxford UP, 1967.
Mailloux, Steven. *Rhetorical Power*. Ithaca: Cornell UP, 1989.
Martínez, José Luis. «Premio Nacional de Literatura. *El luto humano*, de José Revueltas». *Literatura mexicana: siglo XX, 1910-1949*. Tomo I. México: Antigua Librería Robredo, 1949. 221-26. Reseña originalmente publicada en 1943.
Merrell, Floyd F. «Man and His Prisons: Evolving Patterns in José Revueltas' Narrative». *Revista de Estudios Hispánicos* 11 (1977): 233-50.
Miller, D. A. *Narrative and its Discontents: Problems of Closure in the Traditional Novel*. Princeton: Princeton UP, 1981.
Murad, Timothy. «Before the Storm: José Revueltas and Beginnings of the New Narrative». *Modern Language Studies* 8 (1977-78): 57-64.
Negrín, Edith. «El narrador José Revueltas, la tierra y la historia». *Revista Iberoamericana* 148-149 (1989): 879-90.
Paz, Octavio. *El laberinto de la soledad*. México: Fondo de Cultura Económica, 1959.
———. «Cristianismo y revolución: José Revueltas». *México en la obra de Octavio Paz, II: Generaciones y semblanzas. Escritores y letras de México*. Ed. Octavio Paz y Luis Mario Schneider. México: Fondo de Cultura Económica, 1987. 570-84. Reseñas originalmente publicadas en 1943 y 1979.
Portal, Marta. *Proceso narrativo de la Revolución Mexicana*. Madrid: Espasa-Calpe, 1980.
Rabadán, Antoine. *El luto humano de José Revueltas o la tragedia de un comunista*. México: Editorial Domés, 1985.
Revueltas, José. *El luto humano*. México: Era, 1980.
Romero, Publio Octavio. «Los mitos bíblicos en *El luto humano*». *Texto Crítico* 2 (1975): 81-87.
Ruffinelli, Jorge. *José Revueltas: Ficción, política y verdad*. Xalapa: Universidad Veracruzana, 1977.
Said, Edward W. *Orientalism*. New York: Pantheon, 1978.
———. *The World, the Text, and the Critic*. Cambridge: Harvard UP, 1983.
Schmidt, Henry C. *The Roots of «Lo Mexicano»*. College Station: Texas A & M UP, 1978.
Sefchovich, Sara. *México: País de ideas, país de novelas--Una sociología de la literatura mexicana*. México: Grijalbo, 1987.
Sheldon, Helia A. *Mito y desmitificación en dos novelas de José Revueltas*. México: Editorial Oasis, 1985.
Silverman, Kaja. *The Subject of Semiotics*. New York: Oxford UP, 1983.
Slick, Sam L. *José Revueltas*. Boston: Twayne Publishers, 1983.
Smith, Barbara Herrnstein. «Narrative Versions, Narrative Theories». *On Narrative*. Ed. W.J.T. Mitchell. Chicago: U of Chicago P, 1980-1981. 209-32.
Smith, Paul. *Discerning the Subject*. Minneapolis: U of Minnesota P, 1988.
Sommers, Joseph. *After the Storm: Landmarks of the Modern Mexican Novel*. Albuquerque: U of New Mexico P, 1968.
Tompkins, Jane. *Sensational Designs: The Cultural Work of American Fiction, 1790-1860*. New York: Oxford UP, 1985.
———. « 'Indians': Textualism, Morality, and the Problem of History». *Critical Inquiry* 13 (1986): 101-19.
Torgovnick, Marianna. *Closure in the Novel*. Princeton: Princeton UP, 1981.
Torres, Vicente Francisco. *Visión global de la obra literaria de José Revueltas*. México: UNAM, 1985.
White, Hayden. *Metahistory: The Historical Imagination in Nineteenth-Century Europe*. Baltimore: Johns Hopkins UP, 1973.

ASPECTS OF THE SUPERNATURAL IN RECENT MEXICAN FICTION*

JOHN S. BRUSHWOOD
University of Kansas

The practice of spiritism in Ignacio Solares' *Madero, el otro* (1989) focuses attention on the importance of this belief at the time of the Mexican Revolution (and for at least a decade before). At the same time, Solares' novel invites attention to the frequent appearance of various supernatural phenomena in Mexican fiction as we approach the end of another century.

In Agustín Yáñez's *Al filo del agua* (1947), a novel set at the beginning of the *maderista* movement, spiritism appears as a major threat to the predominance of orthodox Christianity. In this particular role, spiritism is allied with other, more secular, forces from outside, in an assault on the traditional practices of a town's inhabitants. In another, very different novel, *La insólita historia de la Santa de Cabora* (1990), Brianda Domecq novelizes the life of Teresa Urrea, a remarkable woman to whom mystical powers were attributed. She was associated historically with the Tomochic uprising in the eighteen-nineties and was considered a threat by the government of Porfirio Díaz.

Scholars (Ingwersen and Harwood, for example) as well as non-specialists are inclined to associate spiritism with times of crisis and/or end-of-an-epoch awareness. During the period referred to in the novels mentioned above, by Solares, Yáñez, and Domecq, Spanish-American *modernismo* dominated the literary scene as an antidote to the "ugliness" of realism/naturalism. Various tendencies toward the occult were operative among the *modernistas:* spiritism, Swedenborgianism, Rosicrucianism, and possibly others (Ingwersen 5). A particularly significant work, in this connection, is Amado Nervo's *El donador de almas* (1899); the story involves a poet's giving a soul to his physician friend. Such a narrative accords with the author's interest in various systems of belief. With respect to this search for the ineffable, Nervo was an embodiment of the artistic movement of his time. Not only Nervo, but the *modernistas* in general were influenced by French literature, and it is through this affiliation that we experience many of the heterodox credos that characterized the period.

It is probably safe to say that spiritism in the Western Hemisphere, when not of African origin, was largely inspired by conditions in France. Ingwersen points out the disorderly—one might say regressive—state of orthodox Christianity in nineteenth-century France as the kind of environment in which a "gnostic/occult view" (Ingwersen's term) might flourish (4-5).[1] As the century moved toward its close, a special sense of time encouraged heterodox beliefs, or anxieties. Early in the twentieth century, Halley's comet created a similar effect. In Mexico, the turn of the century followed by the appearance of the comet (an important motif in *Al filo del agua*) coincides with the deterioration of the Díaz regime, the centenary celebration of national independence, and the outbreak of the Revolution. Sergio González Ramírez provides much information about spiritism in Mexico in his novel, *La noche oculta* (1990). Referring to both the nineteenth and the twentieth centuries, he uses this material as background for a novelized supernatural experience. Also relevant to the present study is a question posed by the novel's protagonist to its intradiegetic narrator: "¿Sabías que la gran obsesión de los escritores modernos son los temas del espíritu?" (65).

Alan Harwood finds that spiritism flourishes in critical situations, a condition that accurately describes Mexican society in the late nineteenth and early twentieth century, and may well describe not only Mexican society, but others as well, as we approach the end of another century—years in which the special sense of time is intensified by millenialism. Of course, the supernatural credos or affiliations of the Spanish-American *modernistas* were not strictly and wholly spiritist, nor can they be so narrowly defined among recent Mexican novelists. Rather, they were—and are—a search for some affirmative promise beyond one's experience of the "real" world. Ingwersen describes it as a yearning for the lost Paradise (7). This definition accords perfectly with the presence of such desire in a critical situation.

Spiritism—communication with the souls of the departed—may be taken as a basis for considering variations on this specific belief. Geoffrey Nelson, describing the spectrum of adherents to Spiritualism, a closely related credo, points out that they ranged from those who favored beneficent social movements of a progressive nature to those who were near fanatics: "Many of the leaders of the movement were highly intelligent, educated, and honest men, who we find on occasion complained of the credulousness and fanaticism of some members of the movement" (72).[2] Therefore, one does not assume that its adherents necessarily seem strange.

Harwood regards spiritism as a subculture, since it differs in some ways from the dominant pattern, but is not a complete system in itself; it conforms to some aspects of the dominant culture (34-52). Communication with spirits through "mediums" is common, but these intermediaries are not always essential; some individuals are endowed with special powers and communicate "through dreams, daydreams, presentiments, and only occasionally through direct visual or auditory communication" (39).

Ingwersen's term "the gnostic/occult view" provides a satisfactory definition, without becoming too restrictive, for application to the supernatural phenomena in recent Mexican fiction (7). Within this broad definition, these narratives may be studied with regard to how the supernatural functions in different works—how it departs from and comments on ordinary reality, as well as how each writer employs the supernatural as a factor in the narration. The intention of this study is not to analyze all the narratives that make use of the supernatural (during the nineteen-eighties, the frequency of such phenomena has increased far beyond normal expectation). Rather, its purpose is to show different ways in which these effects are used.

There is, of course, a historical current of supernaturalism in Mexican narrative, just as there is in literature generally. In addition to *EL donador de almas*, two more recent novels serve as especially significant precursors to the present situation: Carlos Fuentes's *Aura* (1962) and Vicente Leñero's *Los albañiles* (1964). These three works demonstrate the range of variation that one finds in supernatural effects. *El donador de almas* is an extended metaphor of the relationship (or non-relationship) between art and science, between imagination and pragmatism, between the spiritual and the mundane. Nervo does not invite readers to accept an equivalence between the narrative and daily experience; he delivers the story in a mode more like science fiction.

Aura may or may not be thought of as belonging to the science fiction mode. It may be considered simply fantasy, in the most general sense. However, there is no doubt that Fuentes's delivery of the story invites readers to believe—at least during the act of reading—that the events have to do with real people. It is important in the experience of this novel that Consuelo *wills* Aura. Her youthful self is subject to the aged version's feeling and actions. On page 50, Felipe notes "como si de la voluntad de una dependiese la existencia de la otra."

Consuelo projects Aura by means associated with witchcraft. On page 17, Aura appears for the first time, associated with the rabbit, which we may take as the witch's "familar." On the preceding page, Consuelo refers to the rabbit, Saga, as "mi compañia," and promises that Saga will return. Later in the same episode, Aura appears mysteriously and Consuelo says, "Le dije que regresaría." Felipe inquires, "¿Quién?" and she answers, "Aura. Mi compañera" (17). The metamorphosis of Felipe appears also to be willed by Consuelo (". . . es él, es . . . eres tú," 56), aided by Felipe's own commitment.[3]

While the supernatural dominates the experience of reading *Aura*, it becomes a matter for consideration only at the end of *Los albañiles*. Leñero's novel has many characteristics of a detective story. Don Jesús, the watchman at a building site, is murdered, and everybody involved in the construction project is suspect. Any of these people might be guilty, but there is no clear proof against anyone. Near the end of the novel, Munguía, the detective in charge, reviews the evidence, and is dissatisfied with the situation. He goes to the building site, where he sees and even speaks to a watchman.

The denouement of *Los albañiles* permits a wide range of speculation. Anderson has shown, in a detailed discussion of genre characteristics, that what really happens in the novel is inevitably controvertible (50-75). For present purposes, aside from the association of resurrection with the victim's name, one appropriate reading may take this appearance of the watchman to be a projection of the detective's will. In his review of the crime and the subsequent investigation, Munguía shows his dissatisfaction with the impossibility of implementing justice. He does not wish to leave the case; however, higher authority has so ordered. It seems reasonable that Munguía wills the existence of the watchman and, therefore, erases an unsolvable crime.

Another quite logical reading of *Los albañiles* produces an entirely different effect. Let us suppose that Munguía, a clever, highly imaginative detective, sees with some frequency a certain building under construction. He imagines a possible crime and works out, mentally (as a novelist would do), a crime with no solution. In Munguía's recapitulation, near the end of the novel, he summarizes the imagined investigation. Through this process of creating a fictional situation, he has lost his grasp on the difference between reality and invention. In order to reorient himself, he goes to the construction site where he sees and speaks to the watchman, whose name is not mentioned. In addition to this anonymity, the words used by Munguía's drinking companion in the final chapter, Pérez Gómez, may signify more than appears, at first glance, to be the case. Ostensibly, he praises Munguía for not having to resort to violence in order to resolve a case: "No necesita más que de esto—Pérez Gómez se dió varios golpes en la frente—. Aquí lo va acomodando todo" (249). The statement suggests imagination and/or intellect.

Obviously, these are two radically different readings. One supposes a supernatural denouement, the other an entirely realistic resolution. The first reading instigates consideration of a conflict between justice and police expediency; the second emphasizes the difference between reality and invention. With respect to the use of supernatural effects, the important point is that, in the case of *Los albañiles*, readers may choose (decide) whether or not a supernatural effect exists; therefore, an act of will, regarding the supernatural, exists entirely apart from the act of narrating. No such possibility exists in the case of *Aura*; readers must accept the supernatural.

In Ignacio Solares's novels, an act of will on the part of some character is common in the use of supernatural effects, although the circumstances are varied. *Madero, el otro* is the only specific, overt treatment of spiritist practices in Solares's work. In this case, the revolutionary leader calls up two deceased persons to ask their advice. In one passage, he is advised to try to *see* spirits (the verb *intentar* is used, 61). One of Solares's narrative strategies in this novel is an ingenious use of different personal pronouns to effect, on the one hand, a kind of bifurcation of the Madero characterization, and on the other hand, a unification of the character with its spiritual correspondents. The narration moves toward the documentary as it uses the spiritualist side of Madero to explain his ambivalent conduct as a politician.

One could choose any of Solares's works as an example of transreal effects, discovering, in the process, mental telepathy, timefolds, dreams within dreams, hallucinations, and conversations with the Holy Virgin.[4] One of the most interesting to consider, as a contrast to *Madero, el otro*, is *Serafín* (1985), a short novel about a young boy who comes to Mexico City in search of his father, after the latter has left the family in desperate circumstances. The supernatural effect is found in Serafín's telepathic communication with his mother who is in their provincial home town.

Serafín first addresses his absent mother on page 23, when he considers cutting short his journey and returning home. This passage is not a dialog, so it can be accepted reasonably as Serafín's thoughts expressed in the context of his remembered relationship with *Mamá*. It contrasts remarkably with the last scene of the novel, in which the absent mother addresses him and he replies (90-91).

Serafín's conversations with *Mamá* are born of necessity when he is separated from her. The final dialog might be taken as a combination of this need (the exercise of Serafín's will) and hallucination. However, one small segment of the conversation indicates that is it not simply the product of Serafín's imagination. *Mamá* says, "Serafín, perdóname," and he replies, "¿De qué, Mamá?" (91) The telepathic dialog in this novel may not impress readers especially, because the nightmarish quality of Serafín's experience in Mexico City may seem more supernatural than the transreal phenomenon.

The importance of will (desire, longing) can hardly be overlooked in these supernatural experiences. Even in *Casas, de encantamiento* (1987), where the supernatural effect is a translation from one time period to another, the act of wishing or willing is important. The protagonist, upon finding himself placed in the nineteen-forties, says, ". . . era la emoción de estar, por fin, en donde desde siempre quise estar" (47). On the following page, we find ". . . hasta en la reencarnación opera el único sistema que, por lo visto, mueve a la creación: el deseo."

In the narratives of Alberto Ruiz Sánchez, the question of willing and desiring becomes very complicated because it is clear that the terms signify phenomena that are not exactly the same. In *Los demonios de la lengua* (1987), the supernatural effects appear to be caused less by the exercise of will than by an unavoidable seizure that the protagonist might prefer to avoid. Ruy Sánchez tells the story of a Jesuit who becomes inhabited by a demonic spirit. Rather than *will* this condition, he seems impelled, as if by God, to do the heretical.

> En sus manuscritos se muestra que, sobre todo, lo atraían los motivos obscuros del cuerpo, los impulsos imaginarios o reales de los humanos que nos hacen *anhelar* la posesión de algo o de alguien: ese movimiento vehemente y delirante del ánima al que damos el nombre de *deseo*. Sus relatos muestran rincones sombríos de ese mundo del *deseo* en el que sueño y realidad se confunden: mundo inmaterial arraigado como ningún otro en la materia puesto que es en él donde los demonios se apoderan de la carne. La naturaleza donde germinan las ideas y los sueños de los protagonistas de sus "casos" es la del *"deseo."* (22, emphasis mine)

The play of signifieds between *voluntad* and *deseo* corresponds to the play between *ánimo* and *ánima*.

The ambiguity implicit in these two pairs of contrasts is the overriding significance of Ruy Sánchez's tale, though one experiences also the contrast between body and spirit. The author employs a poetic language (reminiscent of some earlier vanguardist novels) that intensifies the distancing of the theme from the reality of daily life in the twentieth century. The result is a type of abstraction that emphasizes the contrast rather than the characters.

Ruy Sánchez employs a similar prose style as well as similar narrative strategies in *Los nombres del aire* (1987). However, the phenomenon of spiritual evocation by force of will is much stronger than in *Los demonios de la lengua*. The supernatural effect within the narrative is somewhat diminished by the fact that the story itself is a fantasy (possibly an allegory). Its Arabic setting and reference make one think of Scheherazade; they also remind one of the Arabic constituent in the Hispanic heritage.

To describe the narrative in the simplest possible fashion, let us say that the protagonist, Fatma, projects (or receives, if one takes an ambiguous view of willing) the presence of Kadiya, her ideal female lover. The reality of Fatma herself is questionable, even within the overall mythlike context. The narrator says, "Al mencionarla no decían 'allá está,' sino 'allá parece que está.' Para los otros, 'la melancólica Fatma' era algo así como el reflejo de sí misma, la imagen de una imagen adolorida, apenas algo que se percibe en el aire" (42). Her progenitors are absent, embarked upon a voyage outside time—a condition suggestive of the power of imagination and reminiscent of the voyage (the oneiric advice "ir mar adentro") in Joaquín-Armando Chacón's *Las amarras terrestres* (1982): "Quienes veían a Fatma en su ventana y conocían la historia de su familia, se imaginaban que eran sus padres quienes la mantenían buscándolos en el aire, y que algún día ella también se iba a embarcar para navegar con ellos afuera del tiempo" (88).

Fatma's grandmother, Aisha, "se entregaba detenidamente a la conversación con los muertos" (89). Ruy Sánchez introduces a factor of ambiguity (between spiritism and senility) into this activity, and it serves to confirm the spirit/body nature of Kadiya. In addition to the Kadiya who is desired, dreamed, evoked, or projected by Fatma, there exists a real person who is like the other facet—the real, material side—of an entity. In fact, as the story ends, the two come together in Fatma's subconscious, but she does not perceive this moment on a conscious level.

> Así, en su *mente* también, la figura *deseada* de Kadiya pasó muy cerca de la nómada que fue vendida en Zagora. Por una coincidencia tan acentuada que a Fatma le pasó desapercibida, en su *cuerpo* se cruzaron durante un instante las dos historias diferentes que eran en *realidad* sólo una y que, de haberlas aceptado juntas en su *pensamiento*, le hubieran dado la clave anhelada para acercarse de nuevo hasta los gestos apacibles de Kadiya. (117-118, emphasis mine)

Considering the field of connotation of the terms underlined in the preceding quotation, one can appreciate reasonably well the contrasts and ambiguities that make up the experience of reading *Los nombres del aire*. The play between reality and imagination produces a constant reaching out, as if in anticipation of some special, transcendent reality.

In René Avilés Fabila's *La canción de Odette* (1980), reader experience moves from what seems, at first, simply extraordinary, to confront, finally, the supernatural, in a slowly growing awareness of Odette's ability to effect the materialization of herself. Some passages of this novel recall the ambience of Fuentes's *Aura*, somewhat tangentially because the similarities are not directly attributable to the story, but to the feeling created by the phenomena of death, materialization, and the desire to remain youthful.

Odette's mansion in Coyoacán is the scene of parties attended by young people who are guests of the ageless(?) Odette. The house itself is enormous, picturesque, filled with unusual furniture and art. The hostess is presented in terms that suggest both luxury and mystery (10). She receives guests only at night. From the beginning, there is an aura of the unknown about this woman who seems interested only in youthfulness and pleasure.

A specifically transreal episode contributes further to the elusive quality of Odette when she asserts that the clothing worn by "The Queen of the Night" has magical qualities, such as enabling one to become invisible and escape reality if one finds reality unattractive (but only at night). Following some conversation about the advantages and disadvantages of such an escape, "Odette desapareció por unos minutos, hasta que, fastidiada—Mi ego jamás me permitiría ser invisible, me gusta ser admirada—volvió a materializarse" (16). The episode is the first indication of Odette's supernatural powers. However, if one has read carelessly without registering significantly the first sentence of this paragraph ("Sin duda lo más sorprendente de Odette era su capacidad para trastocar la realidad," 15), one might well take the statement about Odette's disappearance as a metaphoric way of saying that she had left the room briefly and then reappeared.

Avilés Fabila delivers the story retrospectively via a narrator who used to attend Odette's soirees. At the beginning of the novel, he is informed of Odette's death, and subsequently seeks information from mutual friends about how she died. In the course of doing so, he talks about Odette and about Silvana, his ex-wife who introduced him to Odette's circle. Several incidents hint at a possible combination of the two women, including the possibility that Silvana may also have died. "Silvana era (es) peruana . . ." is a consummately complicated statement in spite of its apparent simplicity (19). It may mean that Silvana was, and still is, a Peruvian, with emphasis on her national origin. Or the emphasis may fall on the difference in time, indicating that the narrator (her ex-husband) may think of her as in his past, and then amends his thought in recognition of her continued existence. Or it may mean that Silvana is dead, but somehow still exists.

In a denouement—or better, a postlude—following his final separation from Silvana (and of course from Odette), the narrator sees both women on a lonely beach, at night.

> Dije sus nombres con temor, con miedo a que mi voz disolviera las imágenes queridas. Ambas volvieron la vista hacia mí y sonrieron. Silvana tenía entre sus manos el oso de peluche que tanto le llamó la atención. Me apresuré, *quería* hablarles, tocarlas, preguntarles, contarles . . . La *visión* se desvanecía entre los rayos de la luna y la arena. Pensé que se había tratado de una alucinación: el alcohol, el calor, y la fatiga a veces juegan bromas pesadas. Pero no, al llegar al sitio en el cual estuvieron ellas noté que la arena estaba pisoteada . . . Comprendí de pronto por qué razón no supe más de Silvana, ella también estaba muerta. Probablemente lo estaba antes de verla y *atendió a mi llamado* para darme la versión correcta de la desaparición de *la reina de la noche*. De ser así los poderes de Odette seguían funcionando igual que su afecto por mí. Ambas eran *seres*

incorpóreos, pero estaban vivas, podían *materializarse a voluntad*. (113, emphasis mine)

Although the possibility of some kind of supernatural effect exists from a point early in the narrative, Avilés Fabila disarms readers by opening the novel with the news of Odette's death. The suggestions and allusions that occur throughout the novel culminate in the closing passage partially cited above. Two important effects are operative. One is recognition by the narrator that the event may be hallucinatory, only to affirm that it is real. This reality, however, is made of disembodied beings (*seres incorpóreos*) that are nonetheless alive. The second important effect is the line of reference to wishing and willing. One must not overlook the fact that the narrator, Enrique, wished (*quería*) to be in touch with Odette. Readers' reactions may vary with regard to Enrique's ability to evoke these spiritual beings, but he suggests the probability that Silvana answered his call (*atendió mi llamada*), a clearly spiritist event. Subsequently, he suggests that the two women (or are they really one?) have the power to will the materialization of themselves. The reference to Odette as "la reina nocturna" refers back to a point early in the novel when Odette's miraculous powers are first revealed. Finally, in his conclusion, Enrique leaves no doubt that he expects the spiritual beings to accompany him in a state considerably removed from commonplace reality.

The strategy of having deceased characters function as narrative protagonists is not entirely new. One recalls the strange effect of Juan Rulfo's *Pedro Páramo*.[5] More recently, Eugenio Aguirre began the narration of *Amor de mis amores* (1988) with the murder of the protagonist and his beloved. The latter's severed head continues existence with the ability to speak. As for the protagonist, although we know he is dead, his spirit behaves largely as he might if he were in a more solid, tangible condition. There is little promise of a brighter transreality. *Amor de mis amores* is more like a novelistic development of a folk legend that extolls the eternal quality of romantic love. A particular interpretation of this quality, of course, might consider it utopian, but Aguirre's hyperbolic mode leans rather toward satire.

Carlos Ruiz Mejía makes a very complicated play on the life-beyond-death phenomenon in *Ciudad en suspenso* (1986). In the initial episode, the protagonist, Adalberto, finds himself on the periphery of a shoot-out, in circumstances inexpicably different from what he had expected. He becomes involved in a strange set of circumstances in which actions and responses seem not to accord logically with their context.

The contrast of reality versus imagination is established by Adalberto's function as the intradiegetic narrator of the principal narrative and, at the same time, as the author of an intercalated novel. This creation of Adalberto's appears in chapters identified by letters of the alphabet, rather than by numbers. The two narratives merge in the course of the novel, and the effect produced amounts to the joining of fiction and apparent reality. But it is important to remember that this apparent reality has some rather odd qualities, including the illogical responses that create an impression of chaos.

In an episode of Adalberto's novel, one character recognizes the strange happenings that a friend points out, but objects to the mystical significance granted them by the friend (27). Even more importantly, Adalberto seems to be removed from the logical measure of time. References to this condition occur in several places, and specifically on page 84, Adalberto recognizes that he is functioning out of synchrony with others.

Adalberto counts among his relationships the members of a household he met on the night of the shoot-out. Ruiz Mejía presents these people as inhabitants of a huge, strange house, with customs that differ wildly from normally expected behavior. The most important member of the family is Carolina, who seems aware of circumstances that Adalberto might expect to know, but does not. His sense of the supernatural increases when his father tells him, "Pienso que estoy muerto" (181).[6] The ensuing explanation is decidedly otherworldly. On page 197, ten pages before the end of the novel, Carolina, recognizing her own post-mortem state, tries to convince Adalberto that he too is dead. This scene prepares readers for the final episode, part of which must be quoted. Addressing Adalberto:

—¿Aún te resistes? —pregunta Carolina con una sonrisa radiante.
—No cabe duda de que estoy muerto, ¿por qué preguntas?
—Es lo único que se te ocurre? ¿No me reconoces ahora que todo lo demás ha desaparecido?
—¿Qué quieres decir? —inquiero con un presentimiento que me hace temblar.
—Que sólo estamos tú y yo como al principio y que otra vez tendremos que construir un nuevo mundo.
—¿Cómo?
—Con la fuerza de nuestro pensamiento haremos un mundo diferente. Algo que esté mejor planeado y que no termine por volverse contra nosotros mismos. (207)

Clearly this episode anticipates an improvement in the human condition. It differs from the evocation of spirits and from supernatural materializations, because Adalberto is not sure of his own state. In the last paragraph he speculates on the possibility of experiencing a nightmare within a nightmare. He has admitted that he is dead, but he communicates as an intradiegetic narrator, and observes that he must become accustomed to his condition and his responsibility, before attempting "algo menos imperfecto" (207).

Aside from the evocation of spirits, or self-materialization, or realization that one is already dead, readers find in recent narratives the willful re-creation of a departed loved one via dreams or concentration. These procedures may border on, or actually cross over into, the supernatural, even though the effect created may not impress readers as being especially unrealistic. Carlos Montemayor's *Mal de piedra* (1981) is a very tender story of this kind.

The novel's title is a common name for silicosis, a lung disease suffered by miners, that frequently leads to premature death. The intradiegetic narrator, Refugio, delivers the story in two different time contexts; some chapters refer to the death of his grandfather in 1931, others refer to the death of his brother in 1955. A third series of chapters are lyrical appreciations of the funeral office, but with specific reference to the thematic material of *Mal de piedra*. They provide a suggested ritualistic support for Refugio's spiritual inclinations. It is important that the narration of the chapters set in 1931 is not retrospective; they are delivered from Refugio's point of view as a young boy. The difference between his characterization in these chapters, as contrasted with his characterization as an adult, may be described as a difference between contemplation and acceptance of responsibility. In both contexts, Refugio tries to comprehend the life/death difference. By necessity, he is less spiritual as a responsible adult. In a dream that seems, at moments, more real than reality, the boy Refugio is following a cart driven by a man who "se ríe, miro sus ojos y su nariz, su bigote y su barba. Estoy mirando a mi abuelo Refugio. Me sonríe. Le digo que creí que estaba muerto. Me arrepiento de haberlo dicho, pero no parece haber oído. Miro sus manos huesudas, sus uñas largas y duras, sus dedos prendidos a las riendas. . . . La gente me arrastra al lado opuesto. Grito lo más fuerte que puedo. Aún me siento feliz por haber venido con él" (20).

Young Refugio tries to comprehend the circumstance of having his grandfather's corpse in the house, with prayers, people, and general confusion. In his struggle for awareness, he says that God sees all these people, and he (Refugio) hears "el murmullo de muchos ángeles que vienen desde las estrellas a sentarse conmigo y ven desde el corral a todos los que rezan" (24).

In the transition from boyhood to manhood, Refugio's mystical imagination diminishes, but he continues to have difficulty defining himself. When his brother, dying from silicosis, comes to Refugio's home to ask for help, "Yo le dije que sí, que estaba bien, que se viniera a la casa. Pero *no hablé yo*, sino alguien que hablaba como dudando, como no comprendiendo" (73, emphasis mine). Finally he discovers that his destiny, as the only male in the family who is not a miner, is to bury the others; in this discovery, he finds a deep kinship with his brother.

One can observe, in the narratives described up to this point, a kind of scale of the supernatural, reaching from overt spiritism to a subtler awareness —oneiric, if one wishes to read it that way— of the continued presence of a beloved person. In Francisco Prieto's *Deseo* (1989), readers take an additional step, moving into theology. However, when Prieto injects theological considerations into the novel, he relates them to creative literature. Specifically, and in the same breath, so to speak, he mentions the Jerusalem Bible and Teilhard de Chardin along with the diary of Anne Frank, the poetry of Rilke, and the novels of Chesterton and Heinrich Böll (30).

All these references are related to the effort made by the protagonist, Rubén Ocampo, to relocate himself in a context from which he has been alienated. The novel begins with an exposition of Rubén's particular case. After seven years in prison, he is released because the woman who accused him of rape confesses that her accusation was false. Once free, Ocampo is faced with the dilemma of a kind of relationship with his former accuser, and a different kind of relationship with his wife (one that was deteriorating even before his imprisonment).[7]

Ocampo finds no logical solution to his problem. He thinks frequently of suicide, but is unable to accept it as a practical way out. Insights provided him by Padre Aguilar via conversations and suggested readings lead to a certain degree of liberation and orient his thinking toward "la vida perdurable, a su entender mucho más importante que la llamada salvación eterna . . ." (31). Aguilar assures him also that he may enjoy "una dicha que ahora no puedes siquiera imaginar" (31). This promise is reminiscent of other mystical hopes of returning to, or recovering, a Golden Age, a lost Utopia. The irony, in my reading of *Deseo*, is that the murder (supposed, not explicit) of Ocampo is the result of divine will, since he is unable to take his own life, but can find no solution. He is granted what he profoundly desired. Padre Aguilar, of course, has told him of "la vida perdurable."

Readers may or may not be willing to regard Rubén Ocampo's situation as supernatural, but there can be no doubt that he was forced to look for some kind of transreal solution to his problem. Such a solution is based on hope—or perhaps will—and it is closely related to the creative act, or to put it another way, to imagination, to the transcendence of ordinary reality.

In Joaquín-Armando Chacón's *Las amarras terrestres* (1982), the supernatural manifests itself in a dream. Espiridión, the protagonist, announces, "He soñado que se me aparecía un ángel y me decía que todos debíamos ir mar adentro el treinta de abril" (1). This bidding becomes a sort of gospel for Espiridión, and he finds the opportunity to spread it. In the process, his dream comes into conflict with reality and ultimately it is Espiridión alone who puts out to sea on the appointed day. Jorge Ruffinelli points out that "nadie parece entender que sus palabras aluden al fin, al desastre, a un nuevo diluvio que purifique al mundo corrompido."

Espiridión's voyage is a challenge to the imagination, an opportunity to make a better world, or as Adalberto and Carolina suggest in *Ciudad en suspenso*, to make one that is less imperfect. This dream is really quite close to spiritism, and we may regard Espiridión as one of those specially endowed individuals, mentioned by Harwood, who communicate supernaturally through dreams, though in this case, the communication is with an angel rather than with a deceased friend or relative. One should note that the angel seems to come to the dreamer, without an exercise of will by the latter. On the other hand, once he has received the message, he feels compelled to deliver it to others. Chacón portrays him more as an ordinary person than as a messiah, but this presumably ordinary person is obsessively dedicated to delivering the message—a message that he makes no pretense of understanding, but believes he must obey.

A consideration of any of the novels described here could reasonably inspire mention of Carpentier's "real maravilloso." There certainly is a relationship between them and some aspects of Carpentier's fictions, e.g., transformation or metamorphosis in *El reino de este mundo*, a case in which human will is active. On the other hand, "lo real maravilloso" often refers to some extraordinary phenomenon that is identified specifically with Spanish-American culture. Such is not the case with the novels examined here. While the context of each novel may be identifiably Mexican, the supernatural phenomena are not culture-bound. It is also important that all of them seek to extend experience beyond ordinary limits of perception. Even though the gamut of difference among them is great (spiritism, materialization, dream, theology, etc.), they all reach out in the same direction.

There appears to be some relationship (not clearly defined in my reading/understanding) between these supernatural phenomena and what I have called "unstable identity" in earlier studies.[8] Solares, in *Madero, el otro*, employs pronouns in such a way that identities may not be clear. Refugio, in *Mal de piedra*, feels as if he were someone else. Adalberto, in *Ciudad en suspenso*, confuses fictional characters with real(?) ones. The narrator in *La canción de Odette* suggests a strong similarity between Odette and Silvana that makes one think of the Odette/Odile pairing in *Swan Lake*. Such ambiguities of identity seem less related to existentialist identity-searching than to a quest beyond rational explanation. (Prieto's Rubén Ocampo, in *Deseo*, is closest to the existentialist search.) Generally speaking, the exercise of will experienced in these novels seems related to the act of creating, of naming, of transcending "reality."

If it is true that spiritism flourishes in a crisis situation, it seems reasonable that other supernatural phenomena, all of them something like variations on a theme, may also exist because they are expressions of a society in crisis. In Mexico, one speaks of crisis as a condition of contemporary life. On the other hand, it is not easy, at this time, to identify national societies that are not in a critical state. It is possible that a study in comparative literature might show general evidence of the need to look beyond the limits of pragmatic decision-making. Such a study is not within the scope of the present essay. Nevertheless, as we approach the end of the century and the fulfillment of a millenium, it seems that this aspect of Mexican narrative may be related to a worldwide complex of movements and enterprises that range from esoteric beliefs to imaginative politics, all of them related to the yearning for some assurance that we are really what we think we are, or perhaps what we might like to be.

NOTES

* This investigation was supported by University of Kansas General Research Allocation #3355-XO-0038.

1. I am indebted to my colleague Allan Pasco for pointing out the presence of Mesmerism in the novels of Dumas *pere* and Balzac. There is a considerable polemic regarding the latter.

2. For present purposes, I do not differentiate between spiritism and spiritualism, though they may recognize different founders and leaders, and may, in some respects, act as rivals.

3. García Núñez deals with the "sujeto imperativo" as a narrative strategy analogous to "la voz divina que al pronunciarse iría creando lo invocado" (16).

4. I have dealt with this topic in "Narrating Parapsychology: The Novels of Ignacio Solares," *Chasqui* 28.2 (Nov. 1989): 12-17. Reprinted as "Realidad y fantasía en las novelas de Ignacio Solares," *El Buho*, supl. to *Excelsior* (11 feb 90): 1 & 6.
5. See Sandra M. Cypess, "The Dead Narrator in Modern Latin American Prose Fiction: A Study in Point of View," diss., U. of Illinois, 1968.
6. Here and in other places the novel may be read as a criticism of Mexico City's unhealthy growth, and especially of its contaminated air.
7. In some ways, Ocampo's re-entry into society recalls "R" in Juan García Ponce's *La invitación* (México: Joaquín Mortiz, 1972) and other novels in which re-entry requires that the protagonist re-identify himself.
8. Especially *La novela mexicana (1967-1982)* (México: Grijalbo, 1984).

WORKS CONSULTED

Aguirre, Eugenio, *Amor de mis amores*. México: Plaza y Janés, 1988.
Anderson, Danny J. *Vicente Leñero: The Novelist As Critic*. U. of Texas Studies in Contemporary Latin American Fiction. New York: Peter Lang, 1989.
Avilés Fabila, René. *La canción de Odette*. México: Premiá, 1982.
Chacón, Joaquín-Armando. *Las amarras terrestres*. Hanover, N.H.: Ediciones del Norte, 1982.
Domecq, Brianda. *La insólita historia de la Santa de Cabora*. México: Planeta, 1990.
Fuentes, Carlos. *Aura*. México: Ediciones Era, 1962.
García Nuñez, Fernando. *Fabulación de la fé: Carlos Fuentes*. México: Universidad Veracruzana, 1989.
González Rodríguez, Sergio. *La noche oculta*. México: Cal y Arena, 1990.
Harwood, Alan. *Rx: Spiritist As Needed: A Study of a Puerto Rican Community Mental Health Resource*. New York: John Wiley, 1977.
Ingwersen, Sonya A. *Light and Longing: Silva and Darío, Modernism and Religious Heterodoxy*. American University Studies. New York: Peter Lang, 1986.
Leñero, Vicente. *Los albañiles*. Barcelona: Seix Barral, 1964.
Montemayor, Carlos. *Mal de piedra*. México: Premiá, 1981.
Nelson, Geoffrey K. *Spiritualism and Society*. London: Routledge and Kegan Paul, 1969.
Nervo, Amado. *El donador de almas*. México: Costa-Amic, 1976.
Prieto, Francisco. *Deseo*. México: Joaquín Mortiz, 1989.
Ruffinelli, Jorge. "Otros augurios, otros diluvios." *Sábado* (29 sep 1984): 8.
Ruiz Mejía, Carlos. *Ciudad en suspenso*. México: Joaquín Mortiz, 1986.
Rulfo, Juan. *Pedro Páramo*. México: Fondo de Cultura Económica, 1955.
Ruy Sánchez, Alberto. *Los demonios de la lengua*. México: Editorial Offset, 1987.
———. *Los nombres del aire*. México: Joaquín Mortiz, 1987.
Solares, Ignacio. *Casas de encantamiento*. México: Plaza y Valdés/SEP, 1987.
———. *Madero, el otro*. México: Joaquín Mortiz, 1989.
———. *Serafín*. México: Diana, 1988.

NOTICIAS DEL IMPERIO DE FERNANDO DEL PASO: LA VISIÓN OMNIPOTENTE DE LA HISTORIA

VICENTE QUIRARTE
Universidad Nacional Autónoma de México

> El historiador no es solamente un 'lector' del pasado, y si reorganiza la Historia, no lo hace en el nivel de las ideas, fuerzas, causas o sistemas, sino en el de cada muerte carnal. La tarea del historiador no se establece en función del concepto general de verdad histórica, sino confrontando cada muerte de la Historia; su función no es de orden intelectual, sino al mismo tiempo de orden social y sagrado ... El historiador es precisamente el mago que recupera los actos, sufrimientos, sacrificios de los muertos, y les otorga un sitio en la memoria universal de la Historia.
>
> Roland Barthes, *Michelet par lui-même*

Para escribir unas *Noticias del Imperio*, para explicar los antecedentes y las consecuencias de casi siete años de historia mexicana, léanse todas las crónicas, novelas, homenajes, testimonios, partes militares, obras de teatro, ensayos de interpretación histórica escritos sobre la marcha y tras el fin de la comedia en Querétaro; búsquese el nombre del modista de la emperatriz Eugenia de Montijo, las reglas del juego de salón favorito de Napoleón III, la marca de los cañones que sitiaron y bombardearon Puebla; calíbrese la relevancia que en el *Diario del Imperio* se daba a los lunes de la Emperatriz y las tres palabras que noticiaban las campañas estériles de Doauy y Castagny; examínese, con pasión maniaca, toda alusión posible al proceso de embalsamamiento del archiduque; téngase la paciencia para encontrar los lazos—de grueso tejido unos, frágiles otros—que atrapen, interroguen y den cuerpo a los espectros de Concepción Sedano y el hijo del coronel Van Der Smissen; agótense bibliotecas y archivos con la sed del historiador y la lente del poeta; recórranse las galerías de los castillos de Miramar, Bouchot, Laeken, las Tullerías; mírense con los ojos de los muertos la isla de Sacrificios, el castillo de San Juan de Ulúa, los jardines Borda; evóquese la inminencia del primer bocado de mole de guajolote en un paladar austriaco, o el modo en que el pulque se aferra a las paredes del vaso; aspírense perfumes, atmósferas, densidades, a la espera del instante en que la Historia y la Literatura logren la combustión que inicie la corporificación del mito; examínense las grandes corrientes de la Historia y los pequeños detalles de la chusma anónima;

guárdese todo, atesórese con cuidado idéntico una carta desconocida de Carlota y el pregón «Carbosiú» del indígena descrito por la marquesa Calderón de la Barca; coloque encima de su mesa de trabajo los retratos—figuras tutelares—de Jules Michelet, James Joyce y Emilio Salgari. Comience entonces a escribir *Noticias del Imperio*. El hilo para unir las perlas descubiertas debe reunir el poder de síntesis y traducción del historiador, la clarividencia del poeta y la agilidad del novelista de aventuras. El poseedor de tal especie de hilo se llama Fernando del Paso.

La aparición de *Noticias del Imperio* culmina un proceso ya mítico. A lo largo de diez años, el novelista había dicho: «Estoy escribiendo mi Historia del Imperio», y desde entonces el lector expectante vislumbraba la historia que era capaz de contarnos el estilista experimentador de *José Trigo* o el barroco obsesivo de *Palinuro de México*. De tal modo, *Noticias del Imperio* es al mismo tiempo una novela previsible y sorpresiva. Lo primero, porque los lectores de Fernando del Paso estaban preparados para un orbe narrativo donde tuvieran cabida todas las escrituras posibles; la segunda, porque no obstante la variedad de escrituras del libro, y haciendo a un lado—por razones que luego veremos —el monólogo intemporal de Carlota, el desarrollo de los acontecimientos es lineal y rigurosamente cronológico, mientras que el contrapunto narrativo es menos audaz y experimental que el utilizado en *José Trigo*. En *Noticias del Imperio* el alarde se encuentra en la erudición transformada, en la manera brusca y sorpresiva en que un discurso se incorpora al otro, en la zancadilla que el narrador mete para interrumpir el aliento de la lectura.

En rigor, dos son los grandes discursos del libro: el primero es articulado en 1927 por Carlota desde el castillo de Bouchot, y resume sus veinticinco años de cordura y los sesenta de su insania; el segundo discurso lo conforman los variados mosaicos de voces y estilos narrativos a través de los cuales Del Paso pinta el fresco de la monarquía fracasada. En esta segunda división, a su vez es posible distinguir dos escrituras: los monólogos de diversos protagonistas—un vendedor de la calle, un miembro del jurado que condenó a Maximiliano, el esposo de Concepción Sedano, las cartas de un militar austriaco a su hermano en Europa, un participante en la batalla de Camarón, uno de los soldados del pelotón de fusilamiento de Maximiliano—y la escritura donde Del Paso acepta el desafío de tomar la pluma del historiador.

«Reina de la Quimera y del Olvido»

Los capítulos de Carlota en Bouchot constituyen en conjunto una poderosa novela lírica. Monólogo que rinde homenaje al delirio de Molly Bloom en el capítulo más citado de *Ulises*, monólogo que no cesa—que desearíamos incesante—aunque en la página final el escritor decida interrumpirlo, y que constituye una nueva confirmación de la capacidad de Del Paso para interpretar la naturaleza femenina. Así como Palinuro dedica gran parte de su vida a conocer hasta el último milímetro del cuerpo y el alma de Estefanía, Del Paso ha agotado todo el material posible para *ser* la hija de Leopoldo I. La que Del Paso desata para que hable es una loca, pero también una mujer enamorada que explora, como Palinuro, todas las fases de la pasión que fue, de la que sigue siendo. Poderosa e intensísima declaración de amor, la de Carlota infunde nuevamente savia en los troncos secos que la Historia muerta quisiera preservar en vitrinas.

El lirismo y la escatología, el humor y la tragedia alternan en un discurso caracterizado por las frases largas y envolventes, por los extensos paréntesis y oraciones explicativas donde implacablemente se acumula información, imágenes, tiempos y lugares a ambos lados del océano, una sucesión interminable de nombres propios. A través del flujo intemporal de la locura, Carlota recupera—y nosotros con ella—la realidad eternamente en fuga.

Dos clases de discursos históricos alternan en el libro: el coherentemente articulado, salpicado de anécdotas y hallazgos que Del Paso ha tenido el cuidado de investigar; el otro, que la locura de Carlota determina, y que permite la existencia simultánea del pasado y el presente comprobables, y la del pasado y el presente conjurados por la visión omnipotente que Carlota tiene como hechicera—en el sentido que vio Michelet—y, lo más importante, del futuro que sólo la Historia como pitonisa puede revelar. De tal modo, Carlota es la única capaz de articular el discurso visionario y dar cuenta de lo que ha pasado, sucede y ocurrirá.

Carlota *es* la historiadora del Imperio; no se conforma con ser protagonista: sus ojos son los ojos de la Historia; con ellos adivina, profetiza y testimonia hasta lo que aparentemente no ha mirado. En esta alegoría de la Historia, Del Paso está de acuerdo con Michelet: «La mujer está más allá de la Historia; ella detenta la llave del tiempo, es sibila, hada, religión». También para Del Paso la Historia es Resurrección, y la todopoderosa Carlota, en papel de sibila, con la desgracia y el don de la locura, determina los muertos auténticos, aquellos dignos de ser resucitados al conjuro de la Historia: «. . . soy todo el tiempo, un presente eterno sin fin y sin principio, la memoria viva de un siglo condenada en un instante».

El artificio de la locura permite además a Del Paso ofrecernos no una, sino varias Carlotas: la princesa, la autoritaria, la manipuladora, la loca racional y lúcida, la desatada, y en algunos de los mejores instantes, una Carlota muy mexicana en sus giros coloquiales, con un sentido del humor y una picardía que deben haber escandalizado más que su locura a los emperadores franceses y a Pío IX.

La Historia como Resurrección

En los capítulos de sobria narración histórica, la precisión y agilidad con la que Del Paso se mueve recuerda páginas de Justo Sierra, Ralph Roeder o José Fuentes Mares: la ciencia de la Historia al servicio de la buena prosa y viceversa. En una primera aproximación, podrían parecer prescindibles aquellas páginas donde lo histórico no tiene una inmediata y reconocible transformación narrativa, como sí sucede, por ejemplo, cuando Juárez y su secretario conversan sobre Maximiliano, o cuando los archiduques en Miramar toman su clase de español. Sin embargo, aquí entra nuevamente al rescate la confrontación entre «lo históricamente comprobable y lo simbólicamente verdadero» (Borges): la ola de Carlota repite, recoge, arrasa con parte del material que el novelista metido con fortuna a historiador menciona en los capítulos que podríamos llamar de objetividad histórica.

En su refundición de la vasta bibliografía de la que hace alarde, Del Paso ha encontrado fases poco estudiadas de la historia del Segundo Imperio y, aunque le pese a varios de nuestros historiadores, el novelista Del Paso ha tenido la osadía de escribir páginas históricas memorables, como las que logra al describir el sitio de Puebla en 1863, o aquéllas donde revive y añade material a la discusión en torno a la supuesta traición de Miguel López en Querétaro. La historiografía sobre el Imperio de Maximiliano está constituida por obras que no necesitan de la ficción para parecer asombrosas. Del Paso no deja de mencionar aquí y allá los nombres de Blanchot, Niox, Hans, Salm Salm y el resto de los expedicionarios que escribieron en sus crónicas verdaderas novelas, a veces con más colorido y cercanía a los acontecimientos bélicos que las que tuvieron novelas como *Calvario y Tabor* de Vicente Riva Palacio, el ciclo de Juan A. Mateos o *Clemencia* de Ignacio Manuel Altamirano. Con excepción de los *Episodios Nacionales* de Victoriano Salado Álvarez, en la mayor parte de nuestras novelas sobre el período que nos ocupa, la Intervención y el Imperio son telones de fondo: es más importante la trama sentimental o las preocupaciones morales de los personajes. No hay, como en la novela regionalista, como en el Azuela de *Los de abajo*, una identificación de la verdad histórica con los motivos profundos de los protagonistas. Del Paso rescata aquella preocupación de los hombres que—como Riva Palacio o Altamirano —participaron directamente en la guerra y con su obsesión característica explora hasta los últimos pliegues de aquellos días. Del Paso ha querido llevar a sus consecuencias extremas el proyecto del que al enfrentar la realidad histórica dice «esto es una novela», y su libro está poblado por la inmensa muchedumbre de los nombres propios, pero también por aquella que la Historia arroja a su fosa común.

Al elegir la defensa de González Ortega y la entrega sin resistencia de la plaza, Del Paso demuestra su preferencia por las partes menos estudiadas; dedica así un breve espacio a la victoria de Zaragoza sobre los franceses, que Juan A. Mateos llevó a consecuencias tan lamentables y melodramáticas en *El sol de mayo*. En el capítulo «Con el corazón atravesado por una flecha» Del Paso logra un magnífico cuento dentro del brutal realismo que dio Esteban Echeverría en «El matadero». La contraguerrilla extranjera, al mando del tristemente célebre coronel Du Pin, y la tortura de un chinaco indomable son los protagonistas de un texto con el que Del Paso compensa la carencia casi total de páginas mexicanas sobre las operaciones militares en tierra caliente y que Emile de Xeratry describe, con la objetividad del testigo y la pasión del novelista, en *La contraguerrilla francesa en México*. En varias otras de las escrituras del libro, Del Paso rinde homenaje a clásicos—mexicanos y extranjeros—que han escrito sobre esa Historia nuestra: El capítulo «La ciudad y los pregones» no se explica sin una atenta lectura de las cartas de la marquesa Calderón de la Barca; la lúcida comparación entre el desarrollo del presidente mexicano y Napoleón III, en el apartado «Juárez y *Mostachú*», evoca el paralelo que José C. Valadés establece entre Juárez y Maximiliano; «Camarón, Camarón» es un mestizaje entre la picaresca y los textos escritos por militaries.

Para Del Paso el humor no está reñido con la Historia, y sus *Noticias del Imperio* rechazan absolutamente la solemnidad. La carcajada aparece incluso en medio del delirio de la Carlota que llega a convencernos de que está cuerda en un mundo que nos exige la locura del sentido común. Enemigo de la historia broncínea, Del Paso caricaturiza, pero sabe colocar los matices. De este modo pinta un Juárez irónico, humano, pero su retrato es sobrio, como los que Constantino Escalante publicaba en las páginas de *La Orquesta*; con Maximiliano, por contraste, es totalmente impío, aunque apegado rigurosamente a la realidad histórica. Con el grafito de un Orozco o un Grosz, Del Paso describe el viaje de Miramar a México, donde el archiduque preparaba las quinientas páginas del Ceremonial de su Corte, o el viaje por tierra donde el fiel Blasio apunta con su lápiz-tinta las veleidades de su superior. El carácter grotesco de una monarquía ilusoria tiene su culminación en el espléndido «Ceremonial para el fusilamiento de un Emperador», que Maximiliano hubiera firmado con la misma inconsciencia con que firmó el decreto de guerra sin cuartel del 3 de octubre de 1865.

La novela del novelista

En *Palinuro de México* Del Paso incluye largos capítulos explicativos—homenaje a la escuela realista y su obsesión por el detalle—que iluminan el lirismo de capítulos más lúdicos. En *Noticias del Imperio* este contrapunto estilístico alcanza mayor complejidad desde el momento en que el material anecdótico tiene una realidad histórica casi siempre comprobable. La serie de capítulos donde Del Paso se convierte en un relator objetivo de la Historia de México son, en principio, prescindibles. Sin embargo, considerando la habilidad narrativa de Del Paso, debemos preguntarnos por qué los incluyó allí. El más desconcertante en este sentido es el titulado «El último de los mexicanos», donde Del Paso hace el trabajo del crítico y aun el del propio lector. Aquí, Del Paso explica sus procedimientos, y no sólo revisa objetivamente la abundante bibliografía sobre el Imperio, sino hasta las interpretaciones que autores como Lukács y Borges han hecho sobre la novela histórica. El trabajo del lector consiste en considerar que el discurso explicativo es un artificio más del narrador. ¿Quiere Del Paso evadir la narración del escritor que pretende escribir una novela cuando ya la está haciendo? ¿Intenta que el tiempo perdido se recupere en el instante mismo en que el lector lo resucita?

El personaje Alphonse podría ser un homenaje a intelectuales que, como Emile Ollivier o Jules Favre, defendieron la causa juarista en la propia Francia, y a través de las cartas de su personaje—que es historiador de oficio—Del Paso pudo haber expresado la tesis de la novela que quiere escribir, que escribe sobre la marcha, que se ha escrito. En cambio, opta por introducir la voz del narrador, se empeña en ser él mismo quien exponga sus objetivos:

> Ah, si pudiéramos inventar para Carlota una locura inacabable, un delirio expresado en todos los tiempos verbales del pasado y del futuro y de los tiempos improbables o imposibles para darle, para crear por ella y para ella el Imperio que fue, el Imperio que será, el Imperio que pudo haber sido, el Imperio que es. Si pudiéramos hacer de la imaginación la loca de la casa, la loca del castillo, la loca de Bouchot y dejarla que, loca desatada, loca y con alas recorra el mundo y la historia, la verdad y la ternura, la eternidad y el sueño, el odio y la mentira, el amor y la agonía, libre, sí, libre y omnipotente aunque al mismo tiempo presa, mariposa aturdida y ciega, condenada, girando siempre alrededor de una realidad inasible que la deslumbra y que la abrasa y se le escapa, pobre imaginación, pobre Carlota, todos los minutos de todos los días.

Que Del Paso explique la tesis de su novela, refuerza la idea de que *Noticias del Imperio* está constituida por dos escrituras, pero que sólo una de ellas es la novela: al dejar libre a Carlota, al evocar a un Cide Hamete Benengeli que venga a traducir la mentalidad ubicua e intemporal de la locura, el autor permite que el personaje continúe soñando y tejiendo su monólogo.

Si Ralph Freedman, el autor del útil y fundamental estudio *The Lyrical Novel*, conociera estas *Noticias del Imperio*, se enfrentaría a problemas de deslinde de géneros, pero finalmente concluiría: por la sucesión de imágenes, por sus cuadros alternos y su fuerza interior, *Noticias del Imperio* es una novela épica, pero es una novela lírica. Independientemente de que los momentos poéticos más altos sean los monólogos de Carlota, en su conjunto Del Paso está trasgrediendo todos los niveles. No ha intentado otra cosa desde su primera novela. Y si *Palinuro de México* es la versión mexicana de *La Odisea*, la vuelta de tuerca lírica de la épica, *Noticias del Imperio* transforma también en lirismo el material de la epopeya.

El historiador Carlos Pereyra resumió el destino de un proyecto destinado al fracaso: «El Imperio mexicano nació muerto. Napoleón III, el primer soberano de su siglo, puso un feto en las manos disipadoras del archiduque». Fernando del Paso ha comprendido que la misión del artista, como la del historiador, es investigar, imaginar, traducir, fijar los fantasmas que rodearon esa ilusión de vida. «La commedia e finita», dice uno de los personajes de «Palinuro en la escalera». En la tragicomedia *Noticias del Imperio*, la historia es interminable; hija de la Historia, sus posibilidades generativas son infinitas, como infinita parecía la vida de la mujer que desde el castillo de Bouchot vio el derrumbe de un siglo y la irrupción violenta de esta modernidad que aún estamos ensayando.

FUNCIÓN Y MODALIDAD DEL DISCURSO DE LA CRÍTICA

BERTHA ACEVES T.
Instituto de Investigaciones Filológicas
Universidad Nacional Autónoma de México

> La crítica opera por negaciones y por asociaciones, aísla y después relaciona. Diré más: en nuestra época la crítica funda la literatura.
>
> Octavio Paz, *Corriente Alterna*

La crítica literaria, ese «segundo discurso», según dijera Barthes, habla de la literatura para definirla, interpretarla, clasificarla, valorarla y constituirse ella misma en un segundo lenguaje de lo literario. De acuerdo con Walter Mignolo, la tradición literaria hispánica como modelo discursivo se inicia en los llamados *Comentarios*, textos escritos durante el Siglo de Oro español, en los cuales se intercambian opiniones sobre las obras literarias que entonces se producían. En la actualidad, la crítica literaria es una actividad discursiva de gran importancia para la comprensión de la literatura, pero, sobre todo, para su validación.

Recientemente, la crítica literaria ha aceptado y utilizado principios teóricos, más o menos estrictos, como sustento para las distintas interpretaciones literarias; esos principios, o bien son utilizados de manera explícita como modelos de análisis de las obras literarias, o bien son mantenidos en reserva, como un saber que, asumido por el crítico, se desborda sobre el texto estudiado y señala las rutas en su lectura. Con este cambio discursivo, si bien se continúa con el primer propósito de la crítica literaria, el de comentar, éste se fundamenta por distintos conceptos disciplinarios que tienen la función de avalar el discurso de la crítica literaria como un discurso que pretende establecer *verdades*. Según Foucault, la voluntad de verdad es una de las formas con que se busca conservar el poder discursivo, y también imponerlo; este autor señala que la verdad tiende a ejercer

> una especie de presión y como un poder de coacción. Pienso en cómo la literatura occidental ha debido buscar apoyo desde hace siglos sobre lo natural, lo verosímil, sobre la sinceridad y también sobre la ciencia—en resumen sobre el discurso verdadero. (*El orden del discurso* 18)

De esta manera, la crítica literaria, al sustentarse en principios provenientes de otras disciplinas, certifica que su decir es un decir confiable, certero, verdadero.

Sin embargo, la crítica literaria, ese «segundo lenguaje» al que se la ha asignado la tarea de leer y comentar la literatura y, con ello, darle validez, tiene limitaciones como modelo discursivo, que provienen del proceso de su producción.

La primera de estas restricciones se desprende del mismo apoyo «metodológico» al que recurre la crítica literaria para sustentar su *saber*; esto es, al proyectar sobre el texto estudiado un lenguaje constituido desde una perspectiva: biográfica, histórica, tematológica, mitológica, estilística, lingüística, semiológica, etcétera, sólo recupera una de las posibles lecturas o «significaciones» que están contenidas en el texto literario, aquella que está delimitada por los principios metodológicos utilizados en la interpretación. La otra alternativa sería estudiar el texto literario para recuperar su totalidad significativa, lo que sería prácticamente imposible, porque agotar todas las posibilidades haría del comentario literario «un análisis interminable» (González, *Función de la teoría* 57). Consecuentemente, la crítica literaria, al ser un discurso enunciado desde un determinado punto de vista, ofrece lecturas parciales de cada texto literario y las propuestas interpretativas a las que llega deben ser consideradas no como postulados absolutos, sino como interpretaciones particulares susceptibles de ser modificadas.

Por otro lado, los principios metodológicos forman parte de las *normas de interpretación* establecidas en cada sociedad, en las que también se encuentran y se agrupan los conocimientos estéticos, filosóficos, históricos, etcétera, así como las opiniones de quienes producen tanto los textos literarios como los de la crítica, y las de aquéllos que los reciben y los leen; este conjunto de reglas—a veces escritas y a veces asumidas—son las que determinan la forma de interpretar la literatura en un tiempo preciso y en una comunidad determinada; esto es, la crítica literaria, al ser una de las prácticas discursivas de una sociedad, está determinada por las otras prácticas discursivas (la lingüística, la política, la religiosa, la filosófica, etc.) (González, *Función de la teoría* y «El momento . . .») que conforman una comunidad específica.

Una tercera restricción del discurso crítico la da un elemento que sólo en los últimos tiempos ha sido destacado como importante en el proceso de la recepción; el lector (González, «El momento . . .»). De los factores que entran durante la lectura, González señala como relevante «la intención del lector para relacionar los contenidos del texto con su situación personal, para dosificarlo con respecto a sí mismo» («El momento . . .» 85); así, el crítico literario lee a partir de *su situación* particular, la que se interrelaciona con los contenidos del texto y los modifica, dado que, según González, «tanto en la lectura ingenua como en el acercamiento científico al texto, siempre estarán presentes ciertas reacciones de contratrasferencia» (85). Aun en los estudios rigurosamente sistemáticos se establece una relación entre el crítico y el texto estudiado, que origina «distorsiones, especialmente cuando los datos o el material provoca ansiedades; ante esa ansiedad, el estudioso trata de protegerse ya sea por omisión de datos, ya sea por mal aprovechamiento, mal estudio o descripción ambigua» (85). De esta manera, no se puede evitar *la situación* del crítico y, por ello, el análisis tiene un límite, aquel al que Freud se refiere cuando discute el papel del analista, es el límite que le «permiten sus propios complejos y resistencias internas» (González, «El momento . . .» 88).

Las anteriores restricciones, en el discurso de la crítica, no desvalorizan su decir como un decir no verdadero; sin embargo, lo limitan a que exprese una verdad determinada por el momento de la enunciación. Asimismo, hay que señalar que la función social que tradicionalmente se le ha asignado a la crítica literaria, la de definir las escuelas o movimientos literarios, la de establecer las características genéricas de la literatura, la de aceptar o excluir las producciones literarias, en resumen, la de legitimar lo que en cada época y en cada comunidad se considera como literatura, también se restringe, porque los juicios de la crítica sólo tienen vigencia mientras persiste el sistema cultural en el cual esa crítica literaria desempeña su tarea evaluativa.

Así pues, al ser la crítica literaria una producción discursiva determinada por su situación histórica, las interpretaciones literarias, escritas a lo largo de la historia literaria, se explican como diversas lecturas acordes con su momento histórico. Cada época, cada generación y cada crítico se reencuentran con la literatura—con los textos considerados como literarios—y conforman una imagen distinta de ella al establecer nuevas significaciones, otros valores y distintas características, y excluir, aceptar o desarrollar los atributos anteriormente propuestos. Por ello, en cada período se promueve la lectura de un tipo de textos literarios, se recuperan los méritos de un autor, de una corriente o de un grupo literario, o se incorporan a la tradición literaria textos que hasta el momento se mantenían fuera del ámbito de lo artístico.

Las condiciones en que se produce el discurso de la crítica literaria, esto es, los espacios sociales desde donde se funda la autoridad de su decir, la forma como se agrupan y relacionan los textos literarios, lo que se dice y se calla de la literatura, en fin todo lo que permite delimitar y especificar la literatura como literatura es lo que caracteriza el discurso de la crítica literaria de un período específico y de una sociedad determinada.

De acuerdo con lo anterior, para conocer cómo se ha conformado el discurso de la crítica literaria mexicana, se tendría que recuperar todas las condiciones de su producción; por ahora, bastará con señalar las condiciones de su existencia que permitan conocer las generalidades de la crítica sobre la literatura nacional, publicada en México durante las últimas tres décadas.

Según opina Sara Sefchovich, en México se abren tres espacios desde donde se publican los ensayos de crítica literaria, y en cada uno de ellos se producen distintos tipos de textos y a éstos se le confiere una función social diversa. Para la autora de *México: país de ideas, país de novelas*, el primer tipo de crítica se escribe en

> las reseñas cuya función consiste en dar noticia de libros recientemente publicados. Ahí, dependiendo de quien la escribe, se puede encontrar desde la simple descripción o el rápido calificativo hasta el cuidadoso análisis de las técnicas de escritura, la evolución del autor, las características del género, y todavía más, hasta el establecimiento de relaciones biográficas y culturales más amplias y la comparación con otros autores y textos. (Sefchovich, *RUM* 1990: 23)

Aunque hay opiniones contrarias que no consideran a la reseña como crítica literaria, por su brevedad y levedad en el análisis y porque, generalmente, aparece en periódicos y revistas de información diaria, su importancia radica precisamente en el lugar de su publicación: los suplementos culturales, los cuales tienen una difusión masiva y llegan a un amplio y heterogéneo auditorio. Cabe señalar aquí, como nota al paso, otra modalidad de la reseña: la noticia bibliográfica televisiva; ésta tiene indudablemente un auditorio mucho más amplio que la publicada en periódicos o en revistas; sin embargo, un medio de comunicación audiovisual tan diferente a la escritura requiere de otro tipo de análisis.

A pesar de no tener la permanencia de un libro, la reseña, en su fugacidad diaria, da a conocer las recientes ediciones, promueve a un autor o una obra acorde con las preferencias del momento e influye en las *normas de interpretación* vigentes. Algunos importantes suplementos culturales de los diarios capitalinos han sido los de *Excelsior: La Cultura al Día* (de martes a sábado), *Diorama de la Cultura* (suplemento dominical hasta 1982), *El Búho* (suplemento dominical desde 1985); los de *Novedades: El Semanario Cultural de Novedades* y *México en la Cultura*; el del *El Día, El Gallo Ilustrado*; el de *Uno más uno: Sábado*; y el del diario *La Jornada: La Jornada Semanal*. También está la revista *Siempre* con su suplemento *La Cultura en México* y la sección cultural de las revistas *Nexos* y *Proceso*. En todos ellos han colaborado prestigiados escritores que, de acuerdo con su situación ideológica, su pertenencia a una clase social y sus preferencias particulares, han contribuido a conformar la imagen de la literatura que tiene la sociedad mexicana actual. Aún está por hacerse un trabajo de investigación detallado y amplio sobre el papel de cada una de estas publicaciones, que resultaría de suma importancia para la comprensión de la crítica literaria en México.

Otro de los espacios donde se discute el valor de los textos literarios es el de las revistas especializadas en crítica literaria o aquellas otras que alternan ensayos sobre la literatura con otros temas culturales como los de la pintura, la historia, la música, etcétera. Para Sara Sefchovich, la crítica que se recoge en este tipo de publicaciones es el «ensayo analítico». Esta crítica trata de buscar la sistematización sobre un autor o una

> obra . . . se busca establecer las relaciones culturales de la obra o del autor en cuestión con sus contemporáneos, hacer análisis de contenido o de estilo y aprovechar algunas propuestas del estructuralismo y de la lingüística, pero sobre todo, lo que cuenta es el virtuosismo, los conocimientos y la intuición personal del crítico. En México, el ensayo literario es de altísima calidad y delicada lectura. (23)

Casi todas estas revistas son editadas por instituciones educativas o por grupos de intelectuales; están dirigidas a un público selecto e informado acerca de la literatura; por ello los artículos allí publicados se escriben con ciertos requisitos formales, hay en ellos un mayor rigor en el análisis y tienen un mayor sustento bibliográfico y metodológico. Naturalmente que estas restricciones discursivas tienen relación con lo señalado por Foucault, cuando dice: «Nadie entra en el orden del discurso si no satisface ciertas exigencias o si no está, de entrada, calificado para hacerlo» (*El orden del discurso* 32).

Así, puede afirmarse que el prestigio de quienes editan estas publicaciones legitima su decir. Se vigilan los requerimientos para que sea posible ingresar a estos espacio y, con tal vigilancia, y a pesar de las afinidades y las diferencias en ellas, la crítica literaria que se produce a partir de las publicaciones especializadas se establece como una aspiración de dominio sobre la literatura. De hecho, la tradición ha otorgado a esas publicaciones el poder de constituirse en instituciones de la literatura, de ejercer dominio sobre lo que se lee en México. Su crítica, sin duda, no es cerrada y monolítica, sino incluso compleja, de manera que, en estas publicaciones, se juega con el enfrentamiento de los mecanismos de exclusión y de inclusión, del punto de llegada o de partida, de aceptación o resistencia, porque «El discurso trasporta y produce poder; lo refuerza pero también lo mina, lo expone, lo torna frágil y permite detenerlo» (Foucault, *Historia de la sexualidad* 123).

Las semejanzas entre los proyectos editoriales de estas revistas permiten agruparlas, de acuerdo con ciertas características determinadas. En primer lugar, están aquellas que mantienen una única línea teórica o metodológica para interpretar los textos literarios; entre éstas se encuentran *Semiosis* y *Discurso*, editadas por la Universidad Veracruzana y por la UNAM, respectivamente. La primera publica tanto artículos de teoría como de interpretación literarias, y estudia la literatura a partir de las propuestas de la semiología, desde los conceptos del formalismo ruso hasta los del estructuralismo francés, principalmente vertiente greimasiana; en sus últimos números, llega a considerar, para los análisis, a la teoría de la recepción. Su propósito fue «inaugurar un nuevo diálogo con los estudiantes universitarios y con los estudiosos en general en torno a nuestra mayor preocupación: el lenguaje literario y su manifestación en América Latina» (*Semiosis*, 1978-1986).

En cambio, *Discurso*, cuyo origen está en un Simposio sobre *Teoría del Discurso Contemporáneo*, analiza los diversos lenguajes donde se produce y reproduce la cultura nacional. Su campo de interés va más allá de la literatura, porque para

> la teoría del discurso, ningún acto verbal es inocente, pues siempre se presenta estructurado por instancias sociales concretas. Su objetivo esencial como objeto producido consiste, así, en redefinir de manera constante lo que rodea socialmente a lo dicho y a lo no dicho en nuestras sociedades. (*Discurso 1*, 1983)

En un segundo grupo están las revistas que representan a instituciones educativas o culturales y sostienen un eclecticismo teórico y una política editorial de puertas abiertas; cabe señalar que estas revistas publican artículos sobre diversos temas culturales; así, la literatura está al lado de la pintura, la historia, etc., y todos ellos conforman una visión integral de la cultura. Entre las principales publicaciones están: la *Revista de la Universidad Nacional Autónoma de México* (UNAM), *Casa del Tiempo* (UAM), *La Palabra y el Hombre* (UV), *Diálogos* (CM), *Artes de México* (INBA), *Los Universitarios* (UNAM), *Tesis* (FEL, UNAM), *Utopías* (FFL, UNAM).

Hay otras revistas que dedican todos los trabajos al estudio de la literatura, como *Nueva Revista de Filología Hispánica* (CM), *Texto Crítico*

(UV) y *Literatura Mexicana* (IIF, UNAM). La primera de estas publicaciones pone un marcado acento en la literatura española. *Texto Crítico* se perfila hacia el estudio de la literatura

> de América Latina—con énfasis particular en la mexicana (y también) en el marco temporal del siglo XX. El *aquí* y el *ahora* de una cultura que necesita constantemente interpretación y valoración, puesto que el hecho fundamental es que se trata del campo de trabajo más inmediato a nosotros y con el que estamos comprometidos. (*Texto Crítico*, 1975).

A su vez, *Literatura Mexicana* tiene el propósito de estimular la escritura y la lectura de la literatura nacional, así como propiciar la discusión académica sobre este tema. Lo importante es que esta revista abre espacio para la investigación de ámbitos poco frecuentados como:

> las literaturas indígenas pasadas y vivas, la literatura de transterrados, la de los escritores de origen mexicano que escriben (o escribieron) en el extranjero . . . abre sus páginas a todo tipo de investigaciones y a las más diversas metodologías, siempre que tengan la marca de la calidad. (*Literatura Mexicana*, 1990)

Acorde con la política editorial que expresa, el primer número de *Literatura Mexicana* recoge temas sobre la literatura novohispana, del grupo de los escritores transterrados, así como de la literatura popular; destacan las célebres figuras de Ramón López Velarde y Mariano Azuela y la fundadora de don Alfonso Reyes.

Cabe mencionar también la revista *Plural*, fundada por Octavio Paz y un grupo de escritores: «esta revista constituyó el principal reducto de la crítica de los intelectuales de la literatura durante varios años» (Jaime Moreno Villarreal, 1981: 71). El proyecto de Paz fue ser

> centro de convergencias de los escritores independientes de México. Convergencia no significa unanimidad, y ni siquiera coincidencia, salvo en la común adhesión a la autonomía del pensamiento y la afición a la literatura, no como prédica sino, como búsqueda y exploración. (Paz, 1985: 263)

Durante los años setenta, que es cuando círcula *Plural*, en su primera época, se difunden en México las propuestas del estructuralismo y esta revista promueve esta vertiente teórica al traducir artículos importantes y publicar otros sobre el tema. Al término de esta revista, en su primera época, Paz prolonga su propósito de tener una plataforma cultural desde la cual establece sus criterios culturales y funda *Vuelta* (1976); ésta representa un regreso de Paz a la discusión intelectual del México contemporáneo.

Con una política cultural definida hacia un compromiso social, la revista *Plural*, segunda época (1977-   ) expresa la opinión de un grupo de escritores que dicen:

> queremos reelaborar críticamente la relación entre sus distintas manifestaciones, las realizadas individualmente dentro de los criterios dominantes, las que buscan

la renovación experimental y los productos de cultura popular. Esta reformulación de nuestra cultura será vinculada con la investigación teórica en las ciencias sociales y el consecuente examen de los acontecimientos políticos y económicos. (*Plural*, junio 1977)

Los estudios literarios que se publican están orientados hacia una sociología de la literatura y también a señalar las relaciones de compromiso social que se establecen entre las manifestaciones artísticas con el momento histórico de su producción. Dentro de esta misma línea, con pequeñas variantes, están las revistas *Nexos* y *Zurda*.

La tercera categoría para la crítica literaria es aquella que «algunos llaman académica, científica, y otros profunda. Se trata en este caso de estudiar los textos a partir de una concepción teórica determinada y una metodología rigurosa» (Sefchovich 23).

Para describir este tipo de estudios críticos, se agrupan a partir de características que comparten entre sí; sin duda, estas homogeneidades no son siempre totales ya que hay diferencias en cuanto a las modalidades discursivas con que se enuncian; sin embargo, todos estos estudios cumplen con el propósito central del discurso crítico: legitimar aquellos textos que se consideran literarios.

Una primera modalidad es la que José Luis Martínez, allá por los años cincuenta, señalara como «los instrumentos para la investigación», indispensables para la crítica literaria; según su opinión, éstos son «las bibliografías, las hemerografías, los indices de contenido de revistas y periódicos, los repertorios bibliográficos, las antologías, las colecciones de textos y las ediciones críticas» (Martínez 1984: 447). Por otra parte, Von Ziegler señala a esta clase de textos como «la antesala de la crítica y ... las herramientas para el investigador». Para este escritor, la crítica literaria sólo se encuentra en la «crítica viva, la que circula y se entrelaza con la literatura» y esa «crítica pura» la escriben «los periodistas, poetas, novelistas y dramaturgos y no los 'profesores' »; de esta manera restringe el discurso de la crítica literaria a los ensayos interpretativos y comentarios literarios. Ahora bien, los textos llamados «herramientas» son una forma de aceptar y avalar, en el discurso de la literatura, a un autor, a un movimiento literario, aun a toda una época o a una tipología de textos literarios. Así, la directora del *Diccionario de Escritores Mexicanos*, Aurora Ocampo, dice que, para incluir a un escritor en el *Diccionario*, «el autor debe tener, por lo menos dos obras de importancia publicadas; de acuerdo al tiraje, número de páginas o su representatividad» (Ocampo, 1990: 4). Con ello se manifiesta el criterio de reconocimiento del autor por parte de una institución; esto es, la selección implica un juicio de valor y de reconocimiento que permite que un escritor ingrese al discurso literario.

En esta primera modalidad discursiva se han destacado, sobre todo, las instituciones educativas; y el mismo Von Ziegler reconoce que «la mayor parte de las obras críticas producidas en México siguen siendo editadas por las universidades y las instituciones de cultura», pero sobre todo, en las universidades, se promueven los estudios literarios que demandan una documentación profusa.

En estos aspectos, la UNAM se ha distinguido al apoyar tanto la divulgación editorial como la investigación académica. Con respecto al primer punto, inicia y sostiene colecciones para dar a conocer obras de la literatura nacional difíciles de adquirir, desconocidas o poco comerciales.

En cuanto a la investigación, en el campo de la literatura, hay varias dependencias en que ésta se realiza; la literatura mexicana se estudia principalmente en el Centro de Estudios Literarios del Instituto de Investigaciones Filológicas. Uno de los proyectos del CEL es dar a conocer los contenidos de las revistas literarias mexicanas de los siglos XIX y XX; así se han publicado varios índices de revistas y suplementos culturales importantes para conocer la vida literaria de México (véase la bibliografía). Esta información es de interés porque gran parte de la vida literaria nacional se ha recogido en las páginas de las revistas, según opina uno de los conocedores de las letras nacionales, Guillermo Sheridan, quien considera que las revistas

> son la bitácora del viaje literario de una cultura. Son el diario oficioso de ese viaje, cuyo sentido final son los libros, o algunos libros. Su primera razón de existir es, al mismo tiempo, impedir el deterioro de la literatura y colaborar a que la historia compla su tarea generativa de sentidos. (Sheridan, 1985: 20)

Un ejemplo de como estos textos «instrumento» se entrelazan con los textos de «crítica pura» es el índice de la revista *Contemporáneos. Revista Mexicana de Cultura* (1928-1931), estudio que se amplía en el ensayo titulado *Los Contemporáneos ayer* (1985). Dice el autor al respecto: «Estos índices fueron originalmente concebidos como el apéndice de mi libro *Los Contemporáneos ayer*». El trabajo de los índices se interrelaciona con otras publicaciones de Sheridan, en las que continúa con su interés por conocer a este grupo de poetas; así, elabora dos antologías, una sobre el grupo en general y otra sobre uno de ellos, Jorge Cuesta.

Otro de los proyectos importantes del CEL es la segunda edición del *Diccionario de escritores mexicanos. Siglo XX*; la primera (1967) se publica en un sólo tomo, esta segunda se tiene planeada editarla en varios, de los cuales sólo ha sido editado el primero (t. I, A-CH). El *Diccionario* contiene la información para conocer el desarrollo de la literatura nacional desde «las generaciones del Ateneo y novelistas de la Revolución hasta nuestros días», y dado que se carece de una historia de la literatura que comprenda este amplio período, el *Diccionario* llena este vacío.

En este apartado, no se puede dejar de mencionar los trabajos de traducción, selección y análisis que hicieron Angel Mª. Garibay K. y Miguel León Portilla sobre textos prehispánicos nahuas, porque a partir de la valoración y clasificación que establecieron sobre éstos, en distintos estudios, la expresión indígena es incluida dentro de la literatura mexicana; anteriormente, los textos indígenas o eran desconocidos o se ubicaban en el paradigma de la historia antigua. De esta manera se abre un área de estudios literarios que incluye otras culturas prehispánicas que dejaron testimonios escritos, como la maya y la quiché (véase la bibliografía).

Con el mismo propósito de conservar y revalorar una manifestación literaria, se elabora un extenso trabajo por un grupo de investigadores, bajo la dirección de Margit Frenk, sobre la tradición popular, titulado *Cancionero Folklórico de México*. Hay que considerar que la expresión popular ingresa a la tradición artística a partir de los cambios culturales e ideológicos generados por la Revolución y también por propuestas antecedentes como las de Vicente T. Mendoza y Virginia Rodríguez Rivera, entre otras. El *Cancionero* se publica en cinco volúmenes y tiene como propósito principal «colmar una laguna importante, reunir en un todo compacto y organizado el rico caudal de la lírica folklórica mexicana de nuestro tiempo» (Frenk, 1975: xv).

En una recopilación más breve se publica el *Romancero tradicional mexicano*, en el cual se reúnen algunos de los romances dispersos por el territorio nacional para «mostrar que el romance tradicional sigue vigente». Esta primera recopilación es sólo una muestra del posible material que se pudiera hallar en búsquedas posteriores

Tanto el *Romancero* como el *Cancionero* inician la difícil tarea de fijar y compilar textos de origen popular para estudiarlos dentro de la tradición culta de la literatura. Son trabajos pioneros de un amplio campo, el de la literatura marginal, que todavía tiene mucho material sin que siquiera se le conozca.

Otra modalidad discursiva de la crítica literaria es la que se establece en las antologías de textos literarios. A este respecto, uno de los estudiosos del cuento apunta que este género «ha encontrado en la antología el medio para su acercamiento crítico: igual ocurre con la poesía, la crónica, el ensayo y el teatro»; agrega que la antología, por un lado, ofrece al lector oportunidad de tener los textos en un conjunto y «ponerlo en juego», por el otro, señala los requisitos para el trabajo del antologador; éste debe elaborar una nota previa «informativa y propositiva para cada autor», porque la antología debe ser un «documento crítico y no sólo la manifestación de un gesto» (Cortés, «El cuento . . .» 28-39).

Pese al propósito que tiene toda antología de establecer normas estrictas y objetivas para seleccionar los textos literarios, no es posible dejar de lado que el investigador que hace la selección está sometido a las determinaciones históricas. Por ello, cada selección que aparece en una antología representa una lectura sobre una clase de textos literarios, a la vez que actualiza el modelo de antología que se tiene en ese momento. De aquí que siempre haya observaciones, coincidencias y discrepancias sobre el trabajo del antologador, ya sea sobre la inclusión o exclusión de autores o sobre el aspecto de cómo se formaliza la información en la antología. Así, las antologías, como modalidades discursivas de la crítica literaria, conforman también una imagen de la literatura, atendiendo a los estatutos literarios o *normas de interpretación* vigentes y son documentos que hablan de los valores literarios del momento.

Las antologías del cuento han sido numerosas, según afirma Jaime E. Cortés; sin contar aquellas cuyos temas son particulares, como las de la literatura proletaria, policíaca, fantástica, romántica, etc., hay treinta y siete, a partir de 1926 y hasta 1989 (Cortés, «Antologías . . .» 199); a su vez, Emmanuel Carballo, en su *Bibliografía del cuento* . . . consigna otras antologías que se publicaron en los estados de la República (véase la bibliografía). Esta copiosa producción habla de las múltiples interpretaciones y valoraciones que ha tenido el cuento mexicano; sin embargo, no se puede decir que haya una exhaustiva investigación en esta área de la literatura. Jaime E. Cortés, después de hacer un recorrido descriptivo y evaluativo por las más importantes antologías, concluye que, para que se conozca mejor este género, se requiere un mayor estudio sobre todo en las décadas de los años diez, veinte, treinta, sesenta y ochenta, del presente siglo («Antologías . . .» 199).

En cuanto a la poesía, ésta ha sido antologada atendiendo a distintos criterios, uno de los cuales es dar a conocer autores y aun períodos literarios, ya sea porque éstos se encontraban olvidados, en archivos o bibliotecas, ya sea porque los textos eran de difícil acceso. Tal es el caso de Alfonso Méndez Plancarte, quien da a conocer muchos textos sobre la poesía novohispana de los siglos XVI y XVII y aunque sus publicaciones sean anteriores al límite fijado por este trabajo, cabe mencionarlo por su importancia. Con la antología de Méndez Plancarte se revalora toda una época poética que anteriores críticos, como Icazbalceta, Vigil, Pimentel y González Peña juzgaban acremente. Por ello, establece un campo de estudio para posteriores investigaciones y señala nuevos valores poéticos en un período en el que únicamente contaba, para la crítica literaria, Sor Juana Inés de la Cruz.

Otro criterio para organizar las antologías es el de presentar una muestra de textos poéticos para caracterizar uno de los períodos de la literatura national y facilitar su estudio. Así, se publican antologías representativas de las épocas neoclásica, romántica, modernista; también las hay que seleccionan poemas de un autor, de una generación o de todo un siglo (véase la bibliografía). Hay que considerar que estas antologías llevan implícitamente una valoración, la cual destaca determinados rasgos como los característicos de un autor, grupo de poetas o período literario; pero dicha valoración también habla de la perspectiva histórica del antologador que parte de propuestas teóricas particulares.

Tal es el caso de *Poesía en movimiento*, prologada por Octavio Paz y compilada por él y Homero Aridjis, Alí Chumacero y José Emilio Pacheco. Esta antología ha sido considerada importante para la crítica literaria. Margo Glantz la cataloga como un parteaguas de la literatura actual y añade que «ejerce a finales de la década de los sesenta una autoridad casi unánime» (1990: 3). Estos juicios de aceptación demuestran que la propuesta de lectura de *Poesía en movimiento* está acorde con ciertos valores actuales de la comunidad de estudiosos de la literatura. El criterio fundamental de esta antología se basa en la idea de considerar que la tradición moderna es la tradición de la ruptura, ruptura que se vuelve tradición y llega a la ruptura, y así en un girar constante; por ello, los poemas elegidos pertenecen a la tradición, pero también son cambio, búsqueda, no permanecen en una significación, sino que se transforman indefinidamente, son «organismos en perpetua rotación» (Paz, *Poesía en movimiento* 6). Lo significativo de *Poesía en Movimiento* es haber presentado un conjunto de poemas a partir de una perspectiva delimitada y concreta, la cual, se esté o no de acuerdo con ella, demarca la visión de estos años; dice Carlos Monsiváis que por estos días preside una consigna, la «tradición de la ruptura» (*Poesía Mexicana II* xlvi).

Otros géneros, como la narrativa, la crónica y el ensayo literarios han tenido poca acogida en las antologías, lo que quizá se deba a la extensión de sus textos, que dificulta la elaboración de antologías; sin embargo, ha habido algunos trabajos sobre estos géneros que han allanado el problema del espacio, en muchos casos seleccionando trozos representativos de los textos antologados (véase la bibliografía).

La última modalidad del discurso crítico es la que se presenta en ensayos interpretativos publicados como libros. Según dice Sara Sefchovich, en estos ensayos se «explican (de las obras) su sistema interno o su producción, su ideología o su recepción», con un aparato teórico que permite sustentar el discurso de la crítica. Aunque no todos los estudiosos de la literatura están de acuerdo en aceptar que hay una base metodológica en el discurso de la crítica (cfr. *Literatura, Creación y Crítica*, 1990: 28-30), sí aceptan que cualquier interpretación conlleva otro tipo de prácticas discursivas, propias de un sujeto que ha demostrado tener una competencia cultural y sobre todo literaria, para ser admitido como crítico; esto es, las interpretaciones «subjetivas» están sustentadas en todo un *saber* asumido por los estudiosos de la literatura.

De la anterior consideración se desprende que ha habido dos tipos de publicaciones, las que manifiestan un método de análisis y las que encubren, en su lenguaje, diversos conceptos disciplinarios para formular sus comentarios. Del primer grupo, a partir de los años setenta, ha habido principalmente dos vertientes que se han destacado, la sustentada en principios de la semiología y la que incorpora una perspectiva sociológica a la crítica literaria.

Los conceptos semiológicos se difunden y promueven en el discurso de la crítica literaria a partir de la llegada de los principios provenientes del formalismo ruso, del estructuralismo checo y francés y de las teorías del discurso y de la recepción. Todas estas escuelas centran sus estudios en las propiedades del texto literario y buscan sistematizar el análisis interpretativo así como destacar las relaciones intratextuales o las contextuales de la literatura. Hay varios trabajos críticos que, fundamentados en estos principios, han estudiado las obras, entre otros escritores, de Juan Rulfo, Salvador Elizondo, Carlos Fuentes, José Emilio Pacheco y Rubén Bonifaz Nuño.

Por su parte, el acercamiento sociológico y sociocrítico a la literatura ha tenido aceptación entre los estudiosos. Entre algunos trabajos tenemos los que analizan la obra de Luis Spota, Agustín Yáñez y la novela mexicana en general.

Indudablemente son más abundantes las obras que parten de un eclecticismo teórico para sus comentarios, y de acuerdo con cada crítico actualizan distintos puntos de vista. Un ejemplo de cómo la crítica fundamenta su discurso en diversos enfoques es el libro de Octavio Paz, *Sor Juana Inés de la Cruz o las trampas de la fe*. Este autor, conocedor de distintas teorías acerca de la literatura y con gran experiencia en el ensayo literario, ofrece una lectura de la época, de la vida y de la obra de la poetisa novohispana, desde perspectivas distintas, como la biográfica, la histórica, la psicológica, la estilística, la formalista, la filológica, la discursiva, con una delicada destreza que conjuga estas técnicas analíticas. Al respecto dice Anthony Stanton:

> Lejos del enfoque metodológico único, estamos aquí ante un ejemplo singular e intrasferible de un eclecticismo guiado por una sensibilidad que no está dispuesta a reconocer una barrera exclusiva entre la actividad crítica que analiza y la pasión creadora que busca descubrir en la obra ajena, correspondencias y rimas con sus propias obsesiones. (242)

Cada lectura, como se dijo al principio, es una interpretación más sobre el texto literario, pero siempre hay otras que descubren o encubren zonas secretas o públicas de la literatura, acorde con el horizonte cultural e histórico del crítico. Así, prosiguiendo con el ejemplo anterior, para desentrañar el cifrado lenguaje de Sor Juana se publica *La copa derramada* (1986) de Sergio Fernández, quien, a su vez, recurre a los principios cabalísticos, al tarot y a la tradición literaria hispánica para develar, en parte, la poesía y la pasión de la monja jerónima. Ambas lecturas, la de Paz y la de Fernández, construyen una figura de Sor Juana utilizando modalidades discursivas distintas, pero ambas se manifiestan como un discurso sostenido por un *saber*, reconocido en este momento como válido, y por lo tanto autorizado para conformar la imagen de la literatura que se establece en el discurso de la crítica literaria actual.

OBRAS CONSULTADAS

Beristáin, Helena. *Imponer la gracia*. México: Universidad Nacional Autónoma de México: 1987. [Bitácora de Poética I]

Cortés, Jaime Erasto. «Antologías de cuento mexicano». *Paquete: cuento (la ficción en México)*. México: Universidad Autónoma de Tlaxcala/Universidad Autónoma de Puebla, 1990.

──── . «El cuento: el más exigente de los relojes». *Teoría y práctica del cuento*. Encuentro Internacional. Morelia: Instituto de Cultura, 1987.

Díaz Roig, Mercedes y Aurelio González. *El romancero tradicional de México*. México: Universidad Nacional Autónoma de México, 1985.

Discurso I. Cuadernos de teoría y análisis. Colegio de Ciencias y Humanidades. Universidad Nacional Autónoma de México, 1983.

Fernández, Sergio. *La copa derramada*. México: Universidad Autónoma de México, 1986.

Foucault, Michel. *El orden del discurso*. Barcelona: Tusquets, 1973.

──── . *Historia de la sexualidad I. La voluntad de saber*. México: Siglo XXI, 1977.

Franco, Jean. *Lectura sociocrítica de la obra novelística de Agustín Yáñez*. Guadalajara: Gobierno del Estado de Jalisco, 1988.

Frenk Alatorre, Margit, et al. *Cancionero folklórico de México*. 5 vol. México: El Colegio de México, 1975-1985.

──── e Yvette Jiménez de Báez. Ant. e intr. *Coplas de amor del folklore mexicano*. México: El Colegio de México, 1970.

García Gutiérrez, Georgina. *Los disfraces. La obra mestiza de Carlos Fuentes*. México: El Colegio de México, 1981.

Garibay K., Angel Mª. Sel., intr. y notas. *Epica náhuatl*. Mexico: Universidad Autónoma de México, 1964. [Biblioteca del estudiante universitario 51]
——. *Historia de la literatura náhuatl*. 2 vol. México: Porrúa, 1953.
——. Sel., ver., intr. y notas. *Poesía indígena*. México: Universidad Autónoma de México, 1962. [Biblioteca del estudiante universitario 11]
——. Paleografía, ver., intr. y notas. *Poesía náhuatl. Romances de los Señores de Nueva España. Manuscrito de Juan Bautista de Pomar, Tezcoco, 1582*. 3 vol. México: Universidad Autónoma de México, 1964.
Glantz, Margo. «Flores de Varia Poesía». *Revista de la Universidad Autónoma de México* (julio 1990): 3.
González, César. «El momento de la lectura». *Cuadernos de filosofía y Letras 3. Letras Hispánicas*. México: Universidad Autónoma de México, 1985.
——. *Función de la teoría en los estudios literarios*. México: Universidad Autónoma de México, 1982.
Literatura Mexicana 1.1 (1990).
Martínez, José Luis. *La expresión nacional*. México: Oasis, 1984.
Mignolo, Walter. *Teoría del texto e interpretación de textos*. México: Universidad Autónoma de México, 1986.
Monsiváis, Carlos. Intr. y sel. *Poesía Mexicana II. 1915-1979*. México: Promexa Ed., 1979.
Moreno Villarreal, Jaime. *La línea y el círculo*. México: UAM, Iztapalapa, 1981.
Ocampo, Aurora M. «Entrevista a la Mtra. Aurora M. Ocampo», *Fomento editorial* 43 (junio 1990).
Paz, Octavio, et al. Pról. y sel. *Poesía en movimiento. 1915-1966*. México: Siglo XXI, 1966.
——. *Sor Juana Inés de la Cruz o las trampas de la fe*. Barcelona: Seix Barral, 1982.
——. *Pasión crítica*. Barcelona: Seix Barral, 1985.
Revista Universidad de México. Literatura; creación y crítica 45.468 (enero 1990).
Sefchovich, Sara. *México: País de ideas, país de novelas*. 1990.
Sheridan, Guillermo. *Los Contemporáneos*. México: FCE, 1985.
Stanton, Anthony. «Octavio Paz. *Sor Juana Inés de la Cruz o las trampas de la fe*». *Literatura Mexicana* 1.1 (1990).
Texto crítico. Xalapa: Universidad Veracruzana, 1975.
Von Ziegler, Jorge. «Para leer la crítica mexicana». *Revista de la Universidad Autónoma de México* (enero 1990): 9.

APÉNDICE I:
BIBLIOGRAFÍA SELECTA DE ANTOLOGÍAS

I. *Cuento*

Anuario del cuento mexicano 1959. México: Instituto Nacional de Bellas Artes, 1960. [Bibliografía del cuento mexicano del siglo XX]
Anuario del cuento mexicano 1960. México: Instituto Nacional de Bellas Artes, 1961. [Bibliografía del cuento mexicano del siglo XX]
Anuario del cuento mexicano 1962. México: Instituto Nacional de Bellas Artes, 1963. [Bibliografía del cuento mexicano del siglo XX]
Bermúdez, Mª Elvira. Pról. y sel. *Cuento policíaco mexicano. Breve antología*. México: Premia/Universidad Autónoma de México, 1987.

Bravo, Roberto. Sel. e intr. *Itinerario inicial (La joven narrativa de México)*. Tuxtla Gutiérrez: Universidad Autónoma de Chiapas, 1985.
Campo, Jorge de. Ed. y notas. *El cuento del fútbol. Textos, cuentos y contextos*. México: Ediciones Luzbel, 1986.
Campos, Marco Antonio. *Narraciones sobre el movimiento de 1968*. Xalapa: Universidad Veracruzana, 1986.
Carballo, Emmanuel. *Bibliografía del cuento mexicano del siglo XX (1900-1987)*. México: Universidad Autónoma de México, 1988. [Serie textos, 3. Coordinación de Dif. Cul.]
——. Pról. y notas. *Cuento mexicano del siglo XX/1*. México: Universidad Autónoma de México/Premiá, 1987.
——. Pról., cronol. sel. y bibl. *El cuento mexicano del siglo XX*. México: Empresas Editoriales, 1964.
——. Pról., sel. y notas. *Narrativa mexicana de hoy*. Madrid: Alianza, 1969.
Cortés, Jaime E. Intr., sel. y notas. *Antología de cuentos mexicanos del siglo XIX*. México: Ateneo, 1978.
——. Intr., sel. y notas. *Dos siglos del cuento mexicano XIX y XX*. México: Promexa, 1979.
Curiel, Fernando, et al. Sel. y notas. *El País industrial. Cada veinte años. Cuentistas mexicanos del siglo XX*. México: Delegación Venustiano Carranza, 1984.
——. Sel. y notas. *Fin del viejo régimen. Cada veinte años. Cuentistas mexicanos del siglo XX*. México: Delegación Venustiano Carranza, 1984.
——. Sel. y notas. *Los hijos de la revolución. Cada veinte años. Cuentistas mexicanos del siglo XX*. México: Delegación Venustiano Carranza, 1984.
Dávila Gutiérrez, Joel. Sel., intr. y microbiografía. *Del pasado reciente. Selección de cuento mexicano contemporáneo*. México: Premiá/CCL-Universidad Autónoma de Puebla, 1989.
Espinosa, Tomás. Pról. y sel. *El cuento corto mexicano*. México: «El Gallo Ilustrado», 1984. [Bibliografía del cuento mexicano del siglo XX]
Flores, Angel. Comp. *Narrativa hispanoamericana 1816-1981. Historia y antología. La generación de 1939 en adelante. México*. Vol. 6. México: Siglo XXI, 1985.
Glantz, Margo. Pról. *Narrativa joven de México*. México: Siglo XXI, 1969.
——. Pról., comp. y notas. *Obra y escritura en México: jóvenes de 20 a 33*. México: Siglo XXI, 1971.
Huerta, David. Pról. y selec. *Cuentos románticos*. México: Universidad Autónoma de México, 1973.
Jaramillo Levi, Enrique. Recop. y pról. *El cuento erótico en México*. México: Universidad Autónoma de México, 1976.
Leal, Luis. *Antología del cuento mexicano*. Ed. Studium Andrea, 1957.
——. *Breve historia del cuento mexicano*. Pres. de Margarita Millet. México: Secretaría de Educación Pública/Premiá, 1984. [1956]
——. Sel. y pres. *El cuento mexicano. De los orígenes al modernismo*. Buenos Aires: Eudeba, 1966.
——. *El cuento veracruzano*. Xalapa: Universidad Veracruzana, 1966. [Bibliografía del cuento mexicano del siglo XX]
Llorena, Elsa de. Sel. y present. *Catorce mujeres escriben cuentos*. México: Federación Editorial Mexicana, 1975.
Millán, Mª del Carmen. *Antología de cuentos mexicanos*. 3 vol. México: Secretaría de Educación Pública, 1976.
Monsiváis, Carlos. *Lo fugitivo permanente. Veintiún cuentos mexicanos*. México: Cal y Arena, 1989. [1984]
Ocampo, Aurora. Intr. y notas. *Cuentistas mexicanas: siglo XX*. México: Universidad Autónoma de México, 1976.

Pavón, Alfredo. Comp., intr. y pról. *El cuento está en no creérselo*. Tuxtla Gutiérrez: Universidad Autónoma de Chiapas, 1985.
Sefchovich, Sara. Intr. y selec. *Mujeres en espejo. Narradoras latinoamericanas*. 2 vol. México: Folios Ediciones, 1983.
Sainz, Gustavo. Pról. y sel. *Jaula de palabras. Una antología de la nueva narrativa mexicana*. Notas de Patricia Rosas y Humberto Rivas. México: Grijalbo, 1980.
——. Adv. y sel. *Los mejores cuentos mexicanos*. México: Océano, 1982.
Trejo Fuentes, Ignacio. *Novísimos narradores mexicanos*. México: «El Gallo Ilustrado», 1981. [Bibliografía del cuento mexicano del siglo XX]
Torres, Vicente Francisco. Pról. y sel. *El cuento policial mexicano*. México: «El Gallo Ilustrado», 1981. [Bibliografía del cuento mexicano del siglo XX]

II. *Poesía*

Aura, Alejandro, et al. *Poesía joven de México*. México: Siglo XXI, 1967. [Col. Mínima Literaria 9]
Aridjis, Homero y Betty. *Antología del Festival Internacional de poesía de la ciudad de México 1987*. México: Ediciones El Tucán de Virginia, 1988.
Blanco, José Joaquín. *Crónica de la poesía mexicana*. Culiacán: Universidad Autónoma de Sinaloa, 1987.
Carballo, Emmanuel. Selección. *La poesía mexicana del siglo XIX*. México: Diógenes, 1984.
Chumacero, Alí. Selección. *Poesía romántica*. Prólogo de José Luis Martínez. México: Universidad Autónoma de México. [Biblioteca del estudiante universitario]
Escalante, Evodio. Sel. y pról. *Poetas de una generación, 1950-1959*. México: Universidad Autónoma de México/Premiá, 1988.
García Moral, Concepción. Pról. y ed. *Antología de la poesía mexicana*. Madrid: Editora Nacional, 1975.
Martínez Ocaranza, Ramón. Intr., ant. y notas. *Poesía insurgente*. México: Universidad Autónoma de México. [Biblioteca del estudiante universitario]
Mendoza, Vicente T. *El corrido mexicano*. México: Fondo de Cultura Económica, 1972.
——. *La lírica narrativa de México. El corrido*. México: Universidad Autónoma de México, 1964.
Monsiváis, Carlos. Ed. y pról. *La poesía mexicana del siglo XX*. México: Empresa Editoriales, 1966.
——. Intr. y sel. *Poesía mexicana II. 1915-1979*. México: Promexa Ed., 1979.
Múgica, Cristina. Ed. *Jorge Cuesta. Sonetos*. México: Universidad Autónoma de México, 1987.
Novo, Salvador. Ed. y pról. *Mil y un sonetos mexicanos*. México: Porrúa, 1963.
Pacheco, José Emilio. Sel., intr. y notas. *Antología del modernismo*. México: Universidad Autónoma de México, 1970. [Biblioteca del estudiante universitario]
——. Notas y sel. *La poesía mexicana del siglo XIX*. México: Empresas Editoriales, 1965.
——. Intr. y sel. *Poesía mexicana I (1810-1914)*. México: Promexa Ed., 1979.
Paz, Octavio, et al. Pro. y sel. *Poesía en movimiento. 1915-1966*. México: Siglo XXI, 1966.
Valdés, Héctor. Notas y sel. *Los contemporáneos. Una antología general*. México: Secretaría de Educación Pública/Universidad Autónoma de México, 1982.
——. Pról. y sel. *Poetisas mexicanas siglo XX*. México: Universidad Autónoma de México, 1976.
Valdés, Octaviano. Sel. e intr. *Poesía neoclásica*. México: Universidad Autónoma de México. [Biblioteca del estudiante universitario]

Vélez, G. *Corridos mexicanos*. México: Editores Unidos Mexicanos, 1982.
Vigil, José Mª. Antl. y pról. *Poetisas mexicanas: siglos XVI, XVII, XVIII, XIX*. Estudio preliminar de Ana Elena Díaz A. y Ernesto Prado. Ed. facsimilar. México: Universidad Autónoma de México, 1977.
Zaid, Gabriel. *Asamblea de poetas jóvenes de México*. México: Siglo XXI, 1980.

III. Crónica y narrativa

Brushwood, John. *La novela mexicana 1967-1982*. México: Grijalbo, 1984.
──. *México en su novela*. México: Fondo de Cultura Económica, 1973.
Castro Leal, Antonio. *La novela de la Revolución mexicana*. 2 vol. México: Aguilar, 1965.
──. *La novela de México colonial*. 2 vol. México: Aguilar, 1964.
Domínguez, Christopher. Sel. e intr. *Antología de la narrativa mexicana del siglo XX*. 5 vol. México: Fondo de Cultura Económica, 1990.
Dessau, Adalbert. *La novela de la Revolución mexicana*. México: Fondo de Cultura Económica, 1972.
Martínez, José Luis. *El ensayo mexicano moderno*. 2 vol. México: Fondo de Cultura Económica, 1984.
Monsiváis, Carlos. *Antología de la crónica en México*. México: Universidad Autónoma de México, 1979.
Ocampo, Aurora, et al. *La crítica de la novela mexicana contemporánea*. México: Universidad Autónoma de México, 1981.
Pacheco, José Emilio. Intr. y sel. *La novela histórica y el folletín*. México: Promexa, 1984.
Rodríguez Plaza, Joaquina. *De poetas, cronistas y novelistas en los siglos mexicanos*. Vol. I: 10. México: Universidad Autónoma de México, 1983.

APÉNDICE I:
BIBLIOGRAFÍA DE ÍNDICES DE REVISTAS Y PERIÓDICOS

Batis, Huberto. Estudio prel. *Indices de «El Renacimiento». Semanario Literario Mexicano (1969)*. México: Universidad Autónoma de México, 1963.
Díaz, Alejo, Ana Elena, Aurora M. Ocampo y Ernesto Prado. *Indices de «El Domingo», Revista Literaria Mexicana (1871-1873)*. México: Universidad Autónoma de México, 1959.
── y Ernesto Prado. *Indices de «El Nacional», Periódico Literario Mexicano (1880-1884)*. México: Universidad Autónoma de México, 1961.
── y Ernesto Prado. Est. prel. *Indice de la «Revista Azul» (1894-1896)*. México: Universidad Autónoma de México, 1968.
Franco, Bagnouls, Mª de Lourdes. Estudio e índice. *Letras de México. Gaceta Literaria y Artística (1937-1947)*. 1981.
Miranda Cárabes, Celia. Estudio prel. *Indice de la «Revista Nacional de Letras y Ciencias» (1889-1890)*. México: Universidad Autónoma de México, 1980.
Valdés, Héctor. Estudio prel. *Indice de la «Revista Moderna». Arte y Ciencias (1898-1903)*. México: Universidad Autónoma de México, 1967.

ÍNDICE DE NOMBRES

Aceves, Bertha: ix, x
Aguilar, Enrique López: 23, 80, 82, 85, 93, 94, 97, 98
Aguilar, Luis Miguel: 3
Aguilar Mora, Jorge: 33, 44, 105
Aguilera Malta, Demetrio: 53
Aguirre, Eugenio: 67, 81, 110, 134, 139
Agustín, José: 51, 53, 60-61, 68, 70, 74, 76, 77, 83, 85, 86, 103, 108, 122, 123
Altamirano, Ignacio Manuel: 83, 101, 144
Althusser, Louis: 122
Amparán, Francisco José: 80, 81, 83, 84, 95, 98
Anderson, Danny: ix, 129, 139
Aridjis, Homero: 75, 84
Aristóteles: 34, 35
Arredondo, Inés: 53, 56, 57, 73, 78, 86, 89, 90, 103, 111
Arreola, Juan José: 48-53, 55, 68, 69, 73, 75, 76, 89, 90
Avilés Fabila, René: 53, 60-61, 68, 74, 75, 76, 78, 81, 83, 84, 91, 103, 132-134, 139
Azuela, Arturo: 69
Azuela, Mariano: 152

Bañuelos, Juan: 30, 43, 44
Barbachano Ponce, Manuel: 78, 107
Barthes, Roland: vii, 34, 35, 122, 124, 141, 147
Bartolomé, Efraín: 9, 16
Becerra, José Carlos: 32
Benjamin, Walter: 115, 124
Bermúdez, María Elvira: 48, 70, 71, 75, 82, 83, 84, 85, 91, 159
Betancourt, Ignacio: 94, 97, 98

Blanco, Alberto: 3, 9, 11-14, 16, 24, 27, 31, 39-41, 43, 44
Blanco, José Joaquín: 3, 23, 107, 161
Böll, Heinrich: 136
Borges, Jorge Luis: 47, 59, 68, 144, 145
Bracho, Coral: 16, 27, 31, 41-42, 44
Bradu, Fabienne: 23
Bravo, Roberto: 67, 76, 77, 79, 82, 87, 96, 98, 100, 159
Brecht, Bertolt: 32, 60
Bréton, André: 15, 29
Brooks, Peter: 123, 124
Brushwood, John S.: ix, 49, 53, 68, 69, 121, 124, 162
Bukowski, Charles: 3
Butor, Michel: 103

Calderón de la Barca, Pedro: 142, 144
Campbell, Federico: 67, 82, 87
Campos, Julieta: 67, 69, 74
Campos, Marco Antonio: 9, 16, 23, 32, 53, 59, 64, 77, 83, 85, 92, 93, 97, 98, 105, 160
Capetillo, Manuel: 74, 109
Capote, Truman: 66
Carballido, Emilio: 67, 73
Carballo, Emmanuel: 62, 68, 69, 90, 95, 96, 97, 156, 160, 161
Carballo, Marco Aurelio: 76, 78, 84, 98
Cárdenas, Lázaro: 28
Carpentier, Alejo: 137
Carvajal, Rogelio: 3
Castañeda, Salvador: 107
Castellanos, Rosario: 51, 53, 55-56, 69, 72, 73, 75

Castillo, Ricardo: 3
Ceballos Maldonado, José: 93, 97, 98, 107
Cluff, Russell M.: ix, 59, 69
Cohan, Steven: 123, 124
Cohen, Regina: 67, 79, 81, 83
Cohen, Sandro: ix, 24
Conde Ortega, José Francisco: 93, 97
Córdoba, Javier: 109
Cornejo, Gerardo: 110
Cortés, Jaime E.: ix, 9, 155, 156, 158, 160
Coward, Rosalind: 123, 124
Cross, Elsa: 9, 16, 32
Cuéllar, José Tomás de: 101

Chacón, Joaquín-Armando: 81, 105, 110, 132, 137, 139
Chéjov, Antón: 47, 48
Chesterton, G.K.: 136
Chimal, Carlos: 77, 81, 95, 98, 109
Chumacero, Alí: 2, 156, 161

Dallal, Alberto: 66, 76, 81
Darío, Rubén: 9
Dávila, Amparo: 53, 58, 69, 72, 77, 91
De Chardin, Teilhard: 136
De la Borbolla, Oscar: 109
De la Cabada, Juan: 28
De la Colina, José: 50, 53, 58
De la Cruz, Sor Juana Inés: 156, 157, 159
De la Torre, Gerardo: 53, 62, 68, 103
De la Vega, Garcilaso: 9
Del Campo, Xorge: 53, 62, 105
De León, Fray Luis: 14
Delgado, Rafael: 101
Del Palacio, Jaime: 105
Del Paso, Fernando: 69, 103, 105, 108, 111, 141-146
Deltoro, Antonio: 32
Deniz, Gerardo: 16, 19, 24, 27, 31, 35-36, 38-39, 44, 45

Derbez, Alain: 67, 86, 87, 105
Derrida, Jacques: 32-36, 41
Dessau, Adalbert: 121, 124, 162
De Vega, Lope: 9
Díaz, Porfirio: 127-128
Díaz Arciniega, Víctor: 23
Dickens, Charles: 122
D'Lugo, Carol Clark: 121, 124
Domecq, Brianda: 66, 80, 127, 139
Domínguez, Christopher: 23, 24, 53, 121, 124, 162
Dos Passos, John: 102
Duchamp, Marcel: 15
Dueñas, Guadalupe: 53, 58, 71, 75, 76, 83, 91
DuPlessis, Rachel Blau: 114, 123, 124

Echeverría, Esteban: 144
Echeverría, Manuel: 104, 105
Eliot, T.S.: 9-10, 15
Elizondo, Salvador: 53, 58, 59, 69, 73, 74, 75, 81, 83, 103, 105, 108, 111, 157
Elizondo Elizondo, Ricardo: 67, 79, 85, 95, 98, 110
Ellis, John: 123, 124
Escalante, Constantino: 145
Escalante, Evodio: ix, 23, 24, 44, 45, 68, 69, 120, 122-123, 124, 161
Espejo, Beatriz: 50, 53, 58, 71, 78
Espiga amotinada, La: ix, 15, 30, 44
Esquinca, Jorge: 16, 20, 21, 24
Estañol, Bruno: 67, 87, 88
Estrada, Josefina: 67, 87, 94, 108

Faulkner, William: 47, 49, 59, 90, 124
Fernández, Angel José: 9, 13-14, 16, 24
Fernández, Fernando: 38, 44, 45
Fernández, Sergio: 102, 103, 108, 158

Fernández de Lizardi, José Joaquín: 101
Flores, Miguel Angel: 32, 43, 45, 160
Flores Castro, Mariano: 32
Ford, Richard: 68, 69
Foucault, Michel: 32-33, 122, 123, 124, 147, 150, 151, 158
Franco, Jean: 123, 124, 158
Frank, Anne: 136
Frankenthaler, Marilyn: 122, 124
Frazer, Sir James George: 55
Freedman, Ralph: 146
Frenk, Margit: 155, 158
Freud, Sigmund: 29, 80, 124, 148
Frías, Heriberto: 101
Fromm, Erich: 36
Fuentes, Carlos: 48, 50-53, 56, 59, 68, 69, 71, 73, 79, 90, 97, 102, 111, 129, 132, 139, 157, 158
Fuentes Mares, José: 143

Galindo, Sergio: 48, 53, 58, 59, 69, 70, 76, 78, 83, 102, 104
Galván, Kyra: 3
Gamboa, Federico: 101
Gamboa, Fernando: 28
Gaona, Rafael: 65, 82, 84
García Núñez, Fernando: 138, 139
García Ponce, Juan: 53, 56-57, 73, 75, 79, 80, 82, 103, 104, 111, 139
García Saldaña, Parménides: 53, 60, 62, 75, 103
Gardea, Jesús: 65, 78, 79, 83, 84, 95, 98, 110
Garduño, Raúl: 9, 20
Garibay, Ricardo: 48, 50, 70, 71, 74, 77, 82, 83, 87
Garibay K., Angel María: 154, 159
Garrido, Felipe: 77, 81, 82, 83, 93, 98
Garro, Elena: 53, 56, 70, 73, 79
Geertz, Clifford: 122, 124

Glantz, Margo: 53, 58, 60, 62, 69, 77, 78, 79, 82, 108, 156, 159, 160
Gómez Montero, Sergio: 95-96, 97
Góngora, Luis de: 2, 9, 29
González, César: 148, 159
González, Emiliano: 92, 97, 98, 105
González, Manuel Pedro: 122, 124
González Cosío, Arturo: 29
González de León, Ulalume: 67, 69, 74
González Martínez, Enrique: 40
González Montes, Fidencio: 86, 108
González Peña, Carlos: 156
González Rojo, Enrique: 29, 43, 45
Gorostiza, José: 28, 43, 45
Grosz, George: 145
Guillén, Jorge: 32
Guillén, Orlando: 16-18, 25, 32
Guzmán, Humberto: 67, 75, 75, 76, 85, 86

Harwood, Alan: 127-128, 137, 139
Hernández, Alejandro: 110
Hernández, Efrén: 49-50, 69
Hernández, Francisco: 9, 20, 25, 32
Hernández Viveros, Raúl: 76, 77, 79, 80, 82
Herrnstein Smith, Barbara: 122, 125
Hiriart, Hugo: 47, 53, 55, 79
Homero, José: 93, 97, 156
Huerta, Alberto: 67, 77, 81, 85, 92, 98, 109
Huerta, David: 3, 9, 16-17, 25, 27, 31-36, 44, 67, 75, 160
Huerta, Efraín: 2, 3, 15, 27, 31, 35, 36

Ibargüengoitia, Jorge: 53, 54, 74
Icazbalceta: 156
Inclán, Luis G.: 101

Ingwersen, Sonya A.: 127-128, 139
Irby, James East: 122, 124
Isla, Carlos: 31, 32, 43, 45, 72

Jacobs, Barbara: 66, 78, 80
Jameson, Frederick: 122, 124
Joyce, James: 47, 142

Kant, Emmanuel: 55
Keoseyán, Nelly: 16
Kératry, Emile de: 144
Kermode, Frank: 123, 124
Krauze, Ethel: 59, 66, 80, 85, 92, 98
Kristeva, Julia: 41

Lacan, Jacques: 33, 42, 122
Lara Zavala, Hernán: 59, 63, 80, 85, 87, 96, 98
Leal, Luis: 47-52, 68, 69, 160
Leñero, Vicente: 67, 69, 72, 80, 84, 94, 102, 103, 129, 139
León, Lorenzo: 67, 95
León Portilla, Miguel: 154
Levi Calderón, Sara: 108
Leyva, Daniel: 110
Lezama Lima, José: 17, 33
Lizalde, Eduardo: 29, 33, 34, 43, 45
Loaeza, Guadalupe: 80, 87, 108
Longino: 35
López Aguilar, Enrique: 80, 82, 85, 93, 94, 97, 98
López Moreno, Roberto: 75, 79, 80, 81, 84, 96, 98
López Páez, Jorge: 48, 50, 70, 71, 73
López Velarde, Ramón: 152
Lukács, George: 145
Lyotard: 32

Macías, Elva: 32
Mailloux, Steven: 122, 124
Mallarmé, Stéphane: 15, 30
Mancisidor, José: 28

Manjarrez, Héctor: 53, 60, 61, 74, 81, 91, 105, 110
Maples Arce, Manuel: 28, 43, 45
María, Gerardo: 67, 76, 79
Márquez, Enrique: 3
Martín del Campo, David: 67, 80
Martínez, Herminio: 77, 83, 91
Martínez, José Luis: viii, 153, 161, 162
Martínez Gamba, Magaly: 66, 80, 86
Martínez Sotomayor, José: 49, 71, 73, 75
Martré, Gonzalo: 103
Marx, Carlos: 29, 30, 36
Masters, Edgar Lee: 15
Mateos, Juan A.: 144
Medina, Dante: 85
Medina, Walter Samuel: 105
Melo, Juan Vicente: 53, 56, 57, 70, 71, 73, 83, 103, 104
Méndez Plancarte, Alfonso: 156
Mendiola, Víctor Manuel: 9
Mendoza, María Luisa: 67, 69, 83
Mendoza, Vicente T.: 155, 161
Merrell, Floyd F.: 122, 123, 124
Michelet, Jules: 141-143
Mignolo, Walter: 147, 159
Miller, D.A.: 123, 125
Molina, Silvia: 59, 66, 81, 82, 87, 92, 98, 105
Monsiváis, Carlos: 3, 25, 60, 67, 80, 100, 157, 159, 160, 161, 162
Monsreal, Agustín: 63, 74, 78, 79, 81, 85, 96, 98
Monterde, Francisco: viii, 73
Montemayor, Carlos: 9, 16, 23, 32, 65, 75, 83, 84, 86, 105, 135, 139
Monterroso, Augusto: 53-55, 69, 72, 74, 75, 80, 83, 86
Montes de Oca, Marco Antonio: 29, 31, 32, 67, 73
Morábito, Fabio: 16, 84
Moya, Luis R.: 105
Muñiz, Angelina: 53, 62, 83, 86, 94, 97, 98

Murad, Timothy: 121, 125
Murúa, Dámaso: 53, 62, 73, 75, 76, 77, 78, 81, 82, 85, 86, 96, 99

Negrín, Edith: 122, 125
Nelson, Geoffrey: 128, 139
Neruda, Pablo: 35
Nervo, Amado: 40, 127, 129, 139
Nietzsche, Federico: 36
Novo, Salvador: 9, 36, 161
Nuño, Rubén Bonifaz: 2, 9, 15-16, 24, 157

Obregón, Alvaro: 28, 43
Ocampo, Aurora: 124, 153, 159, 160, 162
Ojeda, Jorge Arturo: 74, 76, 84, 107
Ojeda, David: 109
Orozco, José Clemente: 145
Ortiz, Orlando: 74, 80, 82, 85, 86, 96, 99
Ortiz de Montellanos, Bernardo: 49
Owen, Gilberto: 9

Pacheco, Cristina: 66, 81, 82, 85, 86, 87, 94, 95, 99, 108
Pacheco, José Emilio: 31, 32, 36, 50-53, 56, 58, 59, 62, 63, 69, 70, 71, 73, 74, 75, 87, 103, 105, 156, 157, 161, 162
Paredes, Alberto: 23
Pasco, Allan: 138
Patán, Federico: 51, 64, 70, 82, 86, 92, 96-97, 99
Payno, Manuel: 101
Paz, Octavio: 1, 2, 15, 24, 27-31, 33, 35, 39, 43-44, 45, 58, 102, 122, 125, 147, 152, 156-158, 159, 161
Pereyra, Carlos: 146
Pérez Cruz, Emiliano: 66, 81, 86, 94, 95, 99, 108
Phillips, Rosa María: 29
Pimentel, Francisco: 156

Pitol, Sergio: 50, 53, 58, 59, 103, 104, 111
Plinio: 55
Poe, Edgar Allan: 47, 48, 68
Poniatowska, Elena: 50, 59, 62, 66, 69, 70, 71, 78
Portal, María: 121, 125
Pound, Ezra: 2, 9, 15, 24, 39
Prieto, Francisco: 136, 138, 139
Puga, María Luisa: 63, 77, 78, 80, 86, 96, 99, 105, 110

Quevedo, Francisco de: 9
Quintero Alvarez, Alberto: 115
Quirarte, Vicente: ix, 9, 23, 83
Quiroga, Horacio: 47, 68

Rabadán, Antoine: 122, 125
Ramírez, Armando: 108
Ramírez Heredia, Rafael: 67, 73, 76, 83, 86, 95, 97, 99
Ramos, Luis Arturo: 57, 67, 69, 70, 76, 78, 80, 83, 85, 86, 96, 97, 99, 110
Revueltas, José: ix, 48, 49, 72, 89, 90, 94, 102, 103, 106, 113, 115, 119-120, 122, 123, 124, 125
Revueltas, Silvestre: 28
Reyes, Alfonso: viii, 49, 50, 75, 91, 152
Reyes, Jaime: 3, 16-18, 25
Reyes, Juan José: 23
Reyes, Octavio: 110
Rilke, Rainer María: 136
Riva Palacio, Vicente: 144
Rivas, Humberto: 67, 77, 78, 83, 91, 105, 161
Rivas, José Luis: 20
Rivera, Silvia Tomasa: 16
Robbe-Grillet, Alain: 103
Rodríguez Cetina, Raúl: 107
Rodríguez Rivera, Virginia: 155
Roeder, Ralph: 143
Roffiel, Rosa María: 108
Romero, Publio Octavio: 122, 125

Roubaud, Jacques: 30, 45
Roura, Víctor: 77, 108
Rubín, Ramón: 68, 69, 71, 72, 84
Ruffinelli, Jorge: 62, 70, 119, 122, 123, 125, 137, 139
Ruiz, Bernardo: 66, 76, 79, 81, 92, 97, 99
Ruiz Mejía, Carlos: 109, 134, 135, 139
Rulfo, Juan: 48-53, 55, 65, 68, 69, 71, 89, 90, 102, 113, 134, 139, 157
Ruvinskis, Míriam: 67, 75, 81, 87

Sabines, Jaime: 1, 2, 3, 15
Sada, Daniel: 65, 83, 84, 95, 99, 110
Sahagún, Fray Bernardino de: 116
Said, Edward: 122, 125
Sainz, Gustavo: 100, 103, 108, 111, 161
Salado Alvarez, Victorino: 144
Salazar, Severino: 85, 91, 95, 110
Salazar Mallén, Rubén: 51, 70, 72, 103
Salgari, Emilio: 142
Samperio, Guillermo: 53, 59, 62-63, 76, 77, 78, 80, 85, 93, 99
Sánchez, Alberto Ruiz: 23, 67, 86, 109, 110, 131, 132, 139
Sanguineti, Eduardo: 30, 45
Santí, Enrico Mario: 28, 45
Sarraute, Nathalie: 103
Sefchovich, Sara: 23, 121, 125, 149-150, 153, 157, 159, 161
Segovia, Tomás: 56, 80
Seligson, Esther: 69, 74, 77, 78
Serna, Enrique: 23, 88, 108
Shakespeare, William: 122
Sheldon, Helia A.: 122, 123, 125
Sheridan, Guillermo: 23, 154, 159
Shires, Linda: 123, 124
Sicilia, Javier: 9, 14
Sierra, Justo: 143
Silva y Aceves, Mariano: 49
Silverman, Kaja: 123, 125

Simon, Claude: 103
Slick, Sam L.: 122, 125
Smith, Paul: 123, 125
Solares, Ignacio: 53, 57, 76, 127, 130, 138, 139
Sommers, Joseph: 121, 125
Spota, Luis: 86, 157
Stanton, Anthony: 158, 159

Tablada, José Juan: 8
Taibo II, Paco Ignacio: 67, 81, 86
Tario, Francisco: 70, 71, 74, 86, 91
Terán, Ana: 67, 87
Tompkins, Jane: 122, 125
Tomlinson, Charles: 30
Torgovnick, Marianna: 123, 125
Torres, Vicente Francisco: 68, 70, 122, 125, 161
Torres Bodet, Jaime: 28, 49
Torres Sánchez, Rafael: 3
Torri, Julio: viii, 49, 50, 55
Tovar, Juan: 53, 59, 73, 74, 76, 79, 87
Trejo Fuentes, Ignacio: vii, ix, 23, 94, 96, 97, 99, 161
Trejo Villafuerte, Arturo: 9

Uribe, Alvaro: 79, 80, 86, 92, 99, 110
Uribe, Marcelo: 16

Valadés, Edmundo: 48, 51, 62, 70-73, 85, 89, 90
Valadés, José C.: 145
Valdés, Emilio: 110
Valdés, José Carlos: 103
Vallarino, Roberto: 10, 23, 85, 110
Vallejo, César: 38
Vargas, Rafael: 10-11, 25
Vasconcelos, José: 28, 36, 43, 45
Vera, Luis Roberto: 16
Vicens, Josefina: 102
Vigil, José María: 156, 162
Vilalta, Maruxa: 67, 76
Villaurrutia, Xavier: 2, 9
Villegas, Eduardo: 108

Villoro, Juan: 53, 59, 64, 79, 84, 85, 92, 97, 99, 108, 109
Volkow, Verónica: 16
Von Ziegler, Jorge: 153, 159

Wein, Susana: 67, 84
White, Hayden: 122, 125
Whitman, Walt: 15
Williams, William Carlos: 15
Wilson, Jason: 29, 45

Yáñez, Agustín: ix, 73, 77, 94, 101-102, 113, 127, 157, 158
Yáñez, Ricardo: 3

Zaíd, Gabriel: 5-7, 10, 24, 25, 35, 44, 45, 162
Zapata, Luis: 67, 81, 87, 107
Zedong, Mao: 27
Zepeda, Eraclio: 44, 51, 53, 55-56, 72, 74, 76, 79, 81, 89, 90